KiWi 130

Günter Gaus
Zur Person

Günter Gaus

Zur Person

Von Adenauer bis Wehner
Portraits in Frage und Antwort

Kiepenheuer & Witsch

Umschlag Hannes Jähn, Köln
Gesamtherstellung Clausen & Bosse, Leck
ISBN 3 462 01833 7

Inhalt

Vorwort

Die Interviews, die in diesem Buch veröffentlicht werden, habe ich in den Jahren von 1963 bis 1966 geführt. Sie gehören zu einer Reihe, die damals im Zweiten Deutschen Fernsehen unter dem Titel »Zur Person« (und später, bis Anfang 1973, in der gleichen Form im Ersten Programm unter dem Titel »Zu Protokoll«) gesendet worden sind. So, wie sie seinerzeit dem Zuschauer und Zuhörer präsentiert wurden, werden sie jetzt noch einmal dem Leser vorgelegt: ungekürzt, unverändert, nachdem eine erste Ausgabe, in zwei Bänden 1964 und 1966 im Feder Verlag, München erschienen, längst vergriffen ist. Daß einige von ihnen, die vorliegenden, neu im Druck erscheinen, findet seinen Grund in ihrer Eigenschaft als Quelle, die sie inzwischen – wie ihre häufigen Wiederholungen und Zitierungen zeigen – für die bundesrepublikanische Frühgeschichte angenommen haben. Den journalistischen Urheber der Texte kann solche andauernde Wirkung, die vom damals Aktuellen ins Zeitgeschichtliche wechselte, nur befriedigen.

So gesehen, ist diese Interview-Sammlung von neuer, andersartiger Aktualität, als meine Gespräche sie bei ihrer ersten Sendung im Fernsehen hatten: Sie sind heute Materialien für das stark belebte Interesse an der Herkunft, an der Gründungsproblematik, an der Identität der Bundesrepublik Deutschland im besonderen und der Deutschen im allgemeinen. Dem entspricht die Auswahl der Interviews: Aus der Sendereihe im Fernsehen, die beispielsweise auch Hannah Arendt, die deutsch-jüdische Geschichtsphilosophin, und Edward Teller, den sogenannten Vater der Wasserstoffbombe, umfaßte, sind Gespräche ausgewählt worden mit Politikern, die zu den Gründungsvätern des westdeutschen Nachkriegsstaats gezählt werden können; die einen unmittelbarer als die anderen – Adenauer und Wehner direkter als Strauß und Schmidt –, aber doch alle aus Jahrgängen, deren politische wie persönliche Erfahrungen die Entwicklung der Bundesrepublik zu mehr als einem Provisorium entschieden mitbestimmt haben.

Aus meinem Vorwort zur ersten Buchausgabe der Interviews zitiere ich über die Absicht der Sendereihe: »Westdeutschlands Öffentlichkeit hat keinen Mangel an Informationen über das Tun und Lassen ihrer führenden Kräfte und Personen. Zwar ist das Bestreben bestimmter Institutionen und Gruppen, Informationen zurückzuhalten oder zweckmäßig-eigennützig zu steuern, unverkennbar; aber eine andere Gefahr ist immer noch größer: die Desorientierung der Öffentlichkeit durch das wachsende Unvermögen, die ihr zugänglichen Informationen zu ordnen und damit zu verstehen... Von allen Konsequenzen, die sich aus diesem Tatbestand ergeben, interessiert hier nur eine: das erwähnte Unvermögen der Öffentlichkeit, die Informationsfülle zu bändigen und als Orientierungshilfe zu benutzen. Der Mangel an ordnender Kraft gegenüber den Ausblicken und Einsichten, die dem Staatsbürger von den verschiedensten Seiten angeboten werden, ist eine direkte Folge der anhaltenden Unsicherheit über das Wesen des politischen Raumes oberhalb der Gruppensphäre. Das Meer an öffentlichen Informationen wird... immer trüber, undurchsichtiger und uferloser. Eine Gesellschaft, die wie die westdeutsche weithin ohne allgemein verbindliche Maßstäbe existiert, droht unter diesen Umständen zu einem Schiff ohne

Kompaß zu werden. Angebotene Informationen sind ihrer Natur nach von den Nebenansichten jener Gruppe begleitet, die sie offerieren... Jedenfalls scheint der Motor für eine politische Meinungsbildung, die den Gruppenbürger über den jeweiligen Interessenstandpunkt hinausführt, in übergeordneten Sachfragen vergeblich gesucht zu werden. Die weitgehende Beziehungslosigkeit läßt sich allem Anschein nach nur durch einen anderen Vorgang überwinden und in ein Öffentlichkeitsbewußtsein oberhalb der pluralistischen Gliederung verwandeln: durch die Konfrontation mit handelnden Personen. Namen anstelle von Sachbegriffen, Lebensläufe als das überschaubare Beispiel für blaß gewordene Programme: aus diesen Bausteinen entsteht am ehesten noch jener politische Raum, in dem eine Gesellschaft mehr ist als die Addition ihrer Interessen.«

Soweit das damalige Vorwort. Es kennzeichnet meine Skepsis gegenüber der Fähigkeit der westdeutschen Gesellschaft – einer Überflußgesellschaft auch im Informationsangebot – zum selbständigen Durchblick; aber es ist doch einigermaßen optimistisch gestimmt über die Orientierungshilfe, die von handelnden Personen ausgehen kann: eine Orientierung, die keineswegs immer in zustimmender Anlehnung bestehen muß, sondern auch in nützlicher Distanzierung von einer Person und ihrer Sache, die man im Interview besser kennengelernt hat, liegen kann. Inzwischen bin ich auch gegenüber der Möglichkeit, erhellende Anhaltspunkte durch Personenkenntnis zu gewinnen, skeptischer geworden. Aber meine allgemein gewachsenen Zweifel an der politischen Kultur der Bundesrepublik und ihrer Widerstandskraft gegen Manipulationen sind ein anderes Kapitel und stehen in einem anderen Buch. Die verstärkte Skepsis hier nur auf Interviews mit Politikern bezogen, meine ich, daß meine damaligen Interviewpartner, von denen einige in dieser Auswahl zu Wort kommen, unschuldiger, offener, vorbehaltloser in manchen Antworten gewesen sind, als ihre heutigen Berufskollegen sich geben. Das waren sie gewiß nicht aus Natur und Charakter. Ich vermute, was sie – relativ – aufgeschlossener machte, entsprang ihrer Unerfahrenheit in dem damals in Westdeutschland noch ziemlich jungen Medium Fernsehen. Sie beherrschten den speziellen manipulierenden Umgangston, die Kniffe und Tricks noch nicht, die dem Fernsehen arteigen sind. In ihrer Unsicherheit konzentrierten sie sich auf die Fragen und ihre Antworten – sicherlich nicht nur zum Vorteil der Zuschauer und Zuhörer, sondern oft auch zu ihrem eigenen.

Übrigens waren meine Partner seinerzeit – in der Regel, die ihre Ausnahmen hatte – redlicher mit dem Interviewer; ließen ihm sein Fragerecht; meinten nicht, er sei nur ein Stichwortgeber und die Gestaltung des Interviews wie die Sendezeit gehörten im Grunde ihnen allein: Wenn sie nach A gefragt wurden, so beantworteten sie, so ehrlich sie sein wollten, A und wichen nicht ins ungefragte B aus, weil sie darüber etwas verlautbaren wollten. Sie fühlten sich noch nicht als die Herren des Fernsehens. Aber natürlich gehörten auch damals schon zur professionellen Mundfertigkeit der Politiker die verschleierte Antwort; die weitschweifige, in der der Kern der Aussage versteckt wurde; die heuchlerische – dem Zuschauer wie Leser wurde und wird abverlangt, sich selber einen Reim zu machen aus solchen Passagen der Interviews, die öfter einmal, den aufmerksamen Konsumenten vorausgesetzt, die verräterischsten sind.

Die im Vorwort beschriebene Absicht bestimmt die Methode des Interviews (sie ist unverändert geblieben auch in meinen jetzigen Befragungen im Fernsehen). Ich greife noch einmal auf meine damaligen Erläuterungen zurück: »(So) verbietet sich die Diskussion: Mein Partner soll nicht mit mir argumentieren, sondern von sich erzählen. Freilich nicht erzählen, was ihm von seinem öffentlichen Standort aus als legitime Eigenwerbung nützlich zu sein scheint, sondern – von meinen Fragen gesteuert – berichten über jene Partien seiner Biographie, in denen sein Lebenslauf ein Beispiel ist, wenn es darauf ankommt: ein Beispiel im guten wie im bösen. Das beabsichtigte Porträt bliebe allerdings unvollendet, wenn es nicht eine Fülle von Sachbezügen zur jeweiligen Ideenwelt hätte, der der Porträtierte verbunden ist. Otto Brenner ohne den Hintergrund einer marxistischen Arbeiterbewegung und Eugen Gerstenmaier unter Vernachlässigung der Problematik christlicher Parteien: die Darstellung ihres Werdegangs, ihrer Wandlungen und Anschauungen wäre farblos. Nur: Am Ende eines solchen Interviews soll nicht ein in Rede und Gegenrede siegreich gebliebener oder unterlegener Marxist stehen (um bei einem Beispiel zu bleiben), sondern ein Zeitgenosse, dessen Bild unter anderem auch vom Marxismus gezeichnet worden ist.

Meine Rolle in diesen Fernsehgesprächen ist damit festgelegt. Sie ist, wie ich es verstehe, die eines Katalysators, der dem Partner das Reagieren nicht anheimstellt, sondern ihn zur Reaktion in den wesentlichen Punkten zwingt.

Dem entsprach (und entspricht) die äußere Form meiner Interviews: nur meinen Partner während der ganzen Befragung im Bild zu zeigen, seine Reaktionen von der Kamera verfolgen zu lassen, von mir jedoch nur den Hinterkopf zu präsentieren. Die Interviews wurden, wie heute auch, unter Live-Bedingungen produziert: Sie wurden nicht eine beliebige, ausgedehnte Zeit lang geführt und aufgezeichnet, um dann durch Kürzungen und Umstellungen dramaturgisch zugespitzt und auf die Länge der Sendung – fünfundvierzig Minuten – zugeschnitten zu werden, sondern gesendet wurde, was, ohne Probelauf, im ersten Durchgang gefragt und geantwortet worden war: unverändert. Eine Ausnahme hat es davon gegeben: Konrad Adenauer war neunundachtzig Jahre alt, als er sich von mir interviewen ließ. Er hatte während der Aufzeichnung einen leichten Schwächeanfall, eine kurze Ab-

sence; diese wenigen Sekunden wurden später herausgeschnitten, was nur selbstverständlich ist.
Unvermindert ist so viele Jahre nach dem Entstehen dieser Interviews mein dankbarer Respekt vor Ingeborg Wurster, die die Bildregie bei der Serie führte, und vor Hans Herbert Westermann vom ZDF, der den Mut hatte, eine Sendereihe dieser Art, damals in Deutschland sehr ungewohnt, ins Leben zu rufen. Gewidmet ist die vorliegende Sammlung meiner Tochter Bettina. Seinerzeit, als 1964 die ersten dieser Gespräche gedruckt erschienen, lernte das liebenswürdige Kind die Überschriften auswendig: eine freundliche Geste zum ersten Buch seines Vaters.

Günter Gaus

Konrad Adenauer

»... in der Tat, man muß die Dinge auch so tief sehen, daß sie einfach sind. Wenn man nur an der Oberfläche der Dinge bleibt, sind sie nicht einfach; aber wenn man in die Tiefe sieht, dann sieht man das Wirkliche, und das ist immer einfach. Ob das angenehm ist, das ist eine andere Frage...«

Konrad Adenauer, geboren am 5. Januar 1876 in Köln, gestorben am 19. April 1967 in Rhöndorf.
Sohn des Kanzleirats Konrad Adenauer. Studium der Rechtswissenschaft und der Volkswirtschaft. 1906 Beigeordneter der Stadt Köln und Mitglied der Zentrumspartei. 1917 bis zum 12. März 1933 Oberbürgermeister von Köln. Von 1920 bis 1933 Mitglied und Präsident des Preußischen Staatsrates. Nach dem 20. Juli 1944 vorübergehend verhaftet. Nach 1945 Gründungsmitglied der CDU. Im Mai 1945 zum Oberbürgermeister von Köln ernannt, im Oktober 1945 »wegen Unfähigkeit« entlassen. Am 15. September 1949 zum ersten Bundeskanzler der Bundesrepublik Deutschland gewählt, 1963 von Ludwig Erhard abgelöst. Vorsitzender der CDU bis zu seinem 90. Lebensjahr 1966, danach Ehrenvorsitzender der Partei und weiterhin Mitglied des Bundestages. Veröffentlichte 1965–1968 noch vier Bände Memoiren.

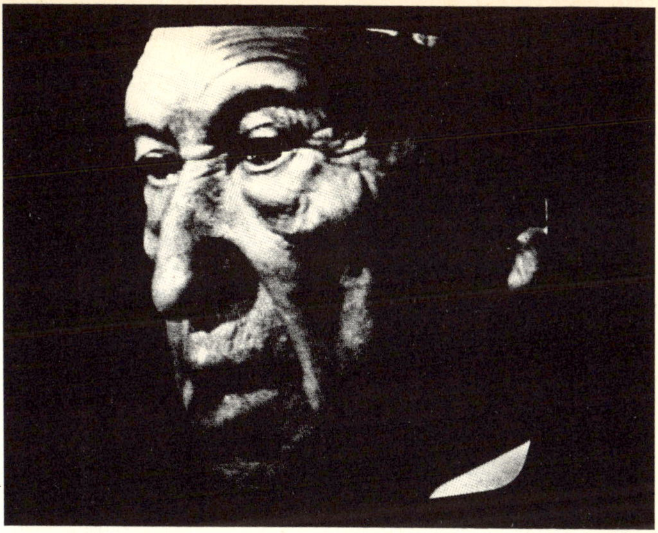

Gespräch mit Dr. Konrad Adenauer, dem Vorsitzenden der CDU, Bundeskanzler a. D. und Mitglied des Deutschen Bundestages, gesendet (kurz vor Vollendung seines 90. Lebensjahres) am 29. Dezember 1965.

Ich habe mich nicht beirren lassen

GAUS: Herr Dr. Adenauer, man hat Sie oft »Kanzler der einsamen Entschlüsse« genannt; ein Beiname, den Sie sich gleich zu Anfang Ihrer Kanzlerschaft durch die Art Ihrer Verhandlungen mit den Hohen Kommissaren der drei westlichen Besatzungsmächte erwarben: Es waren Verhandlungen, die Sie von deutscher Seite weithin selbständig und sozusagen als Alleinvertreter der Westdeutschen führten. Halten Sie den Beinamen »Kanzler der einsamen Entschlüsse« für zutreffend, oder lehnen Sie ihn ab?

ADENAUER: Ich halte ihn nicht für zutreffend. Ich habe in allen wichtigen Fällen mich vorher der Zustimmung versichert, entweder des Parteivorstandes oder der Bundestagsfraktion oder auch des Bundestages. Allerdings, die Verhandlungen mit den Hohen Kommissaren mußte ich allein führen. Die Herren wünschten nicht, daß so viele anwesend waren, und es wäre auch nicht gut gewesen. Es war gut, daß sie einem geschlossenen und entschlossenen Willen gegenüberstanden.

GAUS: Und Sie glauben, daß dieser geschlossene und entschlossene Wille sich eher herbeiführen ließ, weil Sie allein waren? Sind Sie ein Bundeskanzler gewesen, der, wann immer er in die Lage kam, allein entscheiden zu müssen, sich am sichersten fühlte?

ADENAUER: Wenn ich in die Lage kam, mich allein entscheiden zu müssen, und die Überzeugung hatte, daß ich das Material, das zum Treffen einer Entscheidung nötig war, wirklich vor mir gehabt hatte, war ich ruhig im Treffen einer Alleinentscheidung.

GAUS: Die Charakterisierung also, Kanzler der einsamen Entschlüsse zu sein, hat Sie nie als Vorwurf berührt? Sie haben das mit Gelassenheit getragen?

ADENAUER: Herr Gaus, Sie schreiben ja Bücher. Sind Sie da nicht ein Mann der einsamen Entschlüsse? Fragen Sie vorher Kollegen, was Sie schreiben sollen?

GAUS: Sie wollen den Schrifsteller mit dem Regierungschef in dieser Frage gleichsetzen?

ADENAUER: Ja, oder mit irgend jemand anderem. Der Arzt, der Rechtsanwalt oder wer es auch immer ist, der muß auch seine Entschlüsse fassen.

GAUS: Und es hat für Sie nie eine Last bedeutet, Entschlüsse fassen zu müssen?

ADENAUER: Nein.

GAUS: Herr Bundeskanzler, wie mußten Ihre Mitarbeiter beschaffen sein, welche Eigenschaften, welche Talente mußten sie vor allem haben, damit sie für den Bundeskanzler Adenauer die geeigneten Helfer waren?

ADENAUER: Sie mußten natürlich klug sein und mußten fleißig sein, und sie mußten auch eine Meinung haben. Aber sie mußten sich anpassen können, denn alle wichtigen Sachen wurden im Kabinett vorgetragen. Und im Kabinett muß schließlich eine Meinung die des Kabinetts sein. Und dann haben alle sich dieser Meinung anzupassen.

GAUS: Hätten Sie einen Mitarbeiter, der sich auch am Ende nicht anpassen konnte, nicht gebrauchen können?

ADENAUER: Wenn das wiederholt vorgekommen wäre, hätte ich ihn gebeten, doch auf seine Dienste verzichten zu können, denn schließlich muß – das ist eine der wesentlichsten Aufgaben – der Bundeskanzler dafür sorgen, daß das Kabinett geschlossen ist.

GAUS: Man hat Sie gern, Herr Dr. Adenauer, den großen Vereinfacher der Politik genannt. Halten Sie diese Charakterisierung für lobend oder für abwertend?
ADENAUER: Das halte ich für ein ganz großes Lob, denn in der Tat, man muß die Dinge auch so tief sehen, daß sie einfach sind. Wenn man nur an der Oberfläche der Dinge bleibt, sind sie nicht einfach; aber wenn man in die Tiefe sieht, dann sieht man das Wirkliche, und das ist immer einfach. Ob das angenehm ist, das ist eine andere Frage.
GAUS: Angenehm für wen?
ADENAUER: Für den, der überlegt.
GAUS: Haben Sie selbst gelegentlich unter dieser Ihrer Vereinfachungsgabe gelitten, wenn das, was Sie dann erkannten, bitter und schmerzlich war?
ADENAUER: Nein. Wenn ich nachdenke, wüßte ich Ihnen nicht zu sagen, warum ich darunter hätte leiden sollen. Man mußte mit den Dingen als Kanzler umzugehen wissen, und je klarer und einfacher man sie sah, desto mehr Aussicht auf Erfolg hatte man, oder man ließ seine Finger davon.
GAUS: Haben Sie das Kanzleramt jemals als Last empfunden?
ADENAUER: Das ist eine sehr nachdenklich stimmende Frage. – O ja, es waren auch oft bittere Enttäuschungen damit verbunden, und dann war man wirklich sehr niedergedrückt.
GAUS: Was war die bitterste Enttäuschung, die Sie in Ihrer Zeit als Regierungschef erlebt haben?
ADENAUER: Die bitterste Enttäuschung und der größte Rückschlag für die gesamte Politik war nach meiner Meinung der Rückschlag in der Frage der Europäischen Verteidigungsgemeinschaft. Wie Sie wissen, war der Vertrag in der französischen Kammer schließlich ohne Diskussion ad acta gelegt worden…
GAUS: – im Jahre 1954 –
ADENAUER: …und das war ein sehr harter Schlag. Schuld

daran trägt die französische Kammer. Aber Schuld daran trägt auch der Bundestag. Diese ganze Frage hat mehrere Jahre im Bundestag verbracht, es waren die größten Schwierigkeiten, man hatte auch den Bundespräsidenten Heuss dagegen eingenommen. Er wollte ein Verfassungsgutachten einholen. Und wenn Sie sich vorstellen, welchen Eindruck das auf der französischen Seite machen mußte, wenn sie sah, daß auf der deutschen Seite solche Schwierigkeiten herrschten, wie sie zutage traten: Daß sie dann schließlich der ganzen Sache nicht mehr rechten Glauben schenkte, muß man verstehen. Wenn Sie sich aber jetzt vorstellen, wie anders es in Europa gekommen wäre, wenn der Vertrag seinerzeit von allen Beteiligten angenommen worden wäre! Die Annexverträge zu dem Vertrag, die mit England und mit den Vereinigten Staaten abgeschlossen waren, waren lange ratifiziert, da schwebte es noch immer zwischen den Hauptbeteiligten – das waren Frankreich und Deutschland –, und schließlich zerbrach das Ganze. Das war ein furchtbarer Schlag.

GAUS: Weil Sie der Meinung sind, daß durch das Scheitern der EVG die gesamte europäische Entwicklung eine Kehrtwendung erfahren hat? Ist das der Grund, warum es für Sie besonders bitter war?

ADENAUER: Es waren ja zwei Probleme, um die es sich handelte: erstens die Wiederbewaffnung Deutschlands und zweitens einen ganz großen Schritt nach vorn in der Richtung einer Bildung Europas. Eden und Foster Dulles sind dann dafür eingetreten, daß wir in die NATO gekommen sind, und dem hat sich Frankreich dann auch gefügt, während ursprünglich Frankreich darauf bestehen wollte, daß wir überhaupt keine Waffen bekommen sollten. Und die Frage Europa, die europäische Entwicklung: Nun, in dem EVG-Vertrag waren ja alle die Fragen, um die man sich jetzt streitet seit Jahr und Tag, enthalten und wären gelöst gewesen.

GAUS: Herr Adenauer, Sie haben jetzt gesagt, was die bitterste

Enttäuschung für Sie war während Ihrer Kanzlerzeit. Sagen Sie mir nun bitte, welche von den Entscheidungen, die getroffen worden sind, war für Sie die schwerste? Das Angebot der Bewaffnung der Bundesrepublik etwa oder die Aufnahme diplomatischer Beziehungen mit Moskau?

ADENAUER: Keine von den beiden Entscheidungen war irgendwie schwierig für mich.

GAUS: Ich stelle mir doch vor, daß die Aufnahme diplomatischer Beziehungen mit Moskau für Sie eine sehr schwierige Entscheidung war, und ich bin überrascht, daß Sie sagen, sie sei nicht schwierig gewesen.

ADENAUER: Ich bin damals nach Moskau hingefahren mit einer Delegation, bestehend aus Mitgliedern der Regierung und aus Mitgliedern des Bundestags. Und die Verhandlungen in Moskau waren zuerst sehr heftig. Chruschtschow war ein sehr temperamentvoller Mann. Aber wenn man mir eine Faust entgegenhielt, habe ich auch eine Faust entgegengehalten. Und schließlich war das Klima dort nicht schlecht. Dann war mir angeboten worden die Freigabe aller Gefangenen, die die Russen noch hatten. Die Russen behaupteten zuerst, sie hätten überhaupt keine Gefangenen mehr; was sie zurückgehalten hätten, seien wegen Kriegsverbrechen Verurteilte. Aber es sind dann später 38 000 geworden, die zurückgekommen sind. Und ich darf hier doch wohl eines sagen: Die Russen haben das mir gegebene Versprechen sehr korrekt eingehalten in der Freilassung der Gefangenen, außerordentlich korrekt und gewissenhaft.

GAUS: War also die Aufnahme diplomatischer Beziehungen der Preis, den Sie zahlen mußten für die Freigabe der Gefangenen, und ist Ihnen das schwergefallen?

ADENAUER: Aber ich bitte Sie, wie kann man da von Preis sprechen. Wenn man etwas haben will von einem Land, mit dem man keine diplomatischen Beziehungen unterhält, bekommt man doch sicher nichts. Und ich habe eigentlich gar nicht eingesehen, warum wir nicht die diplomatischen Beziehungen aufnehmen sollten.

GAUS: Sind seinerzeit alle Ihre Ratgeber dieser Meinung gewesen?

ADENAUER: Nein, einige Mitglieder der Regierung, aber auch einige Parlamentarier waren anderer Meinung. Aber ich habe mich dadurch nicht beirren lassen.

GAUS: Ist das vielleicht ein einsamer Entschluß gewesen?

ADENAUER: Nein, ich hatte ja einige Gefährten dabei. Aber es hätte ruhig ein einsamer Entschluß werden können.

GAUS: Sagen Sie mir bitte eines, Herr Dr. Adenauer: Bei allem politischen und gesellschaftlichen Wandel, den Sie in Ihrem langen Leben gesehen und mitgemacht haben – welche Prinzipien haben Sie über all die Jahre hinweg als die dauerhaftesten und wichtigsten bewahrt?

ADENAUER: Sie werden vielleicht erstaunt sein über meine Antwort: Alle politischen Verhandlungen können nur zu einem fruchtbaren Ergebnis führen, wenn man sich gegenseitig vertraut. Man vertraut sich aber nur gegenseitig, wenn man den Gegner, den Vertragsgegner, den Verhandlungsgegner kennengelernt hat als einen Mann, der ehrlich ist und wahrhaftig ist. Also nach meinen Erfahrungen ist Ehrlichkeit und Wahrhaftigkeit die Grundlage des Vertrauens, des gegenseitigen Vertrauens, und das gegenseitige Vertrauen ist wieder die Grundlage zu fruchtbaren Verhandlungen.

GAUS: Nun sagt man, daß ein Politiker nicht in allen Fällen immer der vollen Wahrheit die Ehre geben kann, Herr Dr. Adenauer. Und Sie selbst haben einmal von drei Arten der Wahrheit gesprochen. Wenn also das gegenseitige Vertrauen herzustellen für Sie das wichtigste Prinzip bei allem war, wie haben Sie das immer vereinbaren können mit den Tageserfordernissen der Politik? Hat Sie das manchmal beschwert?

ADENAUER: Nun, ich muß Sie etwas korrigieren: Diese dreifache Art von Wahrheit habe ich nicht erfunden, sondern mein verstorbener Freund Robert Pferdmenges. Und als Scherz haben wir manchmal dann die Redewendung von ihm gebraucht. Nun werden Sie sagen, der Politiker kann nicht immer alles sagen; da haben Sie recht. Aber das, was er sagt, muß wahr sein. Natürlich kann er nicht alles immer sagen; das ist so selbstverständlich, daß ich kein Wort dazu zu sagen brauche. Aber der Politiker soll in dem, was er sagt, ehrlich sein.

GAUS: Er soll nicht schwindeln, meinen Sie.

ADENAUER: Er soll nicht schwindeln. Lügen haben kurze Beine.

GAUS: Notlügen sind erlaubt?

ADENAUER: Notlügen gibt es dabei nicht. Man ist immer in Not und würde dabei immer lügen, wenn Notlügen erlaubt wären.

GAUS: Sie haben nie geschwindelt als Bundeskanzler vor der Öffentlichkeit? Es war nie nötig? Sie sind mit Verschweigen immer durchgekommen?

ADENAUER: Mit Schweigen, nicht mit Verschweigen. Ich bitte doch festzuhalten, was da für ein Unterschied ist. In der Politik versteht jeder, wenn der Vertragspartner zu hören bekommt: Ich bitte um Entschuldigung, wenn ich hierauf keine Antwort gebe.

GAUS: Ein großer Einschnitt im Leben ihrer Generation war politisch und gesellschaftlich der Zusammenbruch des wilhelminischen Kaiserreichs 1918. Hat das für Sie viel bedeutet?

ADENAUER: Ich war damals Oberbürgermeister von Köln, und ich sah und fühlte fortwährend, daß das ganze System schon seit einiger Zeit am Zusammenbrechen war. Wir waren in Köln. Köln war die nächste große Festung bei der Grenze, überfüllt mit Deserteuren. Und als nun der Zusammenbruch kam, da hatte ich alle Hände voll zu tun, damit Ruhe und Ordnung in der Stadt herrschten, so daß ich gar nicht dazu kam, lange Reflexionen anzustellen, ob Wilhelm II. richtig gehandelt habe oder nicht, als er nach Holland gegangen ist.

GAUS: Den gesellschaftlichen Wandel, der damit verbunden war im Laufe der nächsten Jahrzehnte, haben Sie im großen und ganzen gutgeheißen? Oder haben Sie die gesellschaftliche Ordnung vor 1918, die stärkere Bindung an gesellschaftliche Gruppen als sympathischer empfunden?

ADENAUER: Sie gebrauchen den Ausdruck »gesellschaftliche Bindung«. Ich würde sagen: die Kastenbildung. Und Kastenbildung ist schlecht. Natürlich habe ich diese Entwicklung zur Demokratie hin außerordentlich begrüßt.

GAUS: Herr Dr. Adenauer, ich möchte Sie nun nach Ihrem Verhältnis zu einigen Menschen befragen, die in Ihrem politischen Leben eine besondere Rolle gespielt haben. Zunächst bitte: Worauf gründete sich – weit über die Politik hinaus – Ihr besonders gutes Verhältnis zu John Foster Dulles, dem amerikanischen Außenminister?

ADENAUER: John Foster Dulles und mich verband schon nach relativ kurzer Zeit eine wirkliche Freundschaft. Ich glaube nicht, daß Dulles mich irgendwann einmal belogen hat, ebensowenig wie ich ihn belogen habe. Wir waren sehr offen miteinander. Aber das wichtigste war, daß auch seine Politik ebenso wie die meinige auf ethischer Grundlage beruhte, und daher fanden wir uns immer verhältnismäßig schnell und kamen auch über Gegensätze hinweg. Daraus entwickelte sich diese echte Freundschaft.

GAUS: Könnten Sie diese ethische Grundlage einmal skizzieren?

ADENAUER: Das war die christliche Grundlage. John Foster Dulles war ein sehr christlich denkender Mensch. Ich hoffe, daß ich es auch war. Und so fanden wir uns leicht.

GAUS: Sie haben Dulles Ihren Freund genannt und haben vorhin schon in unserem Gespräch einen anderen Freund erwähnt: den Bankier Robert Pferdmenges. Wie mußte ein Mensch beschaffen sein, damit er Ihr Freund werden konnte, zum Beispiel Robert Pferdmenges?

ADENAUER: Ja, wie soll ich Ihnen eine solche Frage beantworten. Freundschaft im späteren Alter ist sehr selten, da entsteht sie sehr selten. Aber Freundschaft entsteht aus einer Harmonie in den beiderseitigen Überzeugungen und aus dem Vertrauen, das man gewinnt. Robert Pferdmenges war namentlich mir gegenüber immer ein sehr ehrlicher und zuverlässiger Mensch, und so wurden wir Freunde. Und ich habe auch dafür gesorgt, daß er in die Politik eingetreten ist. Er wollte zuerst nicht, hat mir dann nachgegeben. Und ich habe seinen klugen und guten Rat namentlich in den letzten Jahren häufig vermißt.
GAUS: Herr Dr. Adenauer, ist es nicht auch so: Ein Mann in Ihrer hohen Position wird von vielen Menschen um etwas gebeten, viele wollen etwas von ihm; und war da nicht Pferdmenges beispielsweise jemand, der persönlich nichts von Ihnen wollte? Ist das nicht die Voraussetzung für Sie gewesen, Freundschaften zu schließen?
ADENAUER: Pferdmenges hat für sich jedenfalls nie etwas von mir gewollt. Wenn er sonstige Wünsche hatte oder Ratschläge, dann waren diese Ratschläge wirklich immer begründet und gut fundiert und wurden auch so von ihm entwikkelt.
GAUS: Muß nicht ein Mensch in Ihrer Position zu einem Menschenverächter werden, wenn er die vielen sieht, die sich um ihn drängen, die etwas werden wollen, die etwas haben wollen?
ADENAUER: Nun, ich würde den Ausdruck »Menschenverächter« nicht gebrauchen. Aber natürlich, daß man die Schwächen der Menschen, mit denen sie nun behaftet sind, als Kalkül bei allen Überlegungen einschaltet, das ist wohl klar.
GAUS: Und das haben Sie getan?
ADENAUER: Das habe ich getan.
GAUS: Darf ich nach einem weiteren Manne fragen, mit dem

Sie besonders verbunden waren, wenn auch in Gegnerschaft? Was bestimmte Ihr Verhältnis zu Kurt Schumacher, dem ersten Nachkriegsvorsitzenden der SPD?

ADENAUER: Man kann das sehr schwer Verhältnis nennen. Wir waren Gegner. Und diese Gegnerschaft erwuchs nicht allein aus entgegengesetzten Anschauungen, sondern sie erwuchs auch daraus, daß Herr Dr. Schumacher nicht einsehen konnte, daß die Sozialdemokratie nicht die größte Partei geworden war. Ich erinnere mich, daß uns zuerst zusammengebracht hat der spätere Ministerpräsident von Niedersachsen...

GAUS: Hinrich Kopf –

ADENAUER: ...und zwar im Zonenbeirat Hamburg. Schumacher und ich, von Kopf dazu veranlaßt, setzten uns zusammen und tauschten unsere Meinungen aus, über wichtige Dinge natürlich. Und zum Schluß sagte Herr Schumacher: Ich freue mich sehr, daß wir übereinstimmen, ich habe jetzt noch etwas. Sie sind eine sehr junge Partei, und wir sind eine sehr alte Partei, und wir sind eine sehr große Partei. Sie werden doch also darin beipflichten, daß wir die Führung haben müßten. Ich habe ihm darauf geantwortet: Herr Dr. Schumacher, daß Sie eine sehr alte Partei sind, weiß ich, daß Sie eine sehr große Partei sind, weiß ich, ob wir nicht größer sind, darüber wollen wir uns nach der ersten Wahl einmal aussprechen. Das hat Herr Schumacher mir sehr übelgenommen, zumal weil die erste Wahl danach zeigte, daß wir stärker waren als die SPD.

GAUS: Und Sie meinen, dies habe verhindert, daß Sie zu dem Führer der zweitstärksten Partei in ein rechtes Verhältnis kamen? Haben Sie das beklagt?

ADENAUER: Er war ein sehr subjektiver Mann. Er hat auch, glaube ich, schwer körperlich zu leiden gehabt. Und er war – Sie werden erstaunt sein, wenn ich das sage – ein Nationalist, und das war ich nicht.

GAUS: War dies eine prinzipielle Schranke?

ADENAUER: Eine ganz prinzipielle Schranke, jawohl.

GAUS: Sagen Sie mir bitte: Wie charakterisieren Sie den französischen Staatspräsidenten Charles de Gaulle? Was ist er für ein Mensch nach Ihren Eindrücken?

ADENAUER: Herrn Charles de Gaulle habe ich in Colombey les deux Eglises besucht auf seine Einladung hin, nachdem ich vorher seine Einladung, nach Paris zu ihm zu kommen, abgelehnt hatte, da ich als Vertreter eines besiegten Volkes ihn nicht in Paris aufsuchen könnte. Wir sind dann vierundzwanzig Stunden ganz allein zusammengeblieben, haben uns – nicht nach einem bestimmten Programm – über alle möglichen politischen Fragen unterhalten. Und de Gaulle hat eine ausgezeichnete Bibliothek, ich habe sie mir angesehen in Colombey les deux Eglises. Er ist ein sehr kluger Mann, ist ein sehr weitblickender Mann und ein sehr erfahrener Mann. Ich habe also mit Herrn de Gaulle die denkbar besten Erfahrungen gemacht.

GAUS: Kann er in die Gefahr geraten, einem politischen Phantom nachzulaufen? Ist er ein Realist nach Ihren Erfahrungen?

ADENAUER: Herr de Gaulle ist durchaus ein Realist, sogar sehr realistisch.

GAUS: Herr Adenauer, Ihr politisches Lebensziel ist die Versöhnung Deutschlands und Frankreichs und, wie Sie oft betont haben, die Versöhnung zwischen dem deutschen und dem jüdischen Volk gewesen. Was hat Sie veranlaßt, diese beiden Aufgaben als vorrangig zu behandeln, und wie glauben Sie, daß im Hinblick auf diese beiden Aufgaben die Zukunft aussieht?

ADENAUER: Ich war und ich bin der Auffassung, daß ohne Lösung dieser beiden Aufgaben die Zukunft für das deutsche Volk ganz außerordentlich schwer wird. Frankreich und Deutschland sind Nachbarn, und wir werden immer Nachbarn bleiben. Wir haben Kriege gegeneinander geführt. Ich habe auf einem Schlachtfeld gestanden, wo Gräber von französischen und deutschen Soldaten aus dem Kriege 70/71, aus dem Kriege 14/18 und aus dem letzten großen Krieg sind. Und wir beide haben dann den Vorbeimarsch abgenommen.

GAUS: De Gaulle und Sie.

ADENAUER: De Gaulle und ich. Wir beide haben den Vorbeimarsch abgenommen, der französischen Truppen und der deutschen Truppen. Das hat auf mich einen ungewöhnlich tiefen Eindruck gemacht. Das war symbolisch für das Ganze. Wir werden dasselbe Schicksal haben. Wir haben, wie ich eben schon sagte, jahrelang Kriege geführt. Das muß vorbei sein, aber nicht nur das muß vorbei sein, wir müssen auch echte und wahre Freunde werden, die zusammen Politik machen. Denn gegenüber der ungeheuren Macht, die Sowjetrußland, das doch bis mitten in Deutschland steht, auf das ganze westliche Europa ausübt, werden wir nicht bestehenbleiben, wenn wir nicht fest zusammenhalten. Und was nun die Judenfrage angeht – ich darf vielleicht Ihre Frage so verstehen: Warum haben Sie die Judenfrage als eine ungemein wichtige Frage immer bezeichnet und sich danach auch verhalten? Erstens aus einem Gefühl der Gerechtigkeit. Wir hatten den Juden so viel Unrecht getan, wir hatten solche Verbrechen an ihnen begangen, daß sie irgendwie gesühnt werden mußten oder wiedergutgemacht werden mußten, wenn wir überhaupt wieder Ansehen unter den Völkern der Erde gewinnen wollten. Und weiter: Die Macht der Juden auch heute noch, insbesondere in Amerika, soll man nicht unterschätzen. Und daher habe ich sehr überlegt und sehr bewußt – und das war von jeher meine Meinung – meine ganze Kraft daran gesetzt, so gut es ging, eine Versöhnung herbeizuführen zwischen dem jüdischen Volk und dem deutschen Volk.

GAUS: Wie beurteilen Sie die Entwicklung des deutsch-französischen Verhältnisses seit Ihrem Rücktritt als Bundeskanzler?

ADENAUER: Ich will Ihnen Ihre Frage beantworten. Leider hat das deutsch-französische Verhältnis sich nicht so entwikkelt, wie ich mir das so gedacht hatte. Aber wir dürfen nicht nachlassen. Wenn zwei, die an sich von Natur aus dazu bestimmt sind, zusammen zu handeln – und das sind, wie ich eben schon sagte, Frankreich und Deutschland –, nicht zusammenkommen, soll man den Fehler nicht bei einem suchen, sondern gewöhnlich sind alle beide mit schuld daran; und beide sollen sich überlegen, wie sie es besser machen könnten.

GAUS: Erlauben Sie mir eine letzte Frage, Herr Adenauer. Wie beurteilen Sie die politische Reife des deutschen Volkes?

ADENAUER: Das deutsche Volk hat in den letzten Jahrzehnten zu viel erleben müssen, vom Kriege 14 angefangen. Erst dieser Krieg, dann der Sturz der ganzen Monarchie in Deutschland, der Übergang in das republikanische Staatswesen, dann kam der Nationalsozialismus, der ja doch grauenhafte Verwüstungen auch moralischer Art in unserem Volke hervorgerufen hat; dann kam der letzte große Krieg; dann kam der deutsche Zusammenbruch, dann der deutsche Wiederaufbau. Wenn man einmal diese ganzen Erlebnisse sich klarmacht und die Reihenfolge, wie das über das deutsche Volk bald gut, bald schlecht hergegangen ist, dann wird man verstehen können, daß das deutsche Volk eben noch nicht aus dieser inneren Unruhe zu einer inneren Festigkeit und Stetigkeit gewachsen ist. Es fehlt uns auch – und das ist sehr wichtig – ein großer Teil der Männer im Alter zwischen fünfunddreißig bis fünfundfünfzig Jahren, eventuell bis sechzig Jahren. Sie sind im Kriege gefallen, sie sind früher gestorben, als sie unter normalen Verhältnissen gestorben wären. Und diese Schicht ist eben die Schicht, die einem Staatswesen doch Stetigkeit gibt, und die fehlt. Und Stetigkeit in der politischen Haltung ist ein Grundelement des politischen Erfolges. Und das deutsche Volk muß alles tun, was in seiner Kraft steht, um eine stetige Politik zu treiben. Ich kann das nicht oft genug wiederholen und darauf hinweisen, daß Stetigkeit in der Politik die Grundlage für das Vertrauen ist und damit auch die Grundlage für den Erfolg.

Willy Brandt

»...Herbert Wehner hat mir einen Brief geschrieben um die Jahreswende 1960/61, und er hat mir dann gesagt: ›Du kannst erstens immer mit mir rechnen, wenn es darum geht, aus dieser Partei eine wirkliche, konsequente Reformpartei zu machen und sie als solche weiterzuentwickeln; und Du kannst zweitens immer mit mir rechnen, wenn es darum geht, denen entgegenzutreten, die meinen, es reiche aus, etwas ›Rouge‹ aufzulegen...‹«

WILLY BRANDT, geboren am 18. Dezember 1913 in Lübeck als Herbert Frahm.
Fand schon als Gymnasiast zur Sozialistischen Jugendbewegung und zur SPD. Schloß sich 1931 der Linksabspaltung SAP an und führte deren Jugendorganisation. Emigrierte nach kurzer Untergrundtätigkeit – Deckname Willy Brandt – 1933 nach Norwegen und nahm nach seiner Ausbürgerung in Deutschland die Staatsbürgerschaft des Gastlandes an. Arbeitete als Journalist und Sekretär einer norwegischen Hilfsorganisation. 1947 Rückkehr und Wiedereinbürgerung in Deutschland unter dem Pseudonym Willy Brandt als bürgerlichem Namen. 1948–49 Vertreter des SPD-Vorsitzenden Dr. Schumacher in Berlin; ab 1949 Vertreter Berlins im Deutschen Bundestag, 1950–69 Mitglied des Berliner Abgeordnetenhauses und 1955-57 dessen Präsident; 1957 bis 1966 Regierender Bürgermeister Berlins. Seit 1964 bis heute Vorsitzender der SPD. 1966 Vizekanzler und Außenminister in der Regierung der Großen Koalition, 1969 Bundeskanzler, 1973 wiedergewählt; trat 1974 wegen der Spionageaffäre Guillaume zurück. Träger des Friedensnobelpreises 1971. 1976 bis heute Präsident der Sozialistischen Internationale, 1977 Vorsitzender der Nord-Süd-Kommission. Brandt ist Mitglied des Bundestags.

Gespräch mit Willy Brandt, dem Regierenden Bürgermeister von Berlin und Vorsitzenden der SPD, gesendet am 30. September 1964.

Realisten, die an Wunder glauben

GAUS: Herr Bürgermeister Brandt, Sie werden in diesem Jahr 51 Jahre alt und gehören damit zu jener Generation, die auch in der Politik immer mehr in den Vordergrund rückt. Schröder, Strauß, Mende sind ungefähr im gleichen Alter. Gibt es eine Gemeinsamkeit dieser Generation, gibt es etwas, das allen diesen Politikern gemeinsam ist, unabhängig von ihrer Parteizugehörigkeit und ihrem persönlichen Hintergrund?

BRANDT: Ja, Herr Gaus, ich habe mich ja jetzt langsam daran gewöhnt, daß man zu gleicher Zeit ein jüngerer Politiker und ein älterer Angesteller sein kann, oder, wenn man jetzt nicht mehr »jüngerer Politiker« genannt wird, dann – so, wie Sie es eben andeuteten – einer, der politisch im besten Alter steht; und das habe ich dann gemeinsam mit den Herren, die Sie erwähnten und anderen. Also wir, die wir um die fünfzig herum sind, haben doch wohl jedenfalls dieses gemeinsam: Wir haben noch etwas mitgekriegt vom Niedergang der Weimarer Republik, wir haben auf die eine oder andere Weise die Erfahrung des Nationalsozialismus und des Krieges hinter uns und sind dann ernsthaft hineingekommen nach dem Zweiten Weltkrieg in die öffentliche Verantwortung. Unser Denken, das Denken der meisten von uns, ist wahrscheinlich weniger als das Älterer bestimmt von dem fast unbegrenzten Fortschrittsglauben vergangener Zeiten. Wir haben eine ganze Menge durchgemacht schon in jungen Jahren und sind genötigt gewesen, sind es immer noch, mit dieser Welt, so wie sie ist, fertig zu werden, und mit der Lage unseres Volkes, die ganz abweicht von dem, woran man sich früher gewöhnt hatte.

GAUS: Glauben Sie, daß dieses Bewußtsein der immerwährenden Gefährdungen ein Wert ist, der nicht nur den Älteren fehlt in der Beurteilung politischer Vorgänge, sondern ein Wert ist, der auch den Jüngeren vielleicht fehlt, die heutzutage in einer relativen Sorglosigkeit aufwachsen?

BRANDT: So weit möchte ich nicht gehen. Ich erlebe das ja selbst zu Hause. Ich wundere mich, wenn meine Jungen, na sagen wir mal, Hitlerplatten hören und lachen, weil sie sich nicht vorstellen können, welchen Zusammenhang das hat mit einer für unser Volk ganz gewichtigen Realität. Aber ich glaube doch nicht, daß wir den nachwachsenden Jüngeren wünschen sollten, daß sie alles noch einmal durchexerzieren, was wir, die wir jetzt um die fünfzig sind, haben durchleben müssen. Ich glaube schon, daß sich das auch vermitteln läßt.

GAUS: Das wollte ich fragen. Kann man so etwas, diese Erfahrungen, diese Erkenntnisse, den Nachwachsenden mitgeben?

BRANDT: Ich glaube, ja; das, was daraus abzuleiten ist. Es ist nicht nötig, daß jeder das Lehrgeld voll selbst bezahlt.

GAUS: In einem Punkte, Herr Bürgermeister, hat Willy Brandt vielleicht doch eine noch leidvollere Erfahrung machen müssen als seine Altersgenossen. Man muß dazu etwas ausholen. Sie haben sich einmal in einer Rede im November 1960 geäußert zu Unterstellungen und Kampagnen, die gegen Sie geführt worden sind. Dabei erwähnten Sie, daß Sie Ihren Geburtsnamen Herbert Ernst Frahm abgelegt haben, und sagten: »Mit meinem Geburtsnamen und dem meiner damals unverheirateten Mutter verband mich wenig mehr als die Erinnerung an eine nicht ganz leichte Kindheit. Das mag vielen ungewöhnlich erscheinen und ist es wohl auch, aber es hat niemand das Recht, mir meine Ehre streitig zu machen.« Wer seinerzeit diese Rede hörte, der hatte den Eindruck einer noblen Klarstellung und auch einer gewissen Erleichterung, als seien Sie ganz froh, daß diese Dinge einmal von Ihnen ganz klar beim Namen genannt werden konnten. Das bringt mich zu meiner Frage: Hat Sie diese Besonderheit Ihrer Herkunft, das Aufwachsen ohne Vater, irgendwann im Leben bedrückt, geniert, etwa im Kreise von wohlsituierten Mitschülern?

BRANDT: Ich würde das nicht ganz verneinen wollen. Ich will es nicht dramatisieren, das mit der schwierigen Kindheit, was ich da habe anklingen lassen. Ich möchte es nicht schwieriger machen, als es war. Man hat gut für mich gesorgt, das war es nicht. Aber es ist wahr, man unterschied sich von anderen.

GAUS: Und wie empfanden Sie diesen Unterschied?

BRANDT: Ja?

GAUS: Empfanden Sie ihn schmerzlich?

BRANDT: Schmerzlich ist wohl schon zuviel gesagt, aber etwas drückend manchmal.

GAUS: Sie sind 1913 in Lübeck geboren, aufgewachsen unter dem Einfluß Ihres Großvaters, eines ehemaligen Landarbeiters, dann Lastwagenfahrers und überzeugten, fast möchte man sagen, gläubigen Sozialdemokraten, und Sie haben sich der sozialistischen Jugendbewegung angeschlossen. Das ist ein sehr direkter Weg: Einfluß des Großvaters, Traditionen und Milieu der Familie, folgerichtiger Entschluß des Enkels. Haben Sie niemals mit einer anderen politischen Ideenwelt als der sozialistischen geliebäugelt, und sei es nur aus Opposition gegenüber der Umwelt, nur weil eben dieser Weg so vorgezeichnet war? Hat es Sie nicht verlockt, etwas anderes zu tun und zu werden?

BRANDT: Nein, nein! Das, was ich in mich aufnehmen konnte, durch den Großvater, den Sie erwähnten, durch meine Mutter, die ebenso in dieser politischen Heimat, wie man es empfand, stand, das hat mich bestimmt. Die Opposition gegen das Elternhaus und die Familie, die wir sonst so häufig als ein Merkmal finden von Menschen, ist bei mir wahrscheinlich überspielt worden dadurch, daß das Unterschiedensein von der Umwelt noch bedeutsamer war.

GAUS: Es hat Sie hingeführt zur Familie und nicht weggeführt?

BRANDT: So ist es. Das ist das eine. Das zweite ist, daß es – obwohl es diese Anlehnung gab, dieses Im-selben-Milieu-Aufwachsen, in dieser auch geistigen Welt –, daß es nicht ohne Friktion war. Ich kann mich also noch sehr genau daran erinnern, das wird so im Jahre 1931 gewesen sein. Damals war ich Gymnasiast und war mit meinen Freunden aus der sozialistischen Jugendbewegung in einem Ersten-Mai-Umzug oder in einem anderen Zug gegangen, und wir hatten ein Transparent mitgeführt, auf dem stand: »Republik, das ist nicht viel – Sozialismus ist das Ziel!« Mein Großvater, der ein sehr einfacher, aber echter, großartiger Mensch war, der hat mit mir am gleichen Abend noch oder am nächsten gesprochen und gesagt: »Wie könnt Ihr eigentlich so undankbar sein.« Mir ist erst später richtig klargeworden, was das bedeutete. Er war – Sie haben es vorhin gesagt – als Landarbeiter groß geworden, seinen Vater hatte man noch bei einem Grafen im westlichen Mecklenburg über den Bock gelegt, um ihn zu züchtigen. Er selbst war in die Stadt gegangen, er lebte in den dreißiger Jahren in einer kleinen Neubauwohnung mit ein paar Zimmern, einem kleinen Bad, ich hatte meine Kammer oben auf dem Boden. Er zahlte dafür 50 Mark, das war einer der vier Wochenlöhne im Monat. Er empfand dies als einen gewaltigen sozialen Aufstieg gegenüber dem, was früher gewesen war. Er stand auf der Liste zur Bürgerschaftswahl, nicht um gewählt zu werden, sondern weil man auch noch Namen brauchte, um die Liste ganz auszufüllen. Er war Wahlvorsteher in einem Wahllokal, er nahm eine Reihe anderer ehrenamtlicher Aufgaben wahr. Er fühlte, daß er dabei war in dieser Republik, von der wir sagten, sie sei nicht viel. Insofern bedeutete diese Anlehnung nicht, daß es nicht auch eine ganze Menge Spannungen gab.

GAUS: Es muß welche gegeben haben, denn 1931 haben Sie die SPD verlassen und sind Mitglied der Sozialistischen Arbeiterpartei, einer weiter links orientierten Splittergruppe, geworden. Warum?

BRANDT: Ja warum? Das war damals so, daß ein großer Teil der sozialistischen Jugend in Lübeck wie in einer ganzen Reihe anderer Städte mehr mit linksstehenden Abgeordneten im Reichstag sympathisierte, die also gegen die Tolerierungspolitik der Regierung Brüning waren, die etwas vertraten, was wir damals als konsequenter, als radikaler empfanden. Ich würde sagen, das, was uns bewegte, war ein Aufbegehren gegen die Kraftlosigkeit der Kräfte, die meine eigene Partei damals führten. Wir sind zu weit gegangen in der Kritik, aber es war das Unbefriedigtsein davon, daß die Weimarer Republik nicht einen großen Wurf zustande brachte.

GAUS: Wenn Sie mit dem, Herr Brandt, was für Ihre Familie im wahrsten Sinne Heimat war, mit der Sozialdemokratie, unzufrieden waren als junger Mann, dann interessiert mich, warum Sie dann diese Splittergruppe »Sozialistische Arbeiterpartei« als neuen Standort erwählt haben, warum nicht die KPD?

BRANDT: Die Frage hat sich uns damals in Lübeck gar nicht gestellt. Für uns war es eine Entscheidung innerhalb dieser sozialistischen Jugendbewegung, und wir empfanden diese Splittergruppe doch als einen Teil der sozialistischen Bewegung. Ich glaube, ich hätte, was die Kommunisten anging, allenfalls für eine Figur wie Trotzki größeres Interesse aufbringen können. Der war aber schon außer Landes gegangen.

GAUS: Er hätte aber möglicherweise auch bei der Sozialistischen Arbeiterpartei sein können?

BRANDT: Das weiß ich nicht. Aber was uns erfüllte, war doch

eine grundsätzliche Einstellung, und sie stand – so falsch manches sonst gewesen sein mag, wofür wir uns damals einsetzten – doch wohl schon damals in einem klaren Widerspruch und Gegensatz zu den bürokratischen, autoritären Tendenzen der Kommunistischen Partei, die nicht so sehr ein Werkzeug Moskaus war, wie es das Ulbricht-Regime später geworden ist, aber die eben doch praktisch ein Stück der sowjetischen Außenpolitik damals auch schon genannt werden konnte.

GAUS: Ich glaube, Herr Bürgermeister, daß wir mit Ihrem Anschluß an die Sozialistische Arbeiterpartei zu einem wichtigen Punkt gekommen sind. An die politische Wirksamkeit dieser sektiererhaften linkssozialistischen Partei konnte doch wohl nur glauben, wer dogmatische und programmatische Fragen wichtiger nahm als die politische Realität. Ist das bei Ihnen so gewesen? War für Sie in dieser Zeit die dogmatische Seite des Sozialismus jene Seite, die Sie begeisterte?

BRANDT: So wird es wohl gewesen sein. Rückschauend sehe ich es ein bißchen anders. Rückschauend finde ich, daß die, die von links opponierten, und dic Aktivisten, die von rechts opponierten innerhalb der Sozialdemokratie, einander viel näher standen.

GAUS: Sie haben das geschrieben, und zwar in bezug auf Julius Leber, der im Zusammenhang mit dem 20. Juli 1944 ermordet worden ist und den Sie aus Ihrer frühen Lübecker Zeit als Ihr Vorbild hinstellen. Ich glaube dennoch, daß es mehr die Neigung des jungen Mannes zur Utopie war. Ist das falsch?

BRANDT: Nein, das ist nicht ganz falsch. Ich habe aber auch seitdem programmatischen Fragen immer großes Interesse beigemessen, ein anderes als damals, aber ich bin daran weiter interessiert geblieben. Für mich war dann wichtig, rauszukommen und dort konfrontiert zu werden mit einer anderen Art, die politischen Dinge zu sehen. Aber ich muß Ihnen recht geben – ich will jetzt meinem eigenen Lebenslauf nicht vorgreifen –, ich habe damals als junger Mann den Fragen der dogmatischen Programmatik größere Bedeutung beigemessen, als ich es heute tun würde, und trotzdem bedaure ich nicht, daß ich die Erfahrung dieser Splittergruppe mitgemacht habe. Ich möchte sie nie wiederholen, aber ich bedaure nicht, daß ich sie mitgemacht habe, denn in einer solchen Gruppe wird der einzelne viel mehr auf die Probe gestellt als das Mitglied einer Massenpartei. Man mußte sich als einzelner viel mehr mit den Fragen auseinandersetzen, und ich habe jedenfalls eine Menge dadurch gelernt.

GAUS: Können Sie versuchen, rückblickend die Motive zu nennen, die Sie zu diesem Glauben an eine Utopie veranlaßt haben? Was war das? War das Mitleid, war es das Gefühl: »Ich gehöre zu einer Gruppe, die zu kurz gekommen ist und die ihre Chance erhalten muß?«

BRANDT: Nein, es war das Festhalten an etwas, das ich geerbt hatte und wovon ich glaubte, daß die offizielle Sozialdemokratie es verließe. Es war die Bebelsche Sozialdemokratie, die in den jungen Linkssozialisten lebendig war. Es war das, was mein Großvater eigentlich mir gesagt hatte, uns vermittelt hatte, und es war das Unbefriedigtsein vom Weimarer Staat, wobei wir nur damals glaubten – das war der eigentliche Irrtum –, daß es am zu geringen Sozialismus läge; es lag aber an der zu wenig kämpferischen Demokratie. Das war der eigentliche Punkt.

GAUS: Sie kommen da auf einen Unterschied, den ich für sehr bedeutsam halte in Ihrem Lebenslauf. Sie sind 1933 in die Emigration nach Norwegen gegangen und dann bis zum Ende des Nationalsozialismus viel in Europa umhergereist, als Journalist und als linkssozialistischer Funktionär, und Sie sind auch vorübergehend illegal in Deutschland gewesen. Wir werden auf diese Zeit noch kommen. An dieser Stelle interessiert mich nur eines: der Wandel Ihres Verhältnisses zur Programmatik, wenn Sie so wollen: Ihre Entideologisierung. Inwieweit und auf welche Weise ist dies durch Ihre Begegnung mit Skandinavien bewirkt worden?

BRANDT: Ganz entscheidend. Man glaubt es kaum, aber erst während ich in Norwegen war, das heißt in den dreißiger Jahren, ist dort zum ersten Mal das »Kapital« von Karl Marx ins Norwegische übersetzt worden. Das gab es vorher nicht, und es wurde dort von einer Intellektuellengruppe übersetzt und herausgegeben. Aber das, was die skandinavischen Sozialdemokraten mit ihren Schattierungen – die Norweger waren ein bißchen mehr links als andere –, was die skandinavischen Sozialdemokraten insgesamt trug, das war das, was aus den Kraftquellen des Christentums und des Humanismus gekommen war; viel mehr als das, was in der deutschen Sozialdemokratie aus der Marxschen Soziologie, oder wie immer man die Lehre umschreiben will, gekommen ist. Ich lernte eine große Offenheit kennen. Bei uns blieb doch auch während der Weimarer Zeit alles sehr abgekapselt in Schichten, Gruppen, Klassen, wenn man so will, im Verhältnis zueinander und im Verhältnis zum Staat. Und dort lernte ich kennen, wie wirklich um die Demokratisierung eines Staatswesens gerungen wird, wie das aussieht, wenn man wirklich dabei ist und sich um praktische Aufgaben zu kümmern hat. Ich kam dorthin, als eine Wahl gewonnen wurde von meinen norwegischen Freunden unter dem Motto: »Das ganze Volk in Arbeit«, das heißt, das war das, womit in Amerika der New Deal bestritten wurde, eine aktive Krisenpolitik, während bei uns die Dogmatiker – es gab nicht nur linkssozialistische, es gab auch Regierungsdogmatiker – glaubten, die deutsche Währung bräche zusammen, wenn man ein paar Milliarden aufgebracht hätte für ernsthafte Krisenbekämpfungs- und Arbeitsbeschaffungsprogramme. Ich lernte kennen, wie eine moderne Sozialpolitik gestaltet wurde, und eine ganze Menge anderer Dinge.

GAUS: Sie sind, Herr Bürgermeister, nicht nur Kanzlerkandidat Ihrer Partei, sondern seit Anfang dieses Jahres auch der Vorsitzende der SPD. In dieser Position, die durch das politische Gewicht des Regierenden Bürgermeisters weiter gestärkt wird, hat natürlich Ihr ganz persönliches Verhältnis zu den hergebrachten Denkformen des Sozialismus und des Marxismus auch Folgen für das Selbstverständnis Ihrer Partei. Ich habe dazu zwei Fragen: Der Widerstand der SPD gegen die Reformer, zu denen Sie gehören, ist doch beträchtlich gewesen, und es hat lange Jahre gedauert, bis man zum Godesberger Programm gelangte. Worin sehen Sie die Motive für diesen Widerstand, Sie ganz persönlich? Waren das nach Ihrer Kenntnis und nach Ihrer Auffassung vornehmlich Personalkämpfe, waren das Sentimentalitäten, war das verknöcherter Traditionalismus?

BRANDT: Darf ich zunächst mal, Herr Gaus, auf den Ausgangspunkt Ihrer Frage zurückkommen? Sie sagten, ich sei nun nicht mehr nur Kanzlerkandidat meiner Partei, sondern auch Vorsitzender dieser Partei. Ich sehe das eigentlich nicht als zwei verschiedene Aufgaben. Das Natürliche ist, daß ein gewählter Vorsitzender, ein vom Vertrauen seiner politischen Freunde getragener Vorsitzender einer großen Partei, diese Partei auch in den Wahlkampf führt, das heißt, Kanzlerkandidat ist. Das ist zeitweilig anders gemacht worden, weil Herr Ollenhauer nicht wünschte, diese Koppelung in seiner eigenen Person verwirklicht zu sehen, und daraus kam dieser Vorschlag, der mich dann zunächst 1960 zum Kanzlerkandidaten und zum stellvertretenden Vorsitzenden der SPD machte.

Nun die eigentliche Frage, was war der Grund, was waren die Motive für den Widerstand gegen die Erneuerungen, gegen die Modifizierung der Sozialdemokratie? Eigentlich hat es den ersten großen Ansatz ja gar nicht gegeben durch die, die dann das Godesberger Programm durchgesetzt haben, sondern den ersten Anlauf machte Kurt Schumacher. Das ist vielfach vergessen worden. Kurt Schumacher sagte 1946: »Dies ist nicht einfach eine wiederbegründete SPD, sondern eine neu begründete.« Er wollte damit sagen, eine Partei, die zwar anknüpft, die auch unter demselben Namen wieder auftritt wie vor Hitler, die aber die Erfahrungen der Zwischenzeit, die Erfahrungen mit Totalitarismus, mit den Nazis, mit den Kommunisten, mit verarbeiten will. Das, was an Widerstand dann kam, hat, glaube ich, mit persönlichen Dingen verhältnismäßig wenig zu tun gehabt, sondern es hat zu tun gehabt mit der verständlichen Neigung der Menschen, das, was sie einmal in sich aufgenommen haben, möglichst nicht, wie sie es dann empfinden, über Bord zu werfen. Aber ich will das nicht in herabsetzender Bedeutung verstanden wissen. Es bleibt natürlich auch in einer so großen Partei immer ein gewisses Ringen zwischen mehr konservativen – im höchst anständigen Sinne des Wortes konservativen – und mehr vorwärtsstrebenden Tendenzen und Meinungen. Aber wir können doch, glaube ich, sagen – ich sehe es jedenfalls so –, daß diese offene, für alle Schichten offene, moderne deutsche Sozialdemokratie weiterhin anknüpft an das, was über ein Jahrhundert hinweg die Vorstellung geblieben ist: nämlich an das Ringen darum, ganze breite Schichten unseres Volkes, die Außenseiter waren, buchstäblich an den Tisch der Gesellschaft und des Staates heranzuführen. Und es bleibt die sozialdemokratische Vorstellung von einer Erweiterung der Demokratie; Demokratie nicht auf Rationierungskarten, sondern Demokratie weit ausgedehnt verstanden. Es bleibt drittens die Vorstellung von einer verantwortlichen Beeinflussung des wirtschaftlichen Geschehens, damit die Menschen nicht nur dessen Objekte sind.

GAUS: Ich komme in diesem Zusammenhang zu meiner zweiten Frage, Herr Bürgermeister. Sie haben in einer Rede im Sommer vorigen Jahres gesagt, als Krebsschaden der

Deutschen nach dem Kriege betrachteten Sie, ich zitiere nun: »...das Diktat kleiner oder sogar kleinlicher Zweckmäßigkeitserwägungen. Es gibt bei uns zulande zuviel Opportunismus, und wir haben alle auf der Hut zu sein, damit nicht der begrüßenswerte Trend zur Entideologisierung mit dem Preis der Grundsatzlosigkeit bezahlt wird.« Nun ist es so: Gerade diese Zweckmäßigkeitserwägungen und die Gefahr der Grundsatzlosigkeit werden Ihnen und Ihrer Partei nicht nur von parteipolitischen Gegnern zum Vorwurf gemacht. Es wird gelegentlich gesagt, die SPD und ihr Vorsitzender Willy Brandt haben aufgehört, die Pflichten der Opposition wahrzunehmen. Was sagen Sie zu einem solchen Vorwurf? Wo ziehen Sie die Grenze zwischen der Entideologisierung, die Sie wünschen, und einer Grundsatzlosigkeit, die auch Sie in jener Rede ablehnten?

BRANDT: Zuerst einmal ist die SPD in der Bundesrepublik ja nicht nur Oppositionspartei, diese Behauptung würde den föderativen Aufbau unseres Staates nicht genügend berücksichtigen. Die SPD ist auf der Länderebene in all diesen Jahren immer in der Verantwortung gewesen, in einer kleineren oder größeren Zahl von Ländern; sie hat die deutschen Gemeinden, den größten Teil der deutschen Städte verantwortlich mitgetragen. Aber ich sehe durchaus die Gefahr, von der ich allgemein gesprochen hatte, auch für den Sektor des politischen Lebens, für den ich selbst Verantwortung trage. Da muß man selbst verdammt aufpassen und mit seinen Freunden darum ringen, daß das legitime Bemühen um das Vertrauen, auch um die Gunst der Wähler, daß das nicht so wird wie der Lakai, der sich einem auf die Schulter setzt und dann einem diktiert, was man zu tun hat. Man muß also immer wieder selbst die Frage stellen – wie meine Partei es getan hat durch das Godesberger Programm und in späteren Dokumenten –, welches sind die Grundwerte, die Zielvorstellungen, an denen man sich orientiert.

GAUS: Sie haben in einer Autobiographie »Mein Weg nach Berlin«, die Sie zusammen mit dem Schriftsteller Leo Lania verfaßt haben, geschrieben: »Was wir brauchen, ist die Synthese von praktischem Denken und idealistischem Streben. Sagt nicht ›entweder – oder‹, sondern ›sowohl – als auch‹, wie Strindberg empfiehlt.« Das haben Sie geschrieben. Jetzt möchte ich etwas boshaft werden. Gelegentlich hat man, wenn man dieses Buch von Ihnen liest, wenn man Ihre Reden hört – aber nicht nur bei Ihren Reden, sondern durchaus bei allen Parteien –, das Gefühl, es herrscht der Drang vor, jedem etwas zu sagen zu haben. Befürchten Sie nicht, Herr Bürgermeister, daß auf diese Weise die Austragung politischer Gegensätze unterbunden wird zugunsten einer möglichst publikumswirksamen Dauerwerbung?

BRANDT: Da ist was dran. Aber wenn Sie mich zitiert haben aus dem Buch »Mein Weg nach Berlin«, dann darf ich sogar dem, was da steht, noch etwas hinzufügen, was ich selbst erst seitdem gelesen habe und was mich beeindruckte. Ein kluger Mann in einem anderen Land hat gesagt: »Man kann heutzutage nur ein guter Realist sein, wenn man auch an Wunder glaubt.« Das ist auch das »Sowohl-Als-auch«, nur etwas anders ausgedrückt, Herr Gaus.

GAUS: Bei dem Kanzlerkandidaten der Opposition ist es natürlich besonders hübsch, wenn er auf den Glauben an Wunder verweist.

BRANDT: Augenblick mal, da muß ich dazu etwas deutlicher werden, bevor wir auf die folgende Frage noch einmal zurückkommen. Ich habe es auf den Berlin-Fall einmal so angewandt: Wir haben, die wir Politik machen, ja doch alle oder fast alle Bismarck gelesen und wissen um ihn als einen der großen deutschen Staatsmänner, ganz gleich, ob man nun jeden seiner Schritte nachträglich für richtig hält oder nicht. Von Bismarck stammt diese einfache Faustregel, daß die Politik die Kunst des Möglichen sei. Wir haben hier in Berlin uns

sagen müssen – ich habe das entwickelt in Gesprächen seinerzeit mit Ernst Reuter in den allerschwersten Nachkriegsjahren –, daß wir heute damit nicht mehr auskommen, sondern daß hier für uns in Berlin (aber das gilt auch für die deutschen Dinge überhaupt) Politik geworden ist zu der Kunst, das zunächst unmöglich Erscheinende dennoch möglich werden zu lassen. Man kann nicht nur in den Tag hineinleben und sich arrangieren, man muß ein bißchen auch abzielen auf Dinge, von denen einem die meisten sagen, das wird wohl nichts, oder: das wird wohl nichts so rasch. Insofern bleibe ich also ganz bei dem, was da steht, und wäre eher geneigt, es noch dick zu unterstreichen und zu untermalen. Aber trotzdem haben Sie recht, wenn Sie es jetzt hinführen zu einer Betrachtung darüber, ob nicht dann, wenn man zwei große Parteien bekommt oder zweieinhalb, aber jedenfalls zwei, die sehr in die Breite gehen: ob dann nicht bei beiden – man sieht ja davon auch etwas in anderen Ländern – die Gefahr da ist, es zu vielen recht machen zu wollen. Ich sehe das als eine Gefahr. Ich glaube, es ist deutlich genug, und wenn etwas unklar geworden sein sollte, wird es bald wieder sehr klar werden, daß auf der einen Seite ein größeres Beharrungsvermögen da ist, ein stärkeres Verhaftetsein im Vergangenen und im Jetzigen, im Grunde der Glaube daran, daß die Welt, wie wir sie haben, eine der schönsten ist; und eine andere Kraft, die stärker an den Anschluß an die neuen Fragestellungen, an die Fortentwicklung unseres Staates und unserer Gesellschaft denkt.
GAUS: Zurück zu Ihrer Emigrationszeit, Herr Bürgermeister. Sie haben geschrieben: »Ich wollte kein Emigrant sein«, und folgerichtig haben Sie sich daher um die norwegische Staatsbürgerschaft bemüht, die Sie schließlich nach der Ausbürgerung durch die Nationalsozialisten erhalten und erst um die Jahreswende 1947/48 gegen die deutsche wieder eingetauscht haben. Erklären Sie mir bitte, was das heißt: »Ich wollte kein Emigrant sein?«

BRANDT: Da steckt mehr als eine Frage drin. Erstens hatte ich immer etwas gegen das Wort selbst. Emigranten waren diejenigen unserer Landsleute im vergangenen Jahrhundert, die nach Amerika ausgewandert sind, weil sie eine neue Heimat finden wollten. Diejenigen, die während der Nazizeit Emigranten genannt wurden, teils von der deutschen Propaganda, aber so übernommen auch in die Sprache des Volkes, waren nicht Emigranten, sondern waren politische oder rassische oder bei einigen auch religiöse Flüchtlinge. Flüchtlinge! Wir nennen auch nicht die, die aus der Zone kommen, Emigranten, sondern nennen sie Flüchtlinge.
Das war das eine. Aber es kam noch etwas hinzu. Ich war 19 Jahre, als ich 'rausging, und hatte das Glück, schon etwas Kontakt zu haben zu dem Land, in das ich ging, seine Sprache schon etwas zu sprechen und sie sehr rasch so zu lernen, daß ich mich nicht unterschied von anderen in diesem Land, der Sprache nach. Ich hatte also das Glück, daß ich, anders als Intellektuelle sonst, eine Tätigkeit in dem Land selbst finden konnte. Das war sonst die Tragik von denen, die nicht Handarbeiter waren. Auch Handarbeiter hatten es dort, wo Arbeitslosigkeit war, noch sehr schwer, aber die, die Rechtsanwälte gewesen waren oder Beamte oder auch Journalisten, wenn sie schon älter waren, hatten ja das Handikap des Schreibens in einer anderen Sprache oder hatten ein anderes Recht gelernt, und was es da alles gibt. Das war für mich wegen meiner Jugend keine Hürde. Ich konnte also dort eine Tätigkeit ausüben, ich war in einer großen Hilfsorganisation tätig, ich war als Journalist tätig, und ich habe gelehrt im Rahmen der Arbeiterbildungstätigkeit in Norwegen und später in Schweden. Aber das hat nicht bedeutet, daß ich mich getrennt habe von den Freunden, die aus Deutschland gekommen waren. Ich habe immer in Norwegen und später auch in Schweden zu den Gruppen der deutschen Sozialisten oder Sozialdemokraten in der Emigration gehört. Es bedeutete nur für

mich, daß ich nicht den größten Teil meines Tages mit dem verbrachte, womit andere ihn verbringen mußten, nämlich überwiegend darüber nachzudenken, warum es so gekommen war, wie es 1933 gekommen war, sondern daß ich mehr in einem täglichen Leben stand, das sehr stark mit der Wirklichkeit meines Gastlandes, das dann meine zweite Heimat wurde, zusammenhing.

Und da bin ich bei meiner Staatsbürgerschaft, Herr Gaus. Sie sagen richtig – mir liegt daran, es hier noch einmal zu unterstreichen, weil das manchmal falsch dargestellt wird –, ich bin ausgebürgert worden durch die nationalsozialistische Regierung im Jahre 1936, und ich war dann staatenlos, und als Staatenloser habe ich die norwegische Staatsangehörigkeit angenommen und war dankbar dafür, daß sie mir gegeben wurde wie anderen auch. Als ich dann wieder zurückgegangen bin, habe ich die deutsche Staatsangehörigkeit wieder beantragt. Ja, ich muß genau sagen, die gab es noch gar nicht wieder, denn es gab noch keine Bundesrepublik; sondern die Landesregierung von Schleswig-Holstein hat mich dann eingebürgert, weil ich in Lübeck geboren war und Lübeck inzwischen zu Schleswig-Holstein gehörte, was ich zunächst nie ganz richtig verstanden habe. Und damit entfiel meine norwegische Staatsangehörigkeit, weil ein Mann nach norwegischem Recht nicht zwei Staatsangehörigkeiten haben kann.

GAUS: Sie sind wegen einer Reihe von Büchern und Broschüren und Artikeln, die Sie während Ihrer Zeit im Ausland geschrieben haben, im letzten Bundestagswahlkampf heftig attackiert worden; unter anderem wegen Artikeln, die Sie im Zusammenhang mit dem spanischen Bürgerkrieg schrieben, den Sie als Journalist und als Beobachter für Ihre linkssozialistische Gruppe erlebten. Besonders gegen eine Unterstellung haben Sie sich zur Wehr gesetzt, gegen die Behauptung nämlich, daß Sie mit der Waffe in der Hand gegen Deutschland gekämpft hätten. Ich habe dazu eine Frage. Wenn Sie sich gegen diese Unterstellung ganz besonders verwahren, beugen Sie sich damit nicht bösen Ressentiments, die es da und dort hierzulande noch gibt? Wie denken Sie über die Berechtigung des bewaffneten Kampfes von Deutschen gegen das nationalsozialistische Deutschland?

BRANDT: Darf ich, bevor ich das beantworte, noch einmal zu Spanien ein Wort sagen, Herr Gaus? Sie haben eine Tätigkeit dabei jetzt nicht erwähnt.

GAUS: Sekretär des Hilfskomitees?

BRANDT: Ja, weil das von der spanischen Zeit an bis in die Zeit, in der ich wieder nach Berlin zurückging, mich immer begleitet hat, die enge Verbindung mit humanitärer Tätigkeit. Ich wurde Sekretär des von den norwegischen Gewerkschaften getragenen Komitees, das Lebensmittel, Kleidung und Medikamente nach Spanien schickte. In ein Spanien überdies, das damals meine Sympathie hatte, weil gegen eine legale Regierung ein Aufstand gerichtet war. Das waren keine Kommunisten, gegen die geputscht wurde, die haben später Einfluß bekommen; sondern es war eine Regierung unter Führung eines Liberaldemokraten, und da waren Sozialdemokraten und Christen in dieser Regierung mit drin. Ich sehe heute vieles anders als damals, aber das muß man festhalten, daß es so gewesen ist und viele in der ganzen Welt es so empfunden haben, daß dort, im Vorfeld des Zweiten Weltkrieges, der Versuch gemacht wurde, eine Demokratie in Spanien zu stabilisieren. In Spanien selbst sehen das heute viele Leute auch anders und sind wohl auf dem Wege der Aussöhnung ein gutes Stück vorangekommen.

Der Vorwurf nun, von dem Sie sprechen: mit der Waffe in der Hand gekämpft zu haben, ist gelegentlich in Verbindung mit Spanien erhoben worden, aber mehr in Verbindung mit Norwegen. Er ist in beiden Fällen falsch. Und wenn ich gerade zu diesem Punkt Wert darauf gelegt habe, die Vorwürfe auch vor deutschen Gerichten klären zu lassen – und sie sind entschie-

den worden vor deutschen Gerichten –, dann deswegen, weil mir einfach daran lag, die Tatsachen festzustellen. Es ist nicht wahr, ich habe nicht mit der Waffe in der Hand, ich habe nicht gegen deutsche Soldaten gekämpft. Wer das behauptet, sagt etwas Falsches. Wenn es jemand behauptet, will er damit ein Ressentiment schaffen gegen den Mann, der eine bestimmte politische Aufgabe in diesem Land, in diesem Volk übernommen hat und vor sich hat, und darum muß ich Wert darauf legen, daß solche verleumderischen Behauptungen als das charakterisiert werden, was sie sind.
Das, was Sie mir nun als Frage stellen, das geht ja weit über eine solche Klarstellung hinaus. Lassen Sie mich vielleicht einmal – das hilft vielleicht – ein Beispiel wählen, das kein deutsches ist. Oder doch, erst ein außerdeutsches, dann ein deutsches Beispiel. Wir wissen alle, daß der General de Gaulle ein großer Franzose ist und eine große Erscheinung dieser Zeit, egal, ob man immer mit ihm einer Meinung ist oder nicht. Nun ist es geschichtsnotorisch, daß der General de Gaulle als Führer der Freien Franzosen gegen Franzosen gekämpft hat, in Syrien, in Nordafrika zeitweise und anderswo gegen Franzosen, die einer Regierung unterstanden in Paris, dann in Vichy, die sich als die legale französische Regierung bezeichnete. Niemand wird sagen wollen, daß de Gaulle –jedenfalls bei ihm zu Hause sagt man es nicht – ein schlechter Franzose sei. Jetzt nehme ich den deutschen Fall. Wir wollen doch wohl nicht sagen, daß, wenn irgendwo an der Zonengrenze etwas passiert – wir hoffen, es passiert nichts – und unser Grenzschutz oder unsere – ich will jetzt nicht weitergehen. Jedenfalls Deutsche stehen Deutschen gegenüber, dann wird man doch nun nicht zu dem Deutschen auf der anderen Seite, der sich abwendet, sagen, er sei ein schlechter Deutscher. Jedenfalls ist das nicht unsere Art des Denkens heute. Man sagt also heute nicht, daß es einen unbedingten Gehorsam gegenüber der Obrigkeit gibt. Wir legen andere Maßstäbe an. Ich will damit sagen, ich selbst habe

meinen politischen Kampf gegen das Hitlerregime geführt und es für richtig gehalten, dort die Grenze zu setzen. Aber ich muß denen meinen Respekt bekunden, jedenfalls mein Verständnis, die in Lagen hineingeraten sind, die schwieriger waren als meine Lage.

GAUS: Was hat Sie 1948 bewogen, die deutsche Staatsbürgerschaft wieder anzunehmen?

BRANDT: Sehen Sie, ich war nach Berlin gekommen durch meine norwegischen Freunde. Der Außenminister Halvar Lange, der es damals schon war und mit dem ich seit jungen Jahren befreundet bin, fragte mich, ob ich gehen wollte. Ich habe das gemacht und habe dann im Laufe weniger Monate gemerkt, daß ich nicht zu lange warten dürfte, wenn ich mich wieder in die deutschen Dinge einfügen wollte. Ich habe das Gefühl gehabt, daß ich hier – ich sage das jetzt ohne alle Überheblichkeit – mehr gebraucht würde, als ich in jenen Jahren in meiner zweiten Heimat hätte gebraucht werden können. Ich glaubte, daß ich nach dem, was ich gelernt hatte draußen, jetzt auch einiges dazu beitragen könnte, Dinge wieder in Ordnung zu bringen, vermittelnd, ausgleichend zu wirken. Dann wurde mir eben gerade auch 1947 in Berlin klar, was für Deutschland und für ganz Europa davon abhängen würde, ob der Versuch, die deutsche Demokratie ein zweites Mal aufzubauen, gelingen würde oder nicht. Wie das dann so kommt, im Herbst 1947 fragte mich meine Partei, mit der ich immer Kontakt gehalten hatte, ob ich ihr Vertrauensmann für den Kontakt mit den Alliierten in Berlin und für einige andere Verbindungsaufgaben sein wollte. Ich habe dann meinen norwegischen Freunden das erklärt, und sie haben gesagt, ja, sie seien damit einverstanden, daß ich zur Jahreswende 1947/48 das mache, wovon ich überzeugt war, daß es das Richtige sei. Ich habe also nicht erst abgewartet, bis die Dinge in Deutschland wieder in Ordnung waren. Dies war vor der Währungsreform und weit vor der Berliner Blockade. Aber ich habe es für richtig gehalten damals, mich einzuordnen in das, was war, mit den Risiken, die darin waren, aber auch mit der großen Chance, die es gewesen ist, an einem schwierigen Punkt zu zeigen, daß man ein bißchen beitragen kann, daß man auch aus schwierigen Situationen etwas machen kann.

GAUS: Sie sind mit einer Norwegerin in zweiter Ehe verheiratet, mit der Sie drei Buben haben. Aus der ersten Ehe haben Sie eine Tochter, die in Norwegen lebt. Was hat Ihre Frau gesagt zu dem Entschluß, in Deutschland zu bleiben?

BRANDT: Meine Frau war damit ganz einverstanden. Sie hat sich rasch zurechtgefunden in Berlin. Es wäre ihr vielleicht nicht überall so leicht gewesen. Sie hat zunächst manchmal gesagt, Hamburg wäre auch noch leicht gewesen für jemand, der vom Norden kommt. Inzwischen ist sie auch sonstwo in Deutschland gut zu Hause. Sie haben meine Tochter erwähnt. Ich bin stolz auf sie. Sie ist eine junge Lehrerin in Oslo, sie ist jedes Jahr bei uns, oder wir sehen uns bei ihr. Meine Frau und sie sind gute Freunde, und das hat alles sehr viel leichter gemacht, als es hätte sein können.

GAUS: Mit der Neueinbürgerung, Herr Bürgermeister, ist der Name »Willy Brandt«, wie Sie sich zunächst nur als Schriftsteller genannt haben, der amtliche Name geworden. Ich würde gern einmal hören, wie Sie auf »Willy Brandt« als Pseudonym gekommen sind.

BRANDT: Das hat sich so ergeben in einem Gespräch mit den Freunden in Lübeck im März 1933, noch bevor ich weggegangen bin. So bin ich durch meine Freunde damals den Norwegern avisiert worden, so habe ich geschrieben, gesprochen. Ja, man sagt, man macht sich einen Namen. Ich habe also im eigentlichen Sinne des Wortes mir diesen Namen gemacht seit ich 19 war, so lautete auch der Paß, den ich in meinem Status als norwegischer Mann hatte bei der Vertretung hier in Berlin, und mir hat sich das damals so dargestellt: »Davon kannst du nicht weglaufen.« Das ist etwas anderes, als wenn jemand mit

40 oder 50 Jahren draußen sich einen »nom de guerre«, einen Decknamen wählt. Ich war unter meinem ursprünglichen Namen noch nichts oder fast nichts gewesen. Alles, was ich war, seit ich erwachsen wurde, was ich getan hatte zum Guten und manchmal zum nicht ganz Überlegten, mit allen Fehlern drin, das hatte mit diesem Namen zu tun, und ich habe es damals, 1947/48, so gesehen: »Wenn ich davon jetzt weglaufe, wird mir gerade das vorgeworfen werden«, und ich habe gesagt: »Nun soll das so sein!« Darum wurden in meiner Einbürgerungsurkunde beide Namen aufgeführt, und das, was sonst nach deutschem Gesetz erforderlich ist, wurde dann in die Wege geleitet.

GAUS: Sie sind bei Ihrer Nachkriegskarriere in der SPD sehr bald als ein Vertreter des rechten Flügels in Erscheinung getreten. Wann haben Sie die endgültige Abkehr von linksradikalen Vorstellungen vollzogen?

BRANDT: Das kann ich selbst nicht sagen. Ich bin auch nie ganz sicher gewesen, ob das mit »rechts« und »links« heute noch stimmt.

GAUS: Ein wenig stimmt es schon. Die Politiker neigen heutzutage dazu, diese Begriffe nicht mehr gelten lassen zu wollen, obwohl sie immer noch die besten Hilfsmittel sind.

BRANDT: Ja, aber wissen Sie, wenn man mit »links« fortschrittlich, radikal im guten, im sich vorwärtsbewegenden Sinne meint, dann steht solches »links« im Gegensatz zum Verhaftetsein in überkommenen Dingen, die nicht mehr mit der Wirklichkeit von heute übereinstimmen, dann kann das, was Sie »rechts« nennen, radikaler sein. Aber das können wir vielleicht beiseite lassen. Meine Wandlung zum Sozialdemokraten heutiger Prägung hat sich noch vor dem Kriege in Skandinavien vollzogen, zum Sozialdemokraten, wenn Sie so wollen, norwegischer Prägung. Ich habe dies von dort mit nach Hause gebracht. Aber wie nun das genau prozentweise auszurechnen ist, das kann ich nicht sagen. Ich hatte noch nach Kriegsende, als ich 1949 zum Beispiel vor den Berliner Sozialdemokraten mich über die programmatischen Grundlagen des demokratischen Sozialismus geäußert habe, manches drin, was ich heute für überholt und für dogmatische Befangenheit halte. Aber das Entscheidende, das meine Plattform damals schon war und geblieben ist, war schon seinerzeit gegeben.

GAUS: Wie dachten Sie nach dem Kriege über die Möglichkeit einer Einheitspartei der Arbeiterschaft?

BRANDT: Das war für mich eigentlich nach dem Kriege keine aktuelle Frage mehr. Es klang nur noch ein bißchen davon nach.

GAUS: Sie haben in Ihrer Emigrationszeit darüber geschrieben?

BRANDT: So ist es. Das war eine entscheidende Frage während der Emigrationszeit. Sehen Sie, bei denen, die in Deutschland in den Lagern saßen oder in den Gefängnissen, wenn sie miteinander reden konnten, und denen, die sich sonst trafen, und denen, die sich draußen, unter freieren Bedingungen treffen konnten, gab es immer eine Diskussion über mehr Einheitlichkeit als während der Weimarer Zeit. Wenn wir es recht sehen, ist ja eine Frucht solcher Überlegungen aus Untergrund und Illegalität die CDU. Das ist eine Frucht davon, eine nichtsozialistische – im Ausgangspunkt vielleicht doch auch ein bißchen sozialistische, dann nicht mehr – einheitliche Partei zu bilden. Und bei denen, die aus dem kamen, was man die Arbeiterbewegung nennt, mit ihren verschiedenen Flügeln, gab es auch diese Sehnsucht nach der Einheit; dieses Gefühl, auch deshalb untergegangen zu sein, weil Hitler einer zersplitterten Gruppe von Gegenkräften gegenüberstand. Nun war bei manchen damit verbunden – so auch bei mir – die Hoffnung, daß eine einheitliche sozialistische Bewegung die deutschen Kommunisten herausnehmen könnte aus der Abhängigkeit von Moskau. Und aus genau dieser Vorstellung heraus hat es unmittelbar nach dem Schluß des Hitler-Regimes an manchen Orten in Deutschland, auch in dem, was wir heute die Bundesrepublik nennen, gemeinsame Parteibildungen gegeben – von den Alliierten zunächst noch gar nicht recht zugelassen –, in denen sich frühere Sozialdemokraten und Kommunisten und Gewerkschaftler, die nicht eng parteigebunden waren, zusammenfanden. Dann kam interessanterweise der erste Stoß gegen diese Art von Einheitspartei von den Moskauer Kommunisten. Als Ulbricht zurückkam aus Moskau nach Berlin, hat er zunächst das alles stoppen lassen, dort wo er Einfluß kriegte auf die deutschen Kommunisten, und erst in der Entwicklung der folgenden Monate, im Zusammenspiel mit der militärischen Macht in dem, was wir die Sowjetzone nennen, wurde dann die Einheitspartei kommunistischer Prägung, sowjetischer Prägung gestartet. Und da war es das große Verdienst, das, wie ich glaube, geschichtliche Verdienst von Kurt Schumacher, daß er dagegen einen Wall aufgerichtet hat.

GAUS: Ihr Verhältnis zu Schumacher ist nicht frei von Spannungen gewesen, Herr Brandt. Worauf gründeten sich diese Spannungen?

BRANDT: Ja, worauf eigentlich? Sie haben recht, es ging nicht so gut, wie es hätte gehen sollen, und das hat mir leid getan. Erst in den letzten Tagen seines Lebens sind wir einander wirklich nähergekommen. Ich kann mich an ein paar Besuche bei ihm oben auf dem Venusberg erinnern, im Sommer noch des Jahres, in dem er starb, nämlich 1952. Das Ganze fing schon ein bißchen mit einer Belastung an. Leute, die es nicht gut mit mir meinten, hatten nicht gut über mich bei ihm gesprochen, und das führte dazu, daß ich – noch bevor ich meine Aufgabe übernahm als Vertreter des Parteivorstandes in Berlin – Schumacher einen Brief schrieb, in dem ich ihm unter anderem sagen mußte, ich hätte mich noch nie ganz einem anderen untergeordnet. Dies werde auch ihm gegenüber nicht der Fall sein. Er hat das akzeptiert, aber das Verhältnis ist zunächst nicht herzlich geworden.

GAUS: Es gibt Äußerungen von Ihnen über Kurt Schumacher, aus denen man schließen kann, daß Ihnen die Fähigkeit zum Fanatismus, die er vielleicht gehabt hat, unheimlich gewesen ist. Ist das richtig?

BRANDT: Fremd. – Aber man muß ihm gerecht werden. Er war mehr auf der Wellenlänge der deutschen Situation damals. Er war die Inkarnation dieses deutschen Elends, dieser körperlich so gezeichnete Mann, der schwer gelitten hatte und der nun auf eine sehr leidenschaftliche Weise das Selbstgefühl dieses Volkes wieder aufzurichten half. Und ich war einer, der von draußen zurückkam, nicht, wie es manche glauben, von den Fleischtöpfen – es hat auch für die, die draußen waren, schwierige Situationen gegeben –, aber doch aus einer ganz anderen Umgebung heraus.

Es hat aber dabei noch etwas eine Rolle gespielt, das ich gern mit angeschnitten hätte. Ich kam ein bißchen in das Spannungsfeld Schumacher – Reuter. Und nicht nur, weil Reuter in Berlin war und ich auch, sondern weil Reuter mir näher war in seinem Werdegang, in seinen Erfahrungen gerade auch während der Nazijahre und der Jahre draußen, fühlte ich mich zu ihm hingezogen. So übertrug sich das Spannungsverhältnis zwischen diesen beiden bedeutenden Männern ein bißchen auf mich mit. Ich war halt ein bißchen abgestempelt beim Kurt Schumacher als jemand, der Reuter nahestand. Aber ich finde, ich bin verpflichtet zu sagen, daß das alles im Grunde Randbemerkungen sind. Keiner kann davon etwas abschneiden: Das war eine der großen Gestalten dieser deutschen Nachkriegsentwicklung, und er ist nicht wegzudenken aus diesem Prozeß, diese sozialdemokratische Kraft der deutschen Politik wieder lebendig gemacht zu haben.

GAUS: Herr Brandt, auf welche Weise haben Sie und Herbert Wehner sich gefunden?

BRANDT: Wir sind ziemlich verschiedene Typen. Aber wir haben im Laufe der Jahre seit 1949 eine Menge miteinander zu tun gehabt. Ich war ja acht Jahre lang im Bundestag, saß in seinem Ausschuß, in anderen auch, hatte mich dort sehr um Berlin-Dinge gekümmert, Eingliederung Berlins in den Bund und viele andere Geschichten. Wir haben einen sachlichen Arbeitskontakt in jenen Jahren entwickelt. Es dauerte ein bißchen, bis wir einander menschlich näherkamen. Wir sind gute Freunde geworden.

GAUS: Hätten Sie ohne Wehners Unterstützung das werden können in der Partei, was Sie jetzt sind?

BRANDT: Das, was jetzt ist, hat sehr viel zu tun damit, daß diese beiden Männer, von denen wir jetzt sprechen, nämlich der Wehner und der Brandt, sich zu einem Gespann zusammengefunden haben, mit ein paar anderen noch dabei. Herbert Wehner hat mir einen Brief geschrieben um die Jahreswende 1960/61, und er hat mir darin gesagt: »Du kannst erstens immer mit mir rechnen, wenn es darum geht, aus dieser Partei eine wirkliche, konsequente Reformpartei zu machen und sie als solche weiterzuentwickeln, und Du kannst zweitens immer mit mir rechnen, wenn es darum geht, denen entgegenzutreten, die meinen, es reiche aus, etwas ›Rouge‹ aufzulegen.«

GAUS: Es heißt gelegentlich, Herr Bürgermeister, daß Ihnen in entscheidenden Augenblicken das Stehvermögen abgeht, daß Sie dann in Ihren Entscheidungen schwankend würden und allzu beeinflußbar seien. In dem Zusammenhang wird dann oft die Absage des Gesprächs mit Chruschtschow, das Sie verabredet hatten, im Januar 1963 erwähnt. Worin sehen Sie selbst Ihre Schwächen als Politiker?

BRANDT: Darf ich mal hier etwas zum Stil eines Mannes sagen, der politische Verantwortung trägt. Jeder muß wohl seinen eigenen haben. Zu meinem gehört dazu, daß dort, wo ich den Vorsitz habe, selten abgestimmt wird. Ich bin seit vielen Jahren Berliner Bürgermeister, aber Sie können an den Fingern einer Hand abzählen, wann mal abgestimmt worden ist: weil ich es schätze, eine Frage diskutieren zu lassen, die Argumente gegeneinander abzuwägen, zu spüren, was in einer Situation drin ist und was nicht in ihr drin ist, Änderungen anzuhören und dann meine Entscheidung zu fällen.

GAUS: Fällt es Ihnen schwer, solche Entscheidungen dann zu treffen?

BRANDT: Ich habe sie manchmal sehr rasch und ganz allein fällen müssen. Als im November 1958 das Chruschtschow-Ultimatum kam, war das für Berlin psychologisch eine solche Situation, daß ich weder Bonn noch Washington fragen konnte, sondern da mußte ich mich an meinen Schreibtisch setzen und die fünf Punkte aufschreiben, die die Begründung für das Nein waren. Und als in der vorigen Woche die Passierscheingeschichte in Berlin fast zu Ende war – am 24. September wurde unterzeichnet, am Abend vorher, also am 23. September –, da kam mein Beamter aus Ostberlin zurück. Er hatte dort eine letzte Besprechung unterbrechen müssen und berichtete mir von einer zusätzlichen Zumutung der anderen Seite. Es war für mich eine ganz schwierige Situation. Im letzten Augenblick! Alles glaubte, die Sache sei schon perfekt. Ich habe weder den Senat gefragt noch die Bundesregierung in Bonn, sondern ich habe dem Beamten gesagt: »Gehen Sie zurück, und sagen Sie, jetzt ist Schluß und dabei bleibt es!« Und er kam zurück und hat gesagt, jawohl, das ist zurückgezogen worden.

GAUS: Welche Zumutung war das?

BRANDT: Es hilft nicht sehr, das jetzt auszumalen, aber es hätte für den einzelnen eine zusätzliche Belastung bedeutet, für die vielen einzelnen, die jetzt Gott sei Dank rübergehen können.

GAUS: Herr Bürgermeister, erlauben Sie mir eine letzte Frage. Ein Politiker muß auch Fortune haben, Glück. Sie haben 1961 den Sprung ins Kanzleramt nicht geschafft. Sagen Sie mir bitte, soweit man das kann, was hat für Sie diese Niederlage persönlich bedeutet, als die Wahl vorbei war, die Sie nach sehr modernen Methoden bestritten haben – und dann hat es nicht ganz gereicht?

BRANDT: Natürlich hat es nicht gereicht, und insofern war ich gescheitert. Nun ist ja das bei uns etwas anderes als dort, wo es ein echtes Zweiparteiensystem gibt. Ich konnte mir immerhin sagen, die Partei, die du in diesen Wahlkampf geführt hast, ist mit zwei Millionen Stimmen mehr rausgegangen als das vorige Mal. Und diese Partei, so habe ich mir seitdem sagen können, ist, wenn man die deutschen Länder zusammennimmt, zum ersten Male, seit es die Bundesrepublik gibt, auf jener Ebene die stärkste Wählerpartei. Und ohne daß man Meinungsbefragungen wichtiger nimmt, als sie genommen werden müssen: 1960, als ich an die Aufgabe heranging, lag meine Partei im Durchschnitt dieser Monate sieben Punkte hinter den beiden Unionsparteien zusammen, und in den entsprechenden Monaten dieses Jahres liegt sie gleich mit den Unionsparteien. Das heißt also, es war nicht ganz so schwer, die Niederlage zu tragen.

GAUS: Das war die Antwort des Politikers Willy Brandt. Und die Antwort des Privatmannes Willy Brandt, den es ja auch gibt? Wie ist das Gefühl, wenn man über einen langen Wahlkampf hin ganz vorn gestanden hat, aufgestellt von einer Partei, die sich sehr bemühte, mit diesem Mann es zu schaffen – und ganz schafft er es dann nicht?

BRANDT: Das habe ich weniger gesehen als etwas, das mich bedrückte. Das, was mich ein bißchen gequält hat, das waren meine Freunde draußen im Land, die sich mehr erhofft hatten und denen ich mehr Hoffnung hatte machen müssen. Das Gefühl, die hast du enttäuschen müssen, das hat mich etwas gequält. Aber sonst habe ich den Eindruck gehabt, daß ich zusammen mit meinen Freunden die Dinge ganz gut auf den Weg gebracht habe.

Otto Brenner

»... In dem Maße wie die Sozialdemokratische Partei Volksbewegung wird, wird man unbewußt zu einer stärkeren Politisierung der Gewerkschaften beitragen. Es ist doch zweifellos so, daß die Gewerkschaften, als die Interessenvertretung der Arbeitnehmer, sich in starkem Maße auf die Sozialdemokratische Partei stützen müssen, denn die Gewerkschaften wollen ja keine Ersatzparteien sein. Wenn die Partei nicht mehr die politische Interessenvertretung der Arbeitnehmer sein kann, dann müßte diese Rolle mehr oder weniger von den Gewerkschaften übernommen werden. Das wäre das besondere Problem ...«

OTTO BRENNER, geboren am 8. November 1907 in Hannover, gestorben am 15. April 1972 in Frankfurt am Main.
Arbeitete sich vom ungelernten Arbeiter zum Elektromonteur hoch. Mitglied des Metallarbeiterverbandes, der SPD und zeitweilig der Linksabspaltung SAP. 1933 längere Gefängnishaft und später unter Polizeiaufsicht gestellt. 1945 Mitbegründer der Gewerkschaften und der SPD in Niedersachsen. 1951–53 Landtagsabgeordneter der SPD in Niedersachsen. Ab Dezember 1952 Vorsitzender der Industriegewerkschaft Metall, der größten Einzelgewerkschaft im DGB; ab 1961 auch Präsident des Internationalen Metallarbeiterbundes und ab 1971 Präsident des Bundes der Metallarbeitergewerkschaften der EWG-Länder.

Gespräch mit Otto Brenner, dem Vorsitzenden der Industriegewerkschaft Metall, gesendet am 15. Mai 1963.

Der weite Weg zum sozialen Rechtsstaat

GAUS: Sie haben ein paar schwere Wochen hinter sich, Herr Brenner: Tarifverhandlungen, Streikbeschluß, Streik in der südwestdeutschen Metallindustrie, die Aussperrung der Arbeitgeber als Antwort, die lange Verhandlungsnacht bei Ludwig Erhard, die schließlich zu einem neuen Tarifabschluß geführt hat. Nun ist das ja für Sie nicht ganz neu. Können Sie sich erinnern, an wie vielen Streiks Sie in Ihrem Leben schon teilgenommen haben?

BRENNER: Ich schätze, an etwas mehr als einem Dutzend. Gerade mit den Streiks in der Zeit vor 1933 sind für mich natürlich allerhand Erinnerungen verbunden.

GAUS: Welches ist der härteste Arbeitskampf, an den Sie sich erinnern können, Herr Brenner?

BRENNER: Der härteste Arbeitskampf war – wenn man von dem letzten absieht, der ja in seinem Umfang allerhand Bewegungen mit sich gebracht hat auch für die Arbeitnehmer und für die gesamte Öffentlichkeit –, der härteste Arbeitskampf war für mich 1928, als die Metallarbeiter in Streik traten, um für Lohnverbesserungen einzutreten. Dieser Streik gestaltete sich auf dem Höhepunkt der Konjunktur in der damaligen Zeit besonders schwierig.

GAUS: Hat es auch seinerzeit eine Aussperrung gegeben?

BRENNER: Eine Aussperrung gab es zwar, aber nicht in dem Gebiet, in dem ich beschäftigt war. Die Aussperrung beschränkte sich damals auf das Gebiet des heutigen Nordrhein-Westfalen.

GAUS: Und können Sie sich auch erinnern, wieviel Streikunterstützung Sie damals erhalten haben?

BRENNER: Ich kann das nicht mehr genau sagen. Aber ich weiß noch so viel, daß die Streikunterstützung immer reichte, um sich einigermaßen davon am Leben zu erhalten.

GAUS: Wie lange hat die ganze Sache gedauert?

BRENNER: So weit meine Erinnerung reicht, hat dieser Streik etwa zwei Monate gedauert.

GAUS: Herr Brenner, Sie sind 1907 in Hannover geboren. Können Sie sich noch an einen Streik erinnern, an dem Ihr Vater, ein Facharbeiter, in Hannover teilgenommen hat? Also vor dem Ersten Weltkrieg?

BRENNER: Das kann ich nicht, denn mein Vater war Automechaniker, und in dieser Branche hat es solche Streikbewegungen nicht gegeben.

GAUS: Seit 1956, Herr Brenner, sind Sie der alleinige Erste Vorsitzende der Industriegewerkschaft Metall. Seither haben Sie selbst einige Streiks geführt. Sehen Sie charakteristische Unterschiede zwischen den Streiks der zwanziger Jahre und den heutigen in der Bundesrepublik?

BRENNER: Nun, die Verhältnisse haben sich geändert, das ist unbestritten. Und es ist auch zweifellos so, daß es Unterschiede gibt zwischen den Streiks der zwanziger Jahre und denen von heute. Außerdem spielt natürlich dabei eine Rolle – eine sehr entscheidende Rolle, möchte ich sagen –, daß man heute noch, auch in der Öffentlichkeit, zunächst klarmachen muß, warum es überhaupt noch Streiks gibt und warum sie auch ein legitimes Mittel der Arbeitnehmer und insbesondere der Gewerkschaften darstellen.

GAUS: Würden Sie sagen, daß das in den zwanziger Jahren der Öffentlichkeit bewußter gewesen ist?

BRENNER: Ja, ich bin der Auffassung, daß in der damaligen Zeit doch klar hervorgekehrt werden konnte, daß es ohne Streik einfach nicht möglich ist, bestimmte Forderungen der

Arbeitnehmer zur Verbesserung ihres Lebensstandards durchzusetzen. Das zeigt sich ja auch heute. Wenn es dieses demokratische Mittel des Streiks nicht gäbe, dann würden die Arbeitgeber einfach die Bedingungen für Lohn und Gehalt und überhaupt für den allgemeinen sozialen Fortschritt diktieren können.

GAUS: Halten Sie es für möglich, daß sich vielleicht auch die Opferbereitschaft der jungen Gewerkschaftsgeneration gegenüber Ihrer Gewerkschaftsgeneration, Herr Brenner, verringert hat?

BRENNER: Das möchte ich so nicht sagen. Denn ich glaube, wenn die Menschen einmal davon überzeugt sind, daß sie für eine gerechte Sache eintreten, sind sie durchaus auch bereit, Opfer zu bringen. Allerdings muß man erst immer wieder an dieses Opferbringen gewöhnt werden. Das hat sich ja gezeigt bei den Streiks, die insbesondere nach 1945 geführt wurden. Bei der nachwachsenden Generation ist in den 12 Jahren von 1933–1945 das Gefühl für die Notwendigkeit eines Streiks oftmals verlorengegangen. Es mußte erst wieder geweckt werden.

GAUS: Aber Sie halten es auch nicht mehr für so selbstverständlich wie zu Ihrer Zeit, daß ein junger Arbeiter quasi automatisch in die Gewerkschaft und auch in die SPD eintritt, weil sein Vater ebenfalls Genosse und Gewerkschaftskollege gewesen ist?

BRENNER: Das war meines Wissens auch in früherer Zeit nicht so unbedingt automatisch. Zweifellos ist es richtig, daß man immer erst eine bestimmte Anregung bekommen muß, um sich einer politischen Partei oder auch der Gewerkschaftsbewegung anzuschließen, daß man das Gefühl für eine Organisation bekommen muß, was besonders bei den Gewerkschaften außerordentlich wichtig ist, weil dort ja der Gedanke der Solidarität, Einer für Alle, die wesentliche Rolle spielt. Gerade in dieser Beziehung, meine ich, hat sich auch heute nicht viel geändert. In Zahlen ausgedrückt, sind heute die einzelnen gewerkschaftlichen Organisationen stärker als in den zwanziger Jahren.

GAUS: Sie würden also einen grundlegenden Unterschied zwischen Ihrer Generation und der jüngeren, was die Einstellung zur Organisation angeht, leugnen wollen.

BRENNER: Es gibt einen solchen grundlegenden Unterschied nicht. Wenngleich ich auch hier sagen muß, was ich eingangs schon erwähnt habe, daß man es zweifellos mit veränderten Verhältnissen zu tun hat, mit anderen Menschen, und daß auch die Reaktion dieser Menschen auf die veränderten Verhältnisse anders ist, als das nun meinetwegen vor 60 oder 100 Jahren der Fall war.

GAUS: Ihre Tochter Heike, Herr Brenner, ist die Parteimitglied?

BRENNER: Ja. Sie ist Mitglied der Sozialdemokratischen Partei, sie ist auch bei den Jungsozialisten und selbstverständlich auch gewerkschaftlich organisiert.

GAUS: Was ist sie von Beruf?

BRENNER: Bankkaufmann. Sie hat also eine reguläre Lehre als Bankkaufmann durchgemacht – nach dem Besuch der Handelsoberschule –, und nun ist sie in diesem Beruf tätig.

GAUS: Für Ihre Familie ist dieses Verwurzeltsein in Gewerkschaft und Sozialdemokratie ja bereits eine Tradition. Als Sie 1922 in den Metallarbeiterverband und in die Sozialdemokratische Partei eingetreten sind, Herr Brenner, haben Sie es getan, weil es in Ihrer Familie üblich war, ohne nachzudenken, oder haben Sie es getan, weil Sie für sich ganz persönlich und privat den Schutz einer starken Organisation suchten, oder war das für Sie ein bewußter Akt klassenkämpferischer Solidarität?

BRENNER: Nun – also dazu ließe sich sehr viel sagen, Herr Gaus. Gerade zu diesem Problem. 1922 nach der Schulentlassung – ich hatte eine sehr harte Jugend hinter mir – war es selbstverständlich, daß ich versuchte, in einem Lebensraum zu wirken, der nicht nur meinen Interessen, sondern auch denen Gleichgesinnter entsprach. 1922 wurde ich noch nicht Mitglied der Sozialdemokratischen Partei. Das konnte ich nicht, denn Parteimitglied wird man erst in einem reiferen Alter.

GAUS: Sie waren Mitglied der Arbeiterjugend?

BRENNER: Ich bin Mitglied der Arbeiterjugend gewesen, und zwar schon mit 13 Jahren, also vor meiner Schulentlassung. Das kam daher, weil ich schon als junger Mensch für die Familie mitsorgen mußte, mitverdienen mußte. Ich habe ab meinem 10. Lebensjahr eine Laufstelle innegehabt, die ich bis zu meiner Schulentlassung ausübte, und dadurch kam ich auch mit vielen Menschen in Berührung, die meinen weiteren Lebensweg bestimmten. Ich bin also schon mit 13 Jahren in die Arbeiterjugend gekommen, die später dann Sozialistische Arbeiterjugend hieß.

GAUS: Hätten Sie nach Absolvierung der Volksschule irgendeine Bildungschance außerhalb der Arbeiterbewegung gehabt?

BRENNER: Nein. Das muß man sagen. Außer dem, was man Berufsschule nennt, und der Volksschule, war keine Bildungsmöglichkeit vorhanden. Es gab damals aber die Arbeiterbildungsvereine, die späteren Volkshochschulen, wie wir sie heute nennen. Ich bin fleißig zu Abendkursen gegangen – angeregt natürlich gerade durch die Jugendbewegung, denn es wurde viel diskutiert in der Arbeiterjugend. Wir haben uns mit den ganzen Problemen, die sich für die Nachkriegsgeneration des Ersten Weltkrieges ergaben, beschäftigt, und ich bin immer wieder erstaunt, wie wenig Verständnis heute im großen und ganzen bei der Jugend für dieses damalige Ringen und Diskutieren um verschiedene Fragen und Problemkreise gefunden wird. Heute lebt man mehr in den Tag hinein, als es damals nach dem Ersten Weltkrieg der Fall war.

GAUS: Sie hatten von zu Hause aus keine Unterstützung finanzieller Art zu erwarten. Ihre Mutter mußte sich, glaube ich, als Waschfrau durchschlagen, solange Ihr Vater in Kriegsgefangenschaft war nach dem Ersten Weltkrieg. Ist das richtig?
BRENNER: Nein, das ist nicht ganz richtig. Meine Mutter hat sich sehr um die vierköpfige Familie gesorgt, und sie hat jede Gelegenheit genutzt, um die Familie nicht ganz in Not geraten zu lassen und dafür zu sorgen, daß wir etwas Zusätzliches hatten. Wir haben gemeinsam, und zwar die ganze Familie, Zeitungen ausgetragen, morgens schon in der Frühe, ehe die Kinder zur Schule gingen. Dann hat meine Mutter sehr viele Aufwartestellen gehabt.
GAUS: Vierköpfige Familie haben Sie gesagt, Herr Brenner. Eltern mitgezählt?
BRENNER: Nein, vier Kinder. Mein Vater war ja damals nicht da. Er ist erst 1920 aus der Gefangenschaft zurückgekommen. Er gehört mit zu jenen, die recht spät ausgetauscht wurden, und das hat uns einige Opfer gekostet in jener Zeit.
GAUS: Was ist aus Ihren Geschwistern geworden, Herr Brenner?
BRENNER: Ein Bruder von mir ist im Alter von 43 Jahren gestorben. Meine beiden Schwestern sind gut verheiratet und leben in Hannover, meiner Geburtsstadt, und haben inzwischen selbst auch wieder große Familien.
GAUS: Würden Sie sagen, daß die Aufstiegschancen für Arbeiterkinder heute größer sind als zu Ihrer Zeit?
BRENNER: Wenn der einzelne sich darum bemüht, ja. Ich möchte das allerdings dahin einschränken, daß es eine Chance für jedermann, sich frei nach seiner Persönlichkeit zu entfalten, nicht gibt, auch heute noch nicht in unserer Bundesrepublik, daß auch hier den Gewerkschaften und den politischen Parteien noch ein weites Feld gegeben ist, dafür

zu sorgen, daß jeder, seinen Fähigkeiten entsprechend, auch den Bildungsweg gehen kann, den er sich wünscht.

GAUS: Aber glauben Sie nicht, Herr Brenner, daß unter den jungen Arbeitern die Überzeugung größer geworden ist, daß sie, wenn sie tüchtig sind, als einzelne es zu etwas bringen können und daß sie dafür nicht die Solidarität mit der Arbeiterklasse im ganzen brauchen?

BRENNER: So kann man es wahrscheinlich überhaupt nicht ausdrücken, Herr Gaus. Es ist natürlich eine Frage der Chance, die dem einzelnen gegeben ist. In einer Zeit der Vollbeschäftigung, wo nach jeder Arbeitskraft gesucht wird, ist es viel leichter als zu einer Zeit der Massenarbeitslosigkeit. Und dann beschränkt es sich zweifellos nicht nur auf das Geschehen um eine Klasse. Im Schnitt gesehen, ist die Möglichkeit des Aufstiegs für die junge Generation heute noch nicht so gegeben, wie das notwendig wäre.

GAUS: Halten Sie die Annahme, daß die Klassenschranken als unausweichliche Folge der allgemeinen Auflösung der Gruppenunterschiede in der Gesellschaft mehr oder weniger gefallen sind, für eine Illusion, Herr Brenner?

BRENNER: Ja. Ich würde sagen, daß, soziologisch betrachtet, die Klassenschranken nach wie vor bestehen und daß man nicht davon reden kann, es gäbe überhaupt keine Klassenunterschiede mehr. Ich halte das für eine maßlose Übertreibung, wenn man die Verhältnisse realistisch betrachtet.

GAUS: Läßt sich ein Klassenbewußtsein am Leben erhalten – für einen Gewerkschaftsführer eine sicherlich wichtige Frage –, wenn die Arbeitnehmer materiell relativ zufrieden und gut gestellt sind?

BRENNER: Das Bewußtsein, zu einer bestimmten Schicht im Volke zu gehören, ist nicht nur eine Frage der Befriedigung der materiellen Bedürfnisse allein. Wenn man die Sache geschichtlich betrachtet, dann weiß man, daß ja auch viele Intellektuelle und viele Kräfte, die sonst normalerweise nicht zum

Proletariat gezählt würden, sich doch dem Proletariat und dieser Klasse zugehörig fühlten. Gerade an diesem Beispiel läßt sich sehr deutlich machen, daß die Schranken nicht allein von der materiellen Basis aufgerichtet werden.

GAUS: Das heißt also, Sie glauben, daß ein Klassenbewußtsein sich auch ohne materielle Not am Leben erhalten läßt?

BRENNER: Das glaube ich. Ich meine, es kommt nur darauf an, daß man den richtigen Standort hat und die richtige Betrachtungsweise und das richtige Einfühlungsvermögen in die Gesellschaft, in der man lebt.

GAUS: Sie haben sich in den zwanziger Jahren nicht damit begnügt, in der SPD und im Metallarbeiterverband Ihrer Gewerkschaft – als Sie bei Hanomag und vorher in einer Nietenfabrik als zunächst ungelernter Arbeiter beschäftigt waren – Mitglied zu sein, sondern Sie haben auch noch mit einem sogenannten Internationalen Sozialistischen Kampfbund sympathisiert? Was ist das?

BRENNER: Der Internationale Sozialistische Kampfbund war eine Gründung des Göttinger Professors und Philosophen Leonard Nelson. In diesem Bund fanden sich nur Menschen zusammen, die, so möchte ich es einmal ausdrücken, aus innerer Überzeugung Sozialisten waren. Und das, was mir immer so sehr imponierte bei diesen Menschen, war, daß sie konsequent für die Ideen eintraten, die sie nun einmal hatten und für ihre Überzeugung. Es handelte sich um integere Leute. Sie waren in keiner Weise angreifbar. Was mich zu ihnen hinzog, war der Tatbestand, daß ich seit Jahren ihr Leben selbst beobachten konnte.

GAUS: Das ist mir ein interessanter Punkt, Herr Brenner. Sehen Sie, von heute aus gesehen, kommen einem die Anhänger des Internationalen Sozialistischen Kampfbundes wie Sektierer vor. Sie waren Vegetarier, sie bevorzugten Reformkleidung – dies alles sind die typischen Begleiterscheinungen einer Sekte. Und Sie selbst, Herr Brenner, haben auch noch mehr getan, was auch eher zu den Außenseiterrollen des politischen Lebens gehört. Sie haben im Arbeiterabstinenzlerbund gearbeitet. Ist das richtig?

BRENNER: Das ist richtig. Aber finden Sie, daß das nun Ausdruck von Sektiererei sein muß, wenn ich zu dem Arbeiterabstinenzlerbund gestoßen bin? Auch dafür lag der Grund einfach in den damaligen Verhältnissen. Ich war der Überzeugung, daß es zum Leitbild – auch eines Führers der Arbeiterbewegung – gehören muß, daß er sich befreit von gewissen Fesseln und in diesem Fall auch von der Fessel und zwar manchmal unangenehm werdenden Fessel des Alkohols. Und ich kann heute nur rückblickend sagen, wenn jeder Mensch doch maßhalten könnte in bezug auf Alkohol, dann wären die Arbeiterabstinenten nicht notwendig gewesen.

GAUS: Ich finde nicht die Abstinentenbewegung in jedem Fall eine Sekte, aber ich habe mir überlegt: Sie waren damals ein junger Mann, knapp über 20, und Sie waren Gewerkschaftsmitglied, Sie waren Mitglied bei der SPD und dann sympathisierten Sie noch mit diesem Kampfbund, dann arbeiteten Sie noch in dem Abstinenzlerbund. Ich würde gern Ihre eigene Deutung darüber hören. Fühlen Sie sich von Ideologien, die den ganzen Lebensbereich eines Menschen ausfüllen, sehr angezogen – das ist die eine Möglichkeit, um zu erklären, warum Sie das alles getan haben –, oder sind Sie einfach nur seinerzeit von einer besonderen Aktivität ohne ideologische Gründe umgetrieben worden?

BRENNER: Also die Erklärung könnte eine andere sein. Das liegt natürlich schon manches Jahrzehnt zurück. Es waren zum großen Teil immer dieselben Personen, mit denen man in der damaligen Zeit sowohl politisch als auch in der Jugendbewegung zusammenstand und die alle dieselben Interessen verfolgten, und so ergab sich das eine aus dem anderen, und da rundet sich das Bild. Das waren also wesentlich persönliche Freundschaften, die mich mit den Menschen, die sich zum ISK zählten, verbanden. Dazu kam die Überzeugung, die man gerade bei den Abstinenten fand, daß man doch alles tun muß, um die Menschen aufzuklären. Schließlich war es ganz klar, daß es zum Gesamtbild der Vorstellungswelt eines jungen Sozialisten gehörte, daß man neben politischen Leitsätzen und Lehrsätzen auch etwas tun muß, um als Person sauber und anständig in der Gesellschaft dazustehen.

GAUS: Sie halten die Menschen für aufklärungsfähig – Sie glauben, daß man durch rechte Erziehung den Menschen auch auf den richtigen Weg bringen kann?

BRENNER: Das war zweifellos mit meine Überzeugung, und ihr haben wir uns auch heute verschrieben, indem wir doch versuchen, die Menschen durch unsere Publikationserzeugnisse, durch Schulungen, durch Bildungsmaßnahmen aufzuklären, sie daran zu erinnern, welche Aufgabe die Gewerkschaftsbewegung in unserer heutigen Gesellschaft hat.

GAUS: Der Internationale Sozialistische Kampfbund wollte eine neue Elite aus Jungarbeitern, Studenten und Intellektuellen bilden. Sagen Sie bitte, Herr Brenner, schmeichelte Ihnen ein bißchen die Vorstellung, daß Sie zu einer solchen Elite gehören können?

BRENNER: Darüber habe ich in der damaligen Zeit wirklich nicht nachgedacht.

GAUS: Freunde aus der damaligen Zeit sagen, daß Sie scheu und kontaktarm und sehr verschlossen gewesen seien, und auch heute sagt man Ihnen nach, daß Sie überwiegend zurückhaltend seien. Fällt es Ihnen schwer, Vertrauen zu fassen, und halten Sie sich selbst für einen eher mißtrauischen Menschen?

BRENNER: Das kann ich von mir selber schlecht sagen. Ich lasse also lieber das Urteil anderer über mich gelten und versuche durch das Urteil anderer mich zu korrigieren, wenn das möglich ist. Aber ich möchte eins sagen: Keiner kann über seinen Schatten springen. Jeder gibt sich so, wie er ist, und ich möchte auch da nicht irgendwelche gekünstelten Formen annehmen, sondern mich der Öffentlichkeit so geben, wie ich bin; und ich hoffe, daß mich auch die Öffentlichkeit so nimmt, wie ich bin.

GAUS: Ja, nun sagen Ihre Tarifpartner, die Unternehmer in der westdeutschen Metallindustrie, daß es einen Unterschied gibt zwischen dem Otto Brenner am kleinen Tisch im Verhandlungssaal und dem Otto Brenner in der großen Öffentlichkeit vor großen Versammlungen, etwa der Gewerkschaften oder der SPD. Der eine Brenner, der am Verhandlungstisch, der sei nüchtern, klug, zurückhaltend, clever, er sei aber auch Kompromissen aufgeschlossen. Der andere Otto Brenner, der sei der Mann der kämpferischen und radikalen Parolen. Glauben Sie, daß es diesen Unterschied gibt?

BRENNER: Von dem Unterschied halte ich überhaupt nichts, denn einmal kann ich in Verhandlungen keine Versammlungsreden halten, und zum andern ist es natürlich ganz klar, daß man in einer großen Massenkundgebung etwas anders spricht, als das am Verhandlungstisch normalerweise üblich ist. Aber wenn Sie dieses Bild so zeichnen, Sie werden ja wahrscheinlich noch mehr Gelegenheit dazu haben, Herr Gaus, dann könnten Sie darauf jeden anderen Politiker oder Gewerkschaftler wiedererkennen und kein wirkliches Urteil erhalten.

GAUS: Sie würden also nicht sagen, daß der Kontakt mit einer großen Menschenmenge, die vor Ihnen steht und auf Ihre Reden wartet, daß Sie dieser Kontakt mitreißt und daß er Schranken, die Sie sich sonst auferlegen, automatisch niederreißt?

BRENNER: Nein! In der Beziehung bin ich bestimmt kein Agitator – schon lange keiner, der sich gehen läßt. Jeder weiß, daß ich auch meine Reden in Massenversammlungen sorgfältig vorbereite und daß sie nur im Ton anders sind, aber im Inhalt sind sie genau so logisch und klar aufgebaut, wie ich sonst auch meine Verhandlungen zu führen pflege.

GAUS: Herr Brenner, Anfang der dreißiger Jahre, es muß um 1931/32 gewesen sein, haben Sie die SPD vorübergehend verlassen und sich einer linksoppositionellen Splittergruppe – der Sozialistischen Arbeiterpartei – angeschlossen. Warum haben Sie das getan? Hatten Sie dafür ideologische Gründe, oder war Ihnen die SPD zu der Zeit zu lahm?

BRENNER: Rückschauend kann man dazu sagen, daß sich damals schon drohend die Gefahr des Nationalsozialismus abzeichnete, daß man daher alles versuchen mußte, um zu verhindern, daß Hitler mit seinen Leuten an die Macht kam. Als Politiker oder auch als Gewerkschaftler sah man schon manche Gefahr heranziehen. Die Sozialdemokratische Partei verfolgte die Politik des Panzerkreuzerbaus. Führende Männer der Opposition innerhalb der SPD wurden aus der Partei ausgeschlossen. In der Sozialistischen Arbeiterpartei sah ich eine Möglichkeit, eine letzte Warnung und Mahnung an die Öffentlichkeit und an die SPD zu richten, um das Schlimmste zu verhindern.

GAUS: Waren Sie damals Pazifist?

BRENNER: Ich bin eigentlich nie Pazifist gewesen. Das wird auch aus meiner späteren Einstellung zu den einzelnen Fragen klar. Ich möchte sagen – ohne mißverstanden zu werden –, als Revolutionär wird man schlecht Pazifist sein. Das bedeutet natürlich nicht, daß ich nun etwa Kriege bejahe. In der Beziehung möchte ich keine Mißverständnisse aufkommen lassen.

GAUS: Was hat Sie damals davon abgehalten, Herr Brenner, 1933 zur KPD zu gehen statt zur Sozialistischen Arbeiterpartei, die von Anfang an eine hoffnungslose Splittergruppe war?

BRENNER: Nun, es ist derselbe Grund, der auch heute noch gelten könnte. Ich bin Demokrat. Ich halte eine demokratische Partei für das richtige. Ich lehne die Kommunistische Partei ab, weil sie eine diktatorische Partei ist, eine autoritäre

Partei, in der eben die Demokratie – besonders die innerparteiliche Demokratie – überhaupt nicht zum Zuge kommt; und es gibt noch eine ganze Reihe von anderen Gründen, so, daß ich seinerzeit die Hoffnung hatte, diese Sozialistische Arbeiterpartei könnte in dem entscheidenden Moment doch Mittler sein zwischen den Kräften, die sich hoffnungslos zerstritten hatten.

GAUS: Sie haben aber trotz Ihrer Abneigung gegenüber der undemokratischen KPD nach dem Zweiten Weltkrieg die Vereinigung der beiden Arbeiterparteien SPD und KPD vorübergehend gefördert. Warum haben Sie das getan?

BRENNER: Das ist zunächst nur einmal deswegen geschehen, weil man die Hoffnung haben konnte, daß nach dem furchtbaren Erleben des Zweiten Weltkrieges und der Naziherrschaft die Voraussetzung zur Einigung, und zwar auf demokratischer Basis, der Arbeiterschaft und auch der Arbeiterparteien vorhanden war. Das war allerdings eine Hoffnung, die sich als trügerisch erwies, denn schon sehr bald konnte man nach 1945 merken, daß auf der anderen Seite überhaupt nicht die Absicht bestand auf einen ehrlichen Zusammenschluß. Ebensowenig war man bereit, nun auch die Lehren zu ziehen aus der Schuld, welche die Bolschewisten während des Krieges und auch vor dem Kriege gegenüber der Arbeiterbewegung auf sich geladen hatten.

GAUS: Herr Brenner, ich gehe noch einmal zurück zu der Zeit vor 1933. Die Gewerkschaften haben damals keinen Versuch gemacht, Hitler, wie etwa 1920 beim Kapp-Putsch, durch einen Generalstreik zu bekämpfen. Warum nicht?

BRENNER: Das ist sehr schwierig zu sagen. Man müßte sich die ganze Geschichte und die damalige Situation noch einmal vor Augen führen. Wir hätten das zweifellos gewünscht, und es war auch kein Zufall, daß innerhalb der relativ kleinen Sozialistischen Arbeiterpartei viele Kräfte waren, die in den Gewerkschaften aktiv wirkten und versuchten, von dort aus möglichst alles zu tun, um den Nationalsozialismus zu verhindern. Wir sind nicht durchgekommen mit dem aktiven Widerstand. Nur er hätte nützen können. Als man sich schließlich dazu aufgerafft hat, war es zu spät.

GAUS: Sind Sie der Meinung, daß die Gewerkschaften auf jeden Fall, selbst in aussichtsloser Position, hätten kämpfen sollen, um ein Beispiel zu geben?

BRENNER: Ich bin dieser Meinung. Ich habe alsdann in meiner Haft miterlebt, daß die österreichische Arbeiterbewegung 1934 diesen Kampf gewagt und geführt hat. Das brachte ihr sehr viele Sympathien in der freien demokratischen Welt ein, was auch schließlich dazu geführt hat, daß heute in Österreich andere Verhältnisse herrschen als bei uns.

GAUS: Manchmal glaubt man, daß die Warnungsrufe, die die Gewerkschaften heute in der Bundesrepublik gelegentlich ausstoßen, aus einem schlechten Gewissen herrühren – aus einem schlechten Gewissen der Gewerkschaften, die 1933 nichts getan haben und die sich darauf nicht noch einmal ertappen lassen wollen. Halten Sie das für denkbar?

BRENNER: Ich würde es nicht so mit dem Gewissen sagen, sondern eben auf Grund der Erfahrungen. Wenn die Geschichte uns etwas lehrt, dann doch zumindest dies, daß man aus Erfahrung klug werden sollte und das, was man falsch gemacht hat, nicht wiederholt. Und hier liegt, glaube ich, das, was sich heute bei denen, die sich ein kritisches Gewissen gegenüber den Verhältnissen und Zuständen, wie wir sie jetzt in der Bundesrepublik haben, bewahrt haben.

GAUS: Sie haben in dieser Zeit vor 1933 nicht nur politisch als Betriebsrat und als Politiker in der Sozialistischen Arbeiterpartei gearbeitet, sondern sich auch beruflich weitergebracht. Sie sind vom ungelernten Arbeiter zum gelernten Arbeiter aufgestiegen. Was haben Sie gelernt und wobei – auf welche Weise?

BRENNER: Ja, ich habe zunächst, als ich aus der Schule kam,

wie Sie's schon erwähnten, als Hilfsarbeiter gearbeitet und bin dann als Hilfsmonteur bei der Hanomag eingestellt worden. Ich hatte schon immer die Absicht, sobald sich unsere wirtschaftlichen Verhältnisse zu Hause etwas konsolidiert hatten, einen Beruf zu ergreifen. Ich benutzte daher die Gelegenheit bei Hanomag, gleichzeitig eine Ausbildung als Betriebselektriker mitzumachen. Ich habe mir im wesentlichen in Abendkursen und durch Nachholen der Berufsschule, die ich also doppelt absolviert habe – einmal als ungelernter Arbeiter und später noch mal als Facharbeiter –, das nötige Wissen verschafft, um in einer relativ kurzen Zeit den Beruf des Elektromonteurs zu ergreifen.

GAUS: Sie haben in dieser Zeit auch geheiratet?

BRENNER: Ich habe 1932 geheiratet. Meine Heirat fiel zusammen mit der Arbeitslosigkeit...

GAUS: ...mit Ihrer eigenen Arbeitslosigkeit?

BRENNER: ...mit meiner Arbeitslosigkeit, die zu dieser Zeit einsetzte. Meine Frau war berufstätig, und Sie können sich sicherlich ausrechnen, was es bedeutete, in jener Zeit zu heiraten, aber besondere persönliche Verhältnisse veranlaßten uns dann dazu. Wenn man heute darüber nachdenkt, dann weiß man, wie gefährlich gerade die damalige Arbeitslosigkeit auf das gesamte politische Geschehen gewirkt hat und daß letzten Endes die Nazis doch nur durch die hohe Arbeitslosenzahl ihre Macht in dem damaligen Deutschen Reich festigen konnten. Ohne die 7 Millionen Arbeitslosen wären sie wahrscheinlich nie an die Macht gekommen. Ich kann nur sagen, daß ich die Arbeitslosigkeit voll ausgekostet habe. Ich habe dann die Zeit noch dazu benutzt, mich weiterzubilden. Ich habe einen Stenographiekursus und Schreibmaschinenkursus und sonstige Kurse absolviert, die man sonst normalerweise im Berufsgeschehen nicht mitmachen konnte.

GAUS: Als Hitler zur Macht kam, Herr Brenner, da waren

Sie also arbeitslos. Politisch waren Sie als Gewerkschaftler und sozialistischer Politiker allenfalls eine mittlere Charge. Sagen Sie bitte aufrichtig, haben Sie mit dem Gedanken gespielt, Sie könnten sich anpassen, könnten sich ducken, um in Ruhe gelassen zu werden und mit Ihrer Familie, nun es also wieder Arbeit gab, halbwegs ein normales Leben zu führen – oder haben Ihnen die Umstände diese Anpassung von alleine verboten, oder haben Sie mit dieser Anpassung nie geliebäugelt?

BRENNER: Das letztere ist richtig. Der Gedanke wäre mir nie gekommen, und ich kann auch sagen, daß meiner Frau ebenfalls ein solcher Gedanke nie gekommen wäre.

GAUS: Ihre Frau stammt auch aus einer sozialdemokratischen...

BRENNER: ...aus einer alten sozialdemokratischen Familie. Wir haben uns in der Jugendbewegung kennengelernt. Und wenn wir jetzt manchmal so an diese Zeit zurückdenken, dann sagen wir immer wieder übereinstimmend, wir möchten sie nie missen, weil sie doch weitgehend unseren Lebensweg beeinflußt hat, weil sie uns einen ganz anderen Lebensinhalt gegeben hat, als das bei so vielen Menschen, die eben doch nur mitgelaufen sind, der Fall war.

GAUS: Wie ist denn Ihr Urteil, Herr Brenner, über die vielen kleinen Sozialdemokraten und Gewerkschaftsmitglieder, die 1933 ihren Frieden mit den Nazis gemacht haben?

BRENNER: Das ist ein sehr schwieriges Problem. Ich möchte es auch in dieser allgemeinen Form auf keinen Fall gelten lassen. Ich meine, daß man dem einzelnen, wenn er vielleicht in der Zeit versagt hat, keinen allzu großen Vorwurf machen kann, weil ja auch die politische Kraft auf der anderen Seite fehlte, um ihm die nötige Überzeugung zu geben, daß es durchaus hätte anders gehen können.

GAUS: Sie selbst sind sehr bald nach Hitlers Machtübernahme zu zwei Jahren Gefängnis verurteilt worden aus politischen Gründen. Was war der Grund für das Urteil?

BRENNER: Der Grund war, daß wir innerhalb der Sozialistischen Arbeiterpartei, die zwar formell aufgelöst war wie jede andere der Parteien, doch weitergearbeitet hatten, daß wir Flugblätter hergestellt hatten zur Aufklärung der Menschen, daß wir Versammlungen durchgeführt haben, daß wir Programme für einen illegalen Parteitag in Dresden ausgearbeitet haben während der Zeit, in der Hitler bereits an der Macht war, und daß alle diese Fakten dann durch einen unglücklichen Umstand herausgekommen sind. Die Anklage lautete: wegen Vorbereitung zum Hochverrat.

GAUS: Sie haben die spätere Zeit der nationalsozialistischen Herrschaft als Elektriker verbringen können, waren aber wohl ständig unter Polizeiüberwachung. Ist das richtig?

BRENNER: Ja. Nach meiner Inhaftierung habe ich unter Polizeiaufsicht gestanden. Ich zähle auch bei den zwei Jahren nicht die vielen Verhaftungen, die vorher und nachher erfolgt sind – sozusagen immer nur als vorbeugende Maßnahme aus diesen und jenen Gründen. Aber die Polizeiaufsicht hatte zunächst auch zur Folge, daß ich in meinem Beruf nicht tätig sein konnte. Ich mußte als Straßenbauarbeiter tätig sein und habe auch die damals noch nicht verbotene »Frankfurter Zeitung« ausgetragen. Das waren alles Dinge, die man normalerweise sonst nicht macht, und erst Ende 1936 ist es mir dann gelungen, wieder Arbeit in meinem Beruf zu bekommen, und zwar durch einen reinen Zufall – dadurch, daß in der Firma, in der ich anfing – das war eine mittlere Montagefirma –, Chefs vorhanden waren, die den Mut aufbrachten, auch einen politisch Vorbestraften zu beschäftigen.

GAUS: Als die Nationalsozialisten verschwunden waren, Herr Brenner, sind Sie verhältnismäßig schnell aufgestiegen. Sie sind sehr bald – Sie waren einer der Wiederbegründer der Gewerkschaften und der SPD in Hannover – der niedersächsische Bezirksleiter der Industriegewerkschaft Metall geworden, und Sie haben dann 1946 bei der Firma Bodepanzer in

Hannover den ersten westdeutschen Nachkriegsstreik geführt. Worum ging dieser Streik?
BRENNER: Es ging um die Durchsetzung der betrieblichen Mitbestimmung.
GAUS: Haben Sie 1945 von einem sozialistischen Deutschland geträumt, Herr Brenner?
BRENNER: Ich war mir über ebensoviel im klaren wie jeder andere auch. Es ist wiederholt gesagt worden, daß wir von den Besatzungsmächten nicht erwarten konnten, daß sie uns den Sozialismus bringen. Wir hatten aber die Hoffnung, daß die ausgebliebene soziale Revolution 1945 hätte nachgeholt werden können.
GAUS: Sie sind eigentlich, Herr Brenner, in Ihrem Leben zweimal enttäuscht worden. Sie haben zweimal große Ziele nicht erreicht. Die Weimarer Republik ging an Hitler zugrunde, und die Bundesrepublik hat sich offensichtlich nicht so entwickelt, wie Sie es sich gewünscht haben. Sind Sie ein enttäuschter Mann?
BRENNER: Nein. Als Politiker und besonders als Gewerkschaftler kann man nie enttäuscht sein, weil man ja von den Realitäten ausgehen muß, und man wäre ein schlechter Politiker, wenn man aus Enttäuschung heraus Politik triebe.
GAUS: Sind Sie Marxist?
BRENNER: Diese Frage, so konkret gestellt, kann man weder bejahen noch verneinen, denn diejenigen, die oft so fragen – ich will Sie damit nicht meinen, Herr Gaus, Sie wissen, was man damit fragt – und die vom Marxismus sprechen, haben außer dem Namen nie etwas davon gehört.
GAUS: Lassen Sie mich fragen: Ist für Sie der Marxismus eine Heilslehre, eine Ersatzreligion, oder ist er für Sie eine analytische Methode für die Erkenntnis der in Ihren Augen richtigen Gesellschaftspolitik?
BRENNER: Das ist der Kern der marxistischen Lehre, des historischen Materialismus, daß man eine richtige Methode

hat zur Einschätzung der Lage, um dann auch zu einer entsprechenden und vernünftigen politischen Beurteilung zu kommen.

GAUS: Was halten Sie von den Bemühungen Herbert Wehners, die Sozialdemokratische Partei vom Godesberger Programm her zu einer Volkspartei, von einer Klassenpartei zu einer Volkspartei zu machen?

BRENNER: Ist es nur das Bemühen Herbert Wehners, das so zu machen, oder warum und aus welchem Grunde verbinden Sie mit diesem Namen gerade diese Form?

GAUS: Man sagt, daß Herbert Wehner der wichtigste Mann in dieser Richtung ist, und gleichzeitig sagt man, daß Sie, seit er dies tut, sich mit ihm nicht besonders gut verstehen.

BRENNER: Das kann ich nicht sagen. Ich glaube, daß es innerhalb einer so großen Partei wie der sozialdemokratischen unterschiedliche Meinungen geben muß. Sie gehören mit zu einer demokratischen Bewegung, und ich glaube, daß dort Meinungen von Herbert Wehner ebensoviel wirken wie die Meinungen von Erich Ollenhauer oder Willy Brandt oder auch meine Meinung.

GAUS: Herr Brenner, ich habe den Eindruck, daß Sie mir ein bißchen ausweichen. Sind Sie der Meinung, daß die Anstrengungen, aus der SPD eine Volkspartei zu machen, richtig sind im gegenwärtigen Zeitpunkt?

BRENNER: Das kann man vielleicht sogar bejahen. Allerdings muß ich hier sagen, in dem Maße, wie die Sozialdemokratische Partei Volksbewegung wird, wird man unbewußt zu einer stärkeren Politisierung der Gewerkschaften beitragen. Es ist doch zweifellos so, daß die Gewerkschaften als die Interessenvertretung der Arbeitnehmer sich in starkem Maße auf die Sozialdemokratische Partei stützen müssen, denn die Gewerkschaften wollen ja keine Ersatzparteien sein. Wenn die Partei nicht mehr die politische Interessenvertretung der Arbeitnehmer sein kann, dann müßte diese Rolle mehr oder weniger von den Gewerkschaften übernommen werden. Das wäre das besondere Problem.

GAUS: Wissen Sie sich frei von dem inneren Zweifel, auf verlorenem Posten zu stehen?

BRENNER: Ja. Davon bin ich wirklich frei. Ich glaube nicht, daß wir auf einem verlorenen Posten stehen.

GAUS: Sie glauben nicht, daß die Entwicklung Ihren Zielen entgegenläuft und etwa den auf Sozialpartnerschaft ausgerichteten Zielen Georg Lebers zugute kommt?

BRENNER: Ich weiß nicht, ob man die Frage überhaupt so stellen kann, denn die Gewerkschaftsbewegung hat ja eine allgemeine Zielsetzung, die festgelegt wird durch ihre programmatischen Grundsätze, die am Ende dieses Jahres auf einem außerordentlichen Kongreß noch einmal besprochen werden.

GAUS: Erlauben Sie mir eine letzte Frage, Herr Brenner. So wie die Bundesrepublik, von der Sie oft gesagt haben, daß sie enttäuschend sei für Sie – so wie die Bundesrepublik jetzt und heute aussieht, wie stellt sie sich in Ihren Augen dar? Ist sie eine reaktionäre Gesellschaft?

BRENNER: So kann man's nicht sagen. Ich glaube nur, daß seit 1945 die restaurativen Elemente stark an Einfluß innerhalb der Bundesrepublik gewonnen haben. Meiner Meinung nach ist der Weg zum demokratischen sozialen Rechtsstaat noch weit. Daß wir ihn erreichen wollen und daß es unsere Aufgabe sein muß als Gewerkschaften, dafür zu sorgen, daß die Bundesrepublik zu jenem demokratischen sozialen Rechtsstaat wird, wie ihn das Grundgesetz vorschreibt, halte ich für eine Selbstverständlichkeit.

Thomas Dehler

»...Ich kam aufs Gymnasium nach Bamberg. Ich galt immer als ein braver, ordentlicher Schüler, und ein Hauptlehrerssohn, der etwas gefährdet war, wurde mir beigegeben, damit ich ihn positiv beeinflusse. Da erlebte ich dann, wie der Religionslehrer ihn systematisch ausschaltete, weil er nichts von ihm hielt. Vielleicht hat er sogar eine Gefahr in ihm für mich gesehen, möglich. In einer Religionsstunde begann er ein Gespräch mit dem Schüler über die göttliche Natur Christi und hat ihn, ich muß schon sagen, dialektisch zu der Schlußfolgerung geführt, daß er das Gottestum Christi leugnete mit der Folge, daß er der Schule verwiesen wurde. Ein Erlebnis, das ich nicht verwunden habe...«

THOMAS DEHLER, geboren am 14. Dezember 1897 in Lichtenfels/Franken, gestorben am 21. Juli 1967 in Streitberg/Oberfranken. Jurastudium in Würzburg, Freiburg und München. Erste politische Tätigkeit im Republikanischen Studentenbund, dem Reichsbanner Schwarz-Rot-Gold und der Demokratischen Partei. 1933 bis 1945 Verbindung zu einer Oppositionsgruppe, zweimal vorübergehend in Haft. 1946 Mitbegründer der FDP in Bayern und bis 1956 bayerischer Landesvorsitzender. Mitglied des Parlamentarischen Rates und ab 1949 des Bundestages, dessen Vizepräsident er 1960 wurde. Justizminister im ersten Kabinett Adenauer 1949; 1953 Vorsitzender der FDP-Bundestagsfraktion, 1954 bis 1957 Vorsitzender der FDP.

Gespräch mit Dr. Thomas Dehler, dem führenden FDP-Politiker und Vizepräsidenten des Deutschen Bundestages, gesendet am 2. Oktober 1963.

Ich bin kein ungläubiger Thomas

GAUS: Herr Dr. Dehler, in der nächsten Zeit wird Bundeskanzler Adenauer zurücktreten, und es geht damit eine Epoche zu Ende, eine erste 14 Jahre währende Periode der Bundesrepublik Deutschland, in der Sie – immer in der ersten Reihe stehend – von Anfang an dabeigewesen sind. Sie gehören also zu einer Gruppe von Politikern, die immer kleiner wird. Sie haben diese ersten 14 Jahre zunächst als Bundesminister in Adenauers Kabinett erlebt, später auf der Oppositionsbank und jetzt wieder als Abgeordneter der Freien Demokraten in der Koalition. Als Sie auf der Oppositionsseite des Hohen Hauses saßen, gehörten Sie oft zu den schärfsten Kritikern Adenauers, und das bringt mich auf meine erste Frage zur Person: Sie haben von sich selbst manchmal gesagt, daß man Sie verstehen müsse als einen Mann, der aus dem barocken Geist und Lebensgefühl seiner oberfränkischen Heimat, wo Sie 1897 in der Kleinstadt Lichtenfels geboren sind, daß Sie aus diesem barocken Lebensgefühl der oberfränkischen Heimat zu verstehen seien. Was meinen Sie damit? Bedeutet dieser Hinweis auf das Barocke in Ihrer Selbsteinschätzung das Eingeständnis einer gelegentlich uferlosen Phantasie, einer manchmal geradezu ungezügelten und überquellenden Rhetorik auch im Angriff auf politische Gegner?

DEHLER: Das Barocke hat bestimmt in meiner menschlichen

Entwicklung eine große Rolle gespielt. Ich bin immerhin aufgewachsen zwischen dem barocken Vierzehnheiligen von Balthasar Neumann und dem barocken Kloster Banz von Dietzenhofer. Aber es wäre doch falsch, das Barocke als ausschließlich bestimmend für mich ansehen zu wollen. Zwar die Pfarrkirche, die Kirche meiner Jugend, in der ich doch fast Tag für Tag gekniet habe, war im Innern barock, die Ausstattung aus dem 17. Jahrhundert, mit einem barocken Kruzifix, aber die Kirche war eine gotische Kirche aus dem 14. Jahrhundert. Lebensmittelpunkt für mich, da wir von Oberfranken sprechen, war die Bischofsstadt Bamberg, war der romanische Dom Heinrichs des Zweiten, der Reiter, die ergreifenden Figuren an den Chorschranken. Und das Eigenartige meiner Heimat Lichtenfels ist es und war es für mich in meiner Jugend, daß dieses Städtchen Schnittpunkt ist zwischen zwei fast ganz gegensätzlichen Lebensströmen – das katholische Fürstbistum Bamberg, zu dem Lichtenfels gehörte und immer noch gehört, und auf der anderen Seite die nahe Residenzstadt Coburg, die Residenzstadt Sachsen-Coburg –

GAUS: – eine protestantische Residenzstadt –

DEHLER: – eine protestantische Residenzstadt, evangelisch bestimmte, ganz anders geartete Stadt. Also es waren zwei Komponenten und noch unterstützt durch das nahe Bayreuth, die Markgrafenstadt, die Richard-Wagner-Stadt. Es kamen schon viele Faktoren zusammen. Ich möchte diese gelegentliche Bezeichnung des Barocken doch nicht als bestimmend für mich hinnehmen, fast im Gegenteil. Je älter ich wurde, desto mehr galt meine Neigung dem Romanischen. Ich weiß auch nicht, ob es richtig ist, gelegentliche temperamentvolle Äußerungen, die oft in der Wiedergabe leidenschaftlicher erscheinen, als sie in Wirklichkeit waren, als wesensbestimmend für mich hinzunehmen. Ich glaub', ich bin ein wenig schwierig.

GAUS: Herr Dr. Dehler, wir werden versuchen herauszubekommen, wie schwierig Sie sind. Ihr Elternhaus in Lichtenfels, wo die Dehlers seit Generationen als Metzger, als Gastwirte und Bierbrauer sitzen, Ihr Elternhaus war streng katholisch, und es schien vorübergehend nicht ausgeschlossen, daß Sie, als einer von vier Buben, Priester werden würden. Sie sind es nicht geworden, und ganz im Gegenteil ist später der Kampf gegen den politischen Katholizismus ein Kern Ihres politischen Lebens gewesen. Das ist ein Bruch, den ich mir nicht von ungefähr vorstellen kann. Können Sie ihn mir erläutern?

DEHLER: Der Hintergrund ist viel differenzierter, als er zunächst erscheinen mag. Meine Vorfahren waren Chirurgen. Mein Urgroßvater – Ferdinand Dehler – war Wundarzt, nahm teil an den Feldzügen der napoleonischen Zeit, wir haben von ihm noch Briefe, nahm teil an Seeschlachten auf dem Mittelmeer, war lange Zeit in Wien. Mein Großvater war Chirurg, mein Vater war Chirurg und Bader. Also das Hinüberschwenken zu den Berufen des Bierbrauers, des Gastwirtes, des Metzgers war eigentlich erst eine spätere Folge. Es ist übrigens – vielleicht ganz charakteristisch – ein sehr komplexer Zustand, eine kleine, wirtschaftlich selbstgenügsame Landwirtschaft. Wir buken unser Brot selbst, wir brauten unser Bier selbst, wir schlachteten selbst, und von meinem Großvater wurde erzählt, wenn ein Gebräu besonders gut gelungen war, dann schenkte er es ungern aus, sondern trank es am liebsten selbst. Es war doch so ein gewisses Patriziertum, mein Großvater war Magistratsrat, mein Vater war Gemeindebevollmächtigter, wie man es damals in Bayern hieß. Mein Elternhaus war sehr betont katholisch, der Katholizismus war das Lebensgefühl, es war ein liberaler Katholizismus, ein weitherziger, kein muffiger.

GAUS: Von diesem Katholizismus zum ausgesprochenen Kampf gegen den Katholizismus in der Politik ist es natürlich trotz allem ein weiter Schritt. Wie ist es dazu gekommen?

DEHLER: Also zunächst einmal: Wie kam ich eigentlich zu dem Entschluß, als junger Mensch Priester werden zu wollen? Nicht immer beeinflußt von den Eltern, nicht stimuliert, sondern ich war ein besonders frommer Bub und fand im Katholizismus wirklich eine bergende Kraft, gute Beziehungen zu den Kaplänen, die eine große Rolle in der Bildung, im Schulwesen einer kleinen Stadt darstellen. Dann gab es natürlich die Krisen, wie sie in der menschlichen Entwicklung beinahe selbstverständlich sind. Ich kam aufs Gymnasium nach Bamberg. Ich galt immer als ein braver, ordentlicher Schüler, und ein Hauptlehrerssohn, der etwas gefährdet war, wurde mir beigegeben, damit ich ihn positiv beeinflusse. Da erlebte ich dann, wie der Religionslehrer ihn systematisch ausschaltete, weil er nichts von ihm hielt. Vielleicht hat er sogar eine Gefahr in ihm für mich gesehen, möglich. In einer Religionsstunde begann er ein Gespräch mit dem Schüler über die göttliche Natur und hat ihn, ich muß schon sagen, dialektisch zu der Schlußfolgerung geführt, daß er das Gottestum Christi leugnete mit der Folge, daß er der Schule verwiesen wurde. Ein Erlebnis, das ich nicht verwunden habe. Aber die eigentlichen, entscheidenderen Erlebnisse lagen etwas später. Daß ich den politischen Katholizismus als gefährlich empfand: Wenn ich es zeitlich mal fixieren will, war es wohl der Fechenbach-Prozeß, den ich als junger Jurist 1919 in München erlebt habe –

GAUS: – das Landesverratsverfahren –

DEHLER: – der Landesverratsprozeß gegen Fechenbach, der angeklagt wurde vor allem, weil er ein Telegramm des bayerischen Gesandten am Vatikan, Ritter, vom Juli 1914 veröffentlicht hat, in dem Ritter damals darstellte, daß Papst Pius X. und sein Kardinalsekretär den Krieg nicht ablehnten, sondern in dem Krieg gewisse Möglichkeiten für die Kirche sahen –

GAUS: – im Ersten Weltkrieg –

DEHLER: – Ersten Weltkrieg, 1914, und aus dieser Einstellung heraus Wien zur Härte gegenüber Serbien ermahnten. Der Gegenstand des Prozesses und die Art des Prozesses haben mich tief beeindruckt, ein Erlebnis, das ich nicht verwunden habe.
GAUS: In der Zeit waren Sie als Unteroffizier der Feldartillerie aus eben diesem Ersten Weltkrieg zurückgekommen und hatten zunächst in Würzburg und später in Freiburg und München ein Jurastudium begonnen. Gleichzeitig begann Ihr politisches Leben, das seither nie mehr aufgehört hat. Sie waren Mitbegründer eines antifaschistischen Schutzbundes »Der Reichsadler«, der später in München im Reichsbanner Schwarz-Rot-Gold aufging, und Sie gehörten der Deutschen Demokratischen Partei, der liberalen Partei – später Staatspartei – an. Was hat diese Hinwendung zum Politischen bei Ihnen bewirkt?
DEHLER: Die Eindrücke des Ersten Weltkrieges waren für mich doch sehr bedeutsam. Ich hatte eine starke Bindung an das Vaterländische. Dazu trugen Jugendeindrücke ganz wesentlich bei. Der Bruder meiner Mutter war nach Bremen verschlagen worden. Als ganz junger Mensch kam ich dort hinauf ins Reich und erfuhr so die Weite des deutschen Vaterlandes. Die Bindung, sicherlich tief begründet, hat sich bis heute nach meiner Meinung auch nicht verändert. Für mich war bedeutsam eine Begegnung, die ich im Jahre 1916 mit Edgar Jung hatte. Edgar Jung, der später der Berater des Reichskanzlers Papen war, der klar gestanden hat und 1934 ums Leben kam. Ein sehr kluger, ein sehr selbständiger Mann.
GAUS: Ein prononcierter Katholik.
DEHLER: Ja. Seine Skepsis gegenüber der politischen Weisheit der damals Verantwortlichen, auch gegenüber der politischen Einsicht Hindenburgs, besonders Ludendorffs, der doch die politische Macht an sich gezogen hatte, hat mich tief beeindruckt. Und dann ein ganz konkretes Erlebnis. Ich war schon vor dem Ende des Weltkriegs wegen einer schweren Erkran-

kung zurückgekommen und erlebte in München die Revolution am 7. November 1918, den Zug der Arbeiter, der Arbeiterinnen von der Theresienwiese durch die Straßen der Stadt, war Zeuge, wie die Posten an der Residenz – teils unwillig, teils hingezogen von dem Strom dieses Zuges – die Gewehre wegwarfen und mitgingen. Das hat mich sehr stark erschüttert, besonders die Ohnmacht des Staates, daß mit einem Male nichts mehr vorhanden war, was bestimmend war.

GAUS: Empfanden Sie als Monarchist in diesem Augenblick?

DEHLER: Sehr, ja. Ich war wirklich ein Wittelsbacher-Anhänger. Die Gestalt des Prinzregenten Luitpold war in meiner Jugend wirklich ein Vater-Imago. Das hatte sich auf seinen Sohn, auf Ludwig III. übertragen. Das sind Eindrücke, die ich nicht verwunden habe.

Zurück zu diesen erregenden Erlebnissen in München bis 1919 – Räterepublik und all diese unglaubliche Dramatik. Ich bin noch kurz vor der Belagerung Münchens mit einem Zug, der bis Lichtenfels ging, rausgekommen. Ich habe die eigentliche Katastrophe des Rätekommunismus nicht mehr miterlebt. Aber diese Dinge haben mich politisch sehr aufgewühlt und waren bestimmend für meine weitere Entwicklung.

GAUS: Herr Dr. Dehler, Sie haben sich stets dem Liberalismus – den Ideen wie auch Ihrer Parteizugehörigkeit nach – verpflichtet gefühlt. Ich würde gern wissen, was einen so temperamentvollen und phantasiebegabten und auch gefühlsbetonten jungen Mann, wie Sie es gewesen sind, vor den Versuchungen und Verlockungen der anderen politischen Ideologien dieser zwanziger Jahre bewahrt hat und was Sie so konsequent zum Liberalismus hinführte, der doch seinerzeit bereits eine Art von Honoratiorenpartei gewesen ist, die viele junge Leute nicht sonderlich anzog.

DEHLER: Ja, warum mich der politische Katholizismus, man kann schon sagen, abgestoßen hat, habe ich ja schon zu begründen versucht. Ich habe zuviel in Bayern erlebt, was mir nicht positiv erschien. Die weitgehende Bestimmung der staatlichen, der gesellschaftlichen Dinge unter religiösem Gesichtswinkel, das hat der Entwicklung nach meiner Überzeugung nur geschadet. Es wäre nun aber falsch, anzunehmen, ich sei zunächst nicht vom Sozialismus angezogen gewesen. Sozialismus lag ja, auch nach 1918, in der Luft, war gewissermaßen die erlösende politische Macht. Vielleicht hat mich schon das Erlebnis der Räterepublik mit ihren Exzessen in München geheilt.

GAUS: Kann es sein, daß vornehmlich also Ihre Abneigung gegenüber den Erscheinungsformen des politischen Katholizismus, wie Sie sie gesehen haben, Sie zum Liberalismus führte? Wenn Sie so wollen, also ein negativer Grund.

DEHLER: Ich hatte schon von früher Jugend her eine gewisse Anglophilie, viel Zuneigung zum Angelsächsischen, war auch bewegt von der angelsächsischen Geschichte und vom angelsächsischen Recht, das hat sich verstärkt natürlich im Laufe des Rechtsstudiums. Für mich war das Liberale nichts Verstaubtes, nichts dem 19. Jahrhundert Zugehöriges. Natürlich gab es auch eine gewisse liberale großbürgerliche Schicht, die nicht in allem anziehend war. Aber ich kam zu der Überzeugung – eine sehr frühe Überzeugung, gestärkt auch durch Begegnungen, von denen ich noch sprechen will –, daß im Liberalen die eigentliche staatsbildende Kraft liegt. Ich war niemals angezogen von dem Ideal der Französischen Revolution. Freiheit – ja, als Grundlage der staatlichen Ordnung, als Ziel des gesellschaftlichen Strebens, Brüderlichkeit als christliche Barmherzigkeit, aber ich wußte immer, daß Gleichheit kein Prinzip sein kann, das zu einer gesunden Ordnung des Staates und der Gesellschaft führen kann. Für mich waren die angelsächsischen Grundrechte das Bestimmende, das ist die Grundlage des Staates und das verstaubt nicht und das ist nichts Überholtes, die Grund- und Freiheitsrechte, wie sie nicht nur in England, auch in der Schweiz und besonders drüben in der freien Welt gewachsen sind, das waren meine politischen Ideale.

GAUS: Welche Begegnungen haben Sie im Auge gehabt, von denen Sie eben angedeutet haben, noch sprechen zu wollen? Sie haben seinerzeit noch ein paar der großen liberalen deutschen Männer kennengelernt, Naumann zum Beispiel, auch der junge Theodor Heuss gehörte in den zwanziger Jahren bereits zu Ihrem Bekanntenkreis. Wer hat den stärksten Eindruck auf Sie gemacht, nicht von diesen beiden allein, sondern von politischen Vorbildern überhaupt?

DEHLER: Für mich war sehr wichtig die Begegnung mit dem Münchner Staats- und Kirchenrechtler Karl Rothenbücher, eine sehr geprägte Gestalt. Ich habe ihn für einen ausgezeichneten Mann gehalten, der leider viel zu früh gestorben ist. Dann auch die Begegnung mit Vossler, dem Romanisten, Pius Dirr, einem anderen bayerischen Liberalen hoher Qualität, Archivdirektor in München, aber dann besonders der junge Theodor Heuss, der häufig zu uns gekommen ist. Die junge demokratische Bewegung darf ich nicht vergessen; ich war sehr bald führendes Mitglied bei den Jungdemokraten in Bayern, schon in den frühen zwanziger Jahren.

GAUS: Sie ließen sich dann in Bamberg, in Ihrer engeren Heimat, als Rechtsanwalt nieder in der zweiten Hälfte der zwanziger Jahre. Sie waren da schon verheiratet, und in Bamberg waren Sie Vorsitzender der Deutschen Demokratischen Partei. Wie lange haben Sie geglaubt – Sie als ein Mann, von dem man zuweilen sagt, daß er nicht immer ganz nüchtern urteile, dafür aber gelegentlich den Mut des Idealisten habe –, wie lange haben Sie geglaubt, daß die Weimarer Republik zu retten sei? Bis wann?

DEHLER: Ich habe mich mit ganzer Kraft eigentlich dem Aufbau der Weimarer Demokratie hingegeben. Ich habe schon 1924 in Bayern kandidiert –

GAUS: – ohne Erfolg –

DEHLER: Natürlich ohne Erfolg. In Mainburg in der Hallertau. Es war ein tollkühner Versuch. Ich habe trotzdem meine politische Arbeit unverzagt fortgesetzt – nicht nur auf der bayerischen Ebene, sondern auch auf der Reichsebene. Wir hatten eine ausgezeichnete jungdemokratische Organisation, aus der noch mehr Leute in verschiedenen Parteien später hervorgegangen sind – Lemmer, Ernst Lemmer war einer meiner guten Freunde, und der Hamburger Landahl. Wir sind unverzagt – trotz aller Rückschläge – unseren Weg weitergegangen. Es gibt eigentlich keine Periode, in der ich kleinmütig gewesen wäre. Es war unsere Überzeugung: Nur wenn wir Erfolg haben, wenn unsere Vorstellung vom Staat, wenn unser rechtsstaatliches Wollen Wirklichkeit wird, wird diese Demokratie bestehen. Und dieses Bewußtsein ist eigentlich immer härter geworden, je schlimmer die Gegenkräfte waren. Ich habe den Nationalsozialismus von 1919 an entstehen sehen. Ich habe das erste Tätigwerden Hitlers und seiner Gruppe miterlebt. Ich habe noch den Übergang der Deutschen Demokratischen Partei zur Staatspartei mitgemacht, wir haben uns dann noch mit dem Jungdeutschen Orden verbunden in dem Glauben, wir könnten von dort aus wertvolle junge Kräfte bekommen – ich habe eigentlich nie verzagt.

GAUS: Neigen Sie nicht zum Kleinmut? Wissen Sie sich frei davon, gelegentlich zu resignieren, haben Sie immer genügend Kraft, weiterzumachen?

DEHLER: Gewiß, es gibt oft schwere Stunden. Ich habe einmal den Ernst Lemmer gefragt, warum er eigentlich zur CDU gegangen ist. Dieser überzeugte liberale Mann hat mir gesagt, etwas habe er einfach nicht mehr hinnehmen können: diese Stunden nach einer Wahl, wenn man sich eingesetzt hatte mit allem, was einem zur Verfügung stand, mit der ganzen Gläubigkeit, daß man doch das Gute, das Rechte will; und dann einen Mißerfolg, in der Weimarer Zeit immer größere Mißerfolge, hinnehmen müssen, das mochte er nicht mehr. Ich kann's verstehen, ich verzeihe es ihm auch, daß er diesen Weg gegangen ist. Er ist trotzdem ein ausgezeichneter Mann geblieben. Natürlich gab es auch bei mir Bitternisse, Verrat von Freunden, auf die man gezählt hatte, aber im Kern war ich eigentlich nie davon berührt.

GAUS: Herr Dr. Dehler, Sie haben dann unter der nationalsozialistischen Herrschaft als Rechtsanwalt in Bamberg einer Oppositionsgruppe angehört, die zu loser Verbindung mit dem Kreis um Goerdeler stand, und Sie sind 1938 vorübergehend verhaftet und 1944 in ein Zwangslager nach Thüringen eingewiesen worden. Sie haben vor allem Ihre Ehe mit einer Jüdin aufrechterhalten, trotz aller Einschüchterungsversuche, trotz aller Beeinflussungen, die seinerzeit an der Tagesordnung waren. Ich würde gern wissen: Das Verhalten, das die Mehrheit der Deutschen seinerzeit an den Tag legte, das hätte doch einen Mann, der erlebt hat, was Sie erleben mußten, sehr leicht zur Skepsis oder sogar zur Verachtung gegenüber gewissen Eigenheiten des deutschen Volkscharakters bringen können – trotzdem hat es von Ihnen nach dem Kriege kein einziges, soweit mir bekannt ist, pauschales Verdammungsurteil über Ihre deutschen Landsleute gegeben. Im Gegenteil, Thomas Dehler hat manchmal sogar sehr prononcierte nationale Töne angeschlagen. Bitte, sagen Sie mir, wie erklären Sie sich selbst die Ungebrochenheit Ihres Nationalgefühls? Aus welchen Wurzeln wird dieses Gefühl gespeist?

DEHLER: Ist die Prämisse richtig, daß die Mehrheit des deutschen Volkes diese unselige Entwicklung gewollt oder auch nur gebilligt hat? Ich glaube es nicht. Das habe ich alles zu sehr aus der Nähe erlebt. Der Weg zum Nationalsozialismus war eine Folge des politischen Versagens der Verantwortlichen –

GAUS: – vor 1933 –

DEHLER: – vor 33, natürlich, und am Ende möchte ich meinen, wir haben nicht genügend gekämpft, man kann vielleicht den Vorwurf erheben, wir haben nicht genügend »geglaubt«, wir haben unsere Sache nicht stark genug vertreten. Auf jeden Fall, diese Fragen haben mich immer stärker bewegt als Anklagen gegen andere. Daß andere politisch uneinsichtig waren, daß sie die Gefahren nicht erkannten, daß sie die kleinen Sorgen des Tages, die Mühseligkeiten, die Schwierigkeiten eines Standes zu groß nahmen und die staatspolitische Verantwortung nicht empfanden, kann man ihnen das zum Vorwurf machen? Nein, die politisch Verantwortlichen, die in der Partei Führenden, die waren nicht überzeugend, nicht willensstark genug. Darum kam ich eigentlich niemals vor die Fragestellung: Will ich anklagen? Fast möchte ich sagen, daß ich noch vorhanden bin – mit meiner Frau, mit meiner Tochter –, ist doch auch ein Beweis, daß es viele Kräfte gab, die eben dem Nationalsozialismus nicht verfallen waren.
GAUS: Solche Kräfte haben Ihnen in dieser Zeit in Bamberg geholfen?
DEHLER: Sonst wäre es gar nicht denkbar gewesen, daß ich diese Zeit überdauert hätte. Rückblickend ist es doch ein Wunder. Zum Beispiel: Leute aus dem Widerstandskreis, dem ich angehörte, sind verhaftet worden, der führende Mann lag jahrelang im Gefängnis des Volksgerichtshofes, nahe Freunde sind von der Polizei vernommen worden und gewarnt worden, überhaupt noch mit mir in Verbindung zu treten. Ein Wunder, daß ich diese Gefahren überdauert habe.
GAUS: Gut, sie haben sie überdauert, Sie haben aber auch all die Bitternis, die dabei war, erlebt – es hätte ja sein können, daß diese starke Hinwendung zum Nationalen, die Sie offensichtlich auszeichnet, unter diesen Gefahren zerbrochen wäre. Sie ist es nicht. Warum nicht?
DEHLER: Für mich ist die Bindung an das Volk etwas Gegebenes, etwas naturrechtlich Gültiges. Meiner Überzeugung

nach sind die Nationen die Protagonisten auf der Bühne der Weltpolitik. Also ein Volk muß als solches bestehen. Das bestimmt auch meine Haltung zur europäischen Frage, ich neige da sehr zur Auffassung des französischen Staatspräsidenten de Gaulle.

GAUS: – vom Europa der Vaterländer.

DEHLER: Gewiß, Europa muß sich finden, muß seine Kräfte sammeln, aber nicht in der Form des Aufgehens in konzentrierten Instanzen, in Bürokratien, sondern im organischen Zusammenwirken der Völker. Die Völker müssen die Grundlage sein. Das Vaterland muß zunächst einmal in Ordnung sein. Sie können mir sagen: Da ist ein Stück Romantik dabei. Die Wandervogelbewegung war für mich auch bedeutsam in meiner Jugend. Ihr Geist, der hat mich auch geprägt. Das ist mir bisher geblieben. Und mir haben die schlimmen Ereignisse der nationalsozialistischen Zeit den Sinn für den Wert des deutschen Volkes nicht nehmen können.

GAUS: Wie sehen Sie dieses deutsche Volk – nach Ihren Erfahrungen und nach Ihrem Leben? Was sind seine Vorzüge, was sind seine Mängel?

DEHLER: Jetzt bei meinem Besuch in der Sowjetunion ist mir das wieder bewußt geworden, was doch positiv ist. Merkwürdig, ich habe dort drüben niemals einen Vorwurf gehört. Wenn mir Zerstörungen aus der Kriegszeit gezeigt wurden, wie der Petershof, dieses Versailles Peter I., des Großen, so eigentlich nicht, um anzuklagen, sondern eigentlich nur, um die eigene Leistung darzustellen. Überall Respekt vor den Deutschen, Freude über meinen Besuch, weil ein deutscher unabhängiger Politiker kommt, der Glaube, die Deutschen bedeuten etwas. Das war wieder eine Bestärkung meiner Überzeugung, daß doch im deutschen Volk, in seiner Geschichte soviel Wertvolles liegt. Wir haben es immer schwer gehabt. Alle Spannungen in der Welt, kann man sagen, haben sich hier in dem Raume getroffen, in dem wir leben; und haben sich auch getroffen in unserer Brust – wir mußten sie austragen, auch geistig austragen. Aber ist nicht die Geschichte des deutschen Volkes, trotz allen politischen Versagens, geistig eine positive? Ich bejahe es. Ich bekenne mich zu diesem Volk in seinen Werten.

GAUS: Halten Sie es für möglich, daß diese Deutung jene Nüchternheit entbehrt, die man gerade gegenüber Gruppen, denen man sich zugehörig fühlt, an den Tag legen sollte?

DEHLER: Bin ich weniger nüchtern als ein Engländer, der sich zu der Geschichte seines Volkes und zu seinem Volke bekennt? Weniger nüchtern als – ich will gar nicht von de Gaulle sprechen –, als ein Franzose, der sein Volk bejaht und sich zu ihm bekennt? Es liegt ja auch etwas Schicksalhaftes in einer solchen Haltung.

GAUS: Glauben Sie, daß die Mehrheit der Westdeutschen diese Ihre Grundhaltung teilt?

DEHLER: Man kann es ja nur aus gewissen Reaktionen schließen. Eigenartig, wie zum Beispiel meine Reise nach der Sowjetunion von den Menschen, besonders von einfachen Menschen, bejaht worden ist. Warum eigentlich? Es ist auch ein Bekenntnis zum Volk und das Empfinden, es muß etwas für die deutsche Einheit, für diese deutsche Gemeinschaft geschehen. Ich mache der Geschichte der letzten 14 Jahre den Vorwurf, daß sie das nationale Leitbild nicht genügend herausgestellt hat. Ein Volk richtet sich halt immer nach dem, was die verantwortlichen Menschen, die im Vordergrunde stehen, empfinden wollen, im Bewußten und noch öfter vielleicht sogar im Unbewußten.

GAUS: Herr Dehler, diese letzten 14 Jahre, von denen Sie jetzt sprechen und die jetzt mit einer Zäsur, dem Rücktritt Adenauers, enden, diese letzten 14 Jahre haben Sie am Anfang in der allerersten Linie der Regierungskoalition gesehen. Sie waren nach dem Kriege als ganz und gar unbelasteter Mann einer der führenden Köpfe der wiederbegründeten liberalen Partei, der FDP, und zunächst in Bayern in hoher öffentlicher Position tätig, als Generalstaatsanwalt in Bamberg und Oberlandesgerichtspräsident in Bamberg; dann waren Sie Mitglied des Parlamentarischen Rats, der die westdeutsche Verfassung verabschiedet hat, Abgeordneter im ersten Bundestag für die Freien Demokraten und Bundesjustizminister in Adenauers erstem Kabinett. Sie haben seither oft sehr Kritisches über diese Zeit, die letzten 14 Jahre, gesagt. In den ersten Jahren der Adenauerschen Regierung aber sind aus Ihrem Munde viele bewundernde Zeugnisse für Adenauer abgelegt worden. Ich würde gerne wissen: Als Sie Bundesjustizminister in Adenauers Kabinett von 1949–1953 waren, was hat Sie veranlaßt, diesen Kanzler so sehr zu bewundern, wie Sie es damals taten, so daß man manchmal fast meinte, Sie hätten das Verhältnis eines dankbaren respektvollen Sohnes und Zöglings zu ihm?

DEHLER: Ich glaube, es war auch etwas Ähnliches. Ich bin Adenauer näher begegnet im Parlamentarischen Rat. Es war damals doch schon eine politische Vorentscheidung. Es hing von uns, von den Freien Demokraten ab, wer Präsident des Parlamentarischen Rates wird, ob Konrad Adenauer, ob der geistvolle Carlo Schmid. Wir hatten uns für Adenauer entschieden. Das war schon ein Ausfluß seiner Persönlichkeit. Nicht zu leugnen, wo er erschien, wuchs ihm ohne weiteres eine Führung zu. Er hat es gelernt. Er, der durch Jahrzehnte als Oberbürgermeister schwierige Situationen beherrschen mußte, widerspenstige Parteimitglieder und Mitglieder der Stadtverordnetenversammlung auf seine Linie bringen mußte, ist ein hervorragender Führer. Das Wort ist vielleicht ein bißchen anrüchig – er ist ein Mann, der es versteht, die Leitung der Dinge an sich zu nehmen, an sich zu ziehen.

GAUS: Sind Sie ein Mann, Herr Dr. Dehler, der von einem solchen Manne leicht angezogen wird? Neigen Sie dazu, jemandem zu dienen, ihm ein Gefolgsmann zu sein?

DEHLER: Ich diene eigentlich nicht gerne Menschen, Persönlichkeiten, sondern ich bin ein Mann, der loyal einem Kreis dient. Wenn ich ein Amt bekam – eigentlich nie so, wie Adenauer ein Amt gesucht und übernommen hat –, habe ich mich immer als Treuhänder einer Gemeinschaft gefühlt, ob als Parteivorsitzender in Bayern oder im Bunde, ob als Fraktionsvorsitzender. Ich habe nie in dieser Art zu führen versucht. Ich habe da eine andere Grundart. Aber um noch ein Wort darüber zu sagen, wie dieses respektvolle Verhältnis zu Adenauer, das zweifellos lange Jahre bestand, zustande kam. Auch die Art, wie er, doch zunächst mit einer Stimme Mehrheit gewählt, die politische Führung in dem chaotischen Raum, der damals die Bundesrepublik war, aufnahm, war eindrucksvoll. Das hat nicht nur mich beeindruckt. Ich denke daran, wie mein Parteifreund, der sehr ritterliche und sehr geprägte Eberhard Wildermut, eines Tages in einer Kabinettssitzung sagte: »Der Alte ist doch ein Kerl.« So wie er die Dinge in dem Problem darstellte, wie er einfach, klar, sicher Lösungen suchte, das war eindrucksvoll. Ich habe diese historische Vorstellung eines Teils des Kabinetts bei den Hohen Kommissaren oben auf dem Petersberg miterlebt. Wir waren ja ein bißchen hinaufzitiert, um Weisungen entgegenzunehmen, Besatzungsstatut in Empfang zu nehmen.
GAUS: Das war 1949?
DEHLER: Das war im September/Oktober 1949. François-Poncet hatte sich das so vorgestellt, daß wir so ein bißchen als Angeklagte vor dem Teppich stehenbleiben zur Rechten Adenauers. Aber Adenauer hat es so eingerichtet, daß er nicht nur als Gleicher gegenüber Gleichen dastand, sondern als der Vertreter dieser nun stark gewordenen Bundesrepublik den Hohen Kommissaren gegenüber. Er verließ als – nun, man muß schon sagen, als Sieger diese Szene.
GAUS: Haben Sie also seine Souveränität bewundert?
DEHLER: Sehr. Seine Kühle, seine Unbekümmertheit und

seine Klarheit, mit der er dieser Bundesrepublik Wirksamkeit zu verschaffen suchte und verstand.

GAUS: Herr Dr. Dehler, Sie haben einmal im Bundestag gesagt, wenn in diesem Hohen Hause, eben dem westdeutschen Parlament, jemand das Recht habe, sich einen Politiker zu nennen, dann gäbe es wohl nur einen, nämlich Konrad Adenauer. Was wahrhaftig eine große Bewunderung verrät.

DEHLER: Ich glaube, es ist ein bißchen anders.

GAUS: Wie definieren Sie denn den Politiker, wenn Sie es so verstehen, wie Sie es in diesem Zitat für Adenauer verstanden haben?

DEHLER: Wir wollen Zitate in ihrer Bedeutung natürlich nicht überschätzen. Das war, ich glaube es war noch 1954, als ich das sagte.

GAUS: Ja, Sie waren bereits aus dem Kabinett raus.

DEHLER: Ich hatte es in keiner Weise als einen Grund zur Änderung meiner Haltung empfunden, daß ich damals, 1954, nicht mehr Kabinettsmitglied war. Fast möchte ich sagen, im Gegenteil, denn ich habe diese Aufgabe des Vorsitzenden der Fraktion und der Partei als höher und als bedeutsamer empfunden. Aber ich stand immer noch unter dem Eindruck der Persönlichkeit, wobei ich ein klein bißchen gutgläubig war – ich bin kein ungläubiger Thomas, ich bin an sich ein gläubiger Mann, der gerne Menschen vertraut –, unter dem Eindruck, daß die Ziele, die wir gemeinsam festgelegt hatten, auch galten, daß auch das Wort galt. Ein Glaube, der später erschüttert worden ist.

GAUS: Herr Dr. Dehler, liegt es an dieser Erschütterung, daß aus dem Bewunderer Adenauers so bald, nachdem Sie nicht wieder ins Kabinett eingerückt waren, einer der schärfsten Kritiker Adenauers wurde? Worüber geriet denn die von Ihnen dann 1954 angeführte Freie Demokratische Partei in Meinungsverschiedenheiten mit der CDU und speziell mit deren Vorsitzendem Adenauer?

DEHLER: So bald war das ja nicht, wie ich eben sagte. Ich habe zunächst durchaus auch als Parteivorsitzender und als Fraktionsvorsitzender der FDP die gemeinsame Linie durchgehalten. Die Erschütterung dann kann man ganz genau datieren.

GAUS: Datieren Sie sie.

DEHLER: Das war der Februar 1955. Das war der Streit über das Saarstatut, also über das damals zustande gekommene Abkommen zwischen der Bundesrepublik und Frankreich, die Saar von Deutschland getrennt zu halten, zu europäisieren, sie in Wirklichkeit dem politischen, dem militärischen, dem wirtschaftlichen und finanziellen Einfluß Frankreichs zu überlassen. Das stand in Widerspruch zu dem, was wir damals im Koalitionsabkommen festgelegt hatten. Es war festgelegt, daß wir niemals zustimmen, daß die deutsche Saar von Deutschland getrennt wird. Das hat mich erschüttert, daß der erste Versuch scheiterte, Deutsche wieder mit Deutschen zu vereinigen. Das war die große Erschütterung, daß das, was uns zusammengeführt hatte, das, was wir im Grundgesetz festgelegt hatten, daß die Bundesrepublik ja nur etwas Vorübergehendes sein soll – eine Zwischenstufe zur deutschen Einheit sein soll –, von mir und meinen Freunden ganz anders verstanden wurde als von Konrad Adenauer. Dazu kamen menschliche Erschütterungen. Ich darf hier einen Augenblick noch dabei verbleiben. Die Art, wie mein Freund Max Becker damals von Adenauer im Bundestag angegriffen wurde; diese verletzenden Angriffe gegen einen Mann, den ich hoch schätze, einen Mann, der wirklich sein Vaterland liebte, auch ein ausgezeichnetes Verhältnis zu Frankreich, zur französischen Kultur hatte und unseren Standpunkt vertrat; diese Vorwürfe gegen ihn, sie haben der deutschen Sache schwer geschadet. Noch schlimmere Dinge, auch in der Form verletzend, haben mich tief gekränkt. Und es gab ja dann eine harte Reaktion, meinen Versuch, mich für Max Becker einzusetzen, mich schützend vor ihn zu stellen und für die deutsche Sache zu zeugen.

GAUS: Herr Dr. Dehler, die Meinung in Westdeutschland ist allgemein, daß Ihre Vorwürfe gegen Adenauer zu den bittersten und absolut schärfsten gehören. Nach dem, was Sie eben gesagt haben, verstärkt sich bei mir der Eindruck, daß in der Tat ein Teil dieser Kritik an Adenauer zurückgeführt werden muß auf das Gefühl einer enttäuschten Liebe und Verehrung. Würden Sie das bestreiten wollen?

DEHLER: Er hat mich tief verletzt. Tief verletzt, weil der Glaube an ihn, der Glaube an seine Politik, der Glaube auch, daß das gesprochene Wort gilt und bindet, in schlimmer Weise erschüttert worden ist. Da war viel, viel Kränkung auch dabei; viel auch, wie Sie sagen, verletzte Liebe.

GAUS: Woraus erklären Sie sich Adenauers Verhalten, das Sie so scharf kritisieren?

DEHLER: Ich habe erkannt, daß sein Leitbild ein ganz anderes ist.

GAUS: Was ist sein Leitbild?

DEHLER: Ihm ist diese – ich will wirklich nicht anklagen, es ist nicht die Zeit dazu und die Ära Adenauers geht zu Ende –, ihm war diese Bundesrepublik eine Form, die er hinnahm, dieser Teil Deutschlands – am Ende doch katholisch bestimmt –, diese Bundesrepublik, eng verbunden mit einem katholischen Teil Europas, mit Frankreich, mit Italien, mit den Beneluxstaaten, das war sein Bild. Ich hab's ihm mal selbst gesagt, als 1956 die Frage der Rückkehr der FDP in die Koalition mit ihm besprochen wurde. Ich habe es so gesagt: »Ich verstehe, Herr Bundeskanzler, daß Sie sich dieses Lebensziel gesetzt haben, daß für Sie dieser Erfolg, eine gesicherte Bundesrepublik, immerhin über 50 Millionen Menschen, die im Wohlstand leben und gebunden sind an einen Teil Europas, daß das Ihr Ziel sein kann. Sie müssen verstehen, daß es nicht mein Ziel sein kann. Ich denke an das größere Deutschland.«

GAUS: Wie war Adenauers Reaktion?

DEHLER: Er hat es hingenommen, er hat nicht widersprochen.

GAUS: So wie Sie diese Dinge sehen, Herr Dr. Dehler, wissen Sie sich frei von dem Selbstvorwurf, jene Züge in Adenauers Politik, die Sie später so verdammenswert gefunden haben, nicht früh genug, nämlich als Sie noch in seinem Kabinett als Minister saßen, erkannt zu haben?

DEHLER: Die Frage ist nicht unbegründet. Ich möchte sogar noch ein bißchen weiter zurückgehen. Ich mache mir Vorwürfe, daß wir vor fünfzehn Jahren uns zu leicht, zu widerstandslos dem Verlangen der Westalliierten gebeugt haben, die Bundesrepublik zu schaffen, mit eine Teilung Deutschlands zu vertiefen. Wenn ich alles gewußt hätte, was damals in der Welt darüber an Vorstellungen vorhanden war; wenn ich nur ein Wort von Walter Lippmann zitieren darf, dann wird das klar, warum die starken Bedenken bei mir gekommen sind. Walter Lippmann hat 1948, als damals dieses Londoner Protokoll, die Grundlage für den Parlamentarischen Rat und für die Bundesrepublik, geschaffen wurde, gesagt, er hält das für ausgeschlossen, daß die Deutschen sich mit diesem Plan der Westalliierten einverstanden erklären, es sei denn, einige Separatisten am Rhein oder an der Isar. Ein Wort, das mir schmerzhaft in die Brust drang. Ich bin wahrlich nicht schuldlos an der Entwicklung, auch solange ich Kabinettsmitglied war. Nun, ich hatte ja eine große Aufgabe als Justizminister, noch nebenbei Parteivorsitzender in Bayern, ich habe die Aufgabe auch wichtig genommen. Ich bin immer in den politischen Kampf gegangen, um das Meine zu tun. Der Vorwurf, daß wir die Situation 1952/1953 nicht klar genug erkannt haben, daß das Kabinett eigentlich ohne eigene Aktivität der Haltung Adenauers zugestimmt hat, ist dennoch kaum zurückzuweisen.

GAUS: Machen Sie sich schwere Selbstvorwürfe, oder haben Sie das Bestreben, sich Selbstvorwürfe zu ersparen?

DEHLER: Nein, ich mache mir Vorwürfe, aber mit dem Willen, aus Fehlern zu lernen und meine Aktivität dadurch nicht beeinträchtigen zu lassen.
GAUS: Herr Dehler, die Liste jener Personen, Institutionen und Gruppen, die Sie in Ihrem politischen Leben sehr, sehr scharf angegriffen haben, ist sehr lang; und neben Adenauer, neben der katholischen Kirche, von der wir schon gesprochen haben, neben dem Bundesverfassungsgericht, das Sie einmal 1952 sehr scharf attackierten, sind die Sozialdemokraten, die Gewerkschaften, die Rentner und fast jeder einmal drangekommen. Sie haben sich damals den Ruf erworben, daß Sie im Kern sehr oft sehr richtige, in der Form allzuoft maßlose Angriffe führten und daß Sie ein Amokredner seien, der, wenn er auf ein Rednerpult gestiegen ist, nicht mehr weiß, was er sagt; und es wird behauptet, daß Ihre Tochter – Ihr einziges Kind – Sie einmal in einer Versammlung gesehen und gesagt habe, das ist nicht mein Vati, den Mann kenne ich nicht. Was sagen Sie zu solchen Vorwürfen?
DEHLER: Ich habe niemals Institutionen angegriffen, sondern habe immer für meine grundsätzliche Haltung und gegen politische Richtungen und Haltungen, die ich für falsch hielt, gekämpft. Der Vorwurf Amokläufer ist mir einmal von links und einmal von rechts gemacht worden, aber das nahm ich nicht ernst. Zuerst hat ihn Arndt gebraucht, mit dem ich nach meiner Meinung jetzt in beinahe freundschaftlichem Verhältnis stehe. Wenn er heute zurückdenkt, wird er bedauern, daß er es getan hat. Er versichert mir auf jeden Fall, daß er mir nähersteht, als ich meine. Nehmen wir die Gewerkschaften. Noch heute, wenn ich mit irgendwelchen Gewerkschaftlern zusammenkomme, werfen Sie mir vor, ich sei ein Gegner der Gewerkschaften, und ich hätte behauptet, sie seien zuchthausreif. Der Anlaß war konkret folgender: 1952 wurde im Bundestag das Mitbestimmungsrecht der Betriebsräte in der Montanindustrie behandelt, und die Gewerkschaften hatten

gedroht, wenn ihre Wünsche nicht erfüllt werden, würden sie in den Generalstreik eintreten. Also die Gewerkschaften wollten das Parlament unter den Druck eines Generalstreiks stellen, um ihre Forderungen durchzusetzen. Da habe ich als Bundesjustizminister, nach meiner Meinung dazu legitimiert, erklärt, das ist ein schwerer strafbarer Tatbestand. Wer das Parlament zu nötigen versucht, wird mit Zuchthausstrafe bedroht. Aber geblieben ist der Vorwurf, ich sei Gewerkschaftsfeind. In Wirklichkeit sind die Gewerkschaften ja nicht aus sozialistischem Geiste, sondern aus liberalem Geiste erwachsen. Dann bin ich mit dem Bundesverfassungsgericht in eine harte Auseinandersetzung gekommen, wobei ich nicht die Öffentlichkeit gesucht habe. Das Bundesverfassungsgericht hatte in der Krisis über die Verfassungsmäßigkeit der Verträge mit den Westmächten, als der Bundespräsident ein Gutachten erbat, einen Beschluß gefaßt, wonach ein Gutachten die Rechtsprechung der Senate binde: ein tiefer Eingriff in die Struktur des Gerichtes. Nach meiner Meinung gab es niemand anders als den Bundesjustizminister, der hier sagen konnte, das geht nicht, hier wird der Weg des Rechtes verlassen. Es war ein schwerer Konflikt. Aber habe ich da Unrecht gehabt? Dann schockierte ich oft, wenn ich auf den Mißbrauch der Renten hinwies, aus ganz konkreten Anlässen. Heute teilen alle meine Überzeugung, daß die Entwicklung, die Rentenentwicklung, höchste Gefahren für unsere wirtschaftliche Stabilität bedeutet. Also ich habe hie und da den Mut gehabt, bestimmte Fragen anzuführen, die angerührt, die besprochen werden mußten, Tabus zu durchbrechen.

GAUS: Herr Dr. Dehler, Sie verteidigen sich gegen einen Vorwurf, der nicht erhoben wurde. Ich wollte nicht mit Ihnen darüber reden, welche Ihrer Vorwürfe korrekt gewesen sind, sondern ich würde gerne wissen, ob Sie, der Sie oft ohne Manuskript sprechen, gelegentlich wenigstens den Rausch der freien Rede kennen, der Sie über die Grenzen hinausträgt in der Formulierung, nicht in der Sache. Über die Grenzen, die Sie selbst sich gesetzt haben.

DEHLER: Merkwürdig, wie manche Dinge dann in die Presse kamen, etwa mein Vorwurf gegen die Gewerkschaften. Das war in einer denkbar friedlichen Rede, es ist mir unvergeßlich, in Uelzen in Niedersachsen. Als ich hinkam, hatte der Vorsitzende mich gebeten, keine politische Rede zu halten, sondern über das Recht im Staate zu sprechen, und ich habe dann als ein Beispiel der Verletzung des Rechtes das Verhalten der Gewerkschaften erwähnt – akademisch ruhig. Es war ein UP-Vertreter da, der das aufgegriffen hat, und das erschien dann als ein Beispiel von Amoklauf. Ich bin ganz gerne temperamentvoll. Es wäre schlimm, wenn man das nicht wäre, aber daß ich im Rausch der Rede irgendwie das Maß verloren hätte! Bitte, es trete einer auf und erhärte diesen Vorwurf.

GAUS: Also nein, kein oratorischer Rausch?

DEHLER: Fast im Gegenteil. Ich habe immer das Empfinden, meine Reden sind akademisch, sind oft ein bißchen anspruchsvoll auch für die Zuhörer. Die Zuhörer erwarten einen Lautsprecher, und da kommt einer mit ganz leisen Tönen und mit grundsätzlichen Erwägungen.

GAUS: Sie haben nicht das Gefühl, daß von dem Auditorium, das vor Ihnen sitzt, ein Gefühlsüberschwang auf Sie, auf das Podium hinaufspült, der Sie mitreißt. Reißen Sie die Leute mit, wenn Sie reden, oder werden Sie von der Stimmung im Saal mitgerissen?

DEHLER: Weder noch. Natürlich rühre ich manchmal Menschen an. Es gibt Reden – in Berlin in diesen kritischen Zeiten, da waren die Menschen oft angetan; die Frauen kamen zu mir, und ich dachte, wir müssen sie wenigstens anrühren. Das sind aber Wirkungen, die ich nicht erstrebt habe. Aber daß ich die durch ein Übermaß an Leidenschaftlichkeit erzielt hätte –

GAUS: Halten Sie sich für einen leidenschaftlichen Redner?
DEHLER: Meine leidenschaftlichsten Reden waren sicher die im Bundestag. Aber auch nicht so sehr von mir aus, sondern als Reaktionen: diese Reden in die CDU/CSU hinein, die voller Widerstand war, voller Gegensätzlichkeit oft.
GAUS: Wissen Sie schon, Herr Dr. Dehler, wenn Sie aufs Podium hinaufgehen, was Sie alles sagen werden?
DEHLER: Ja, natürlich. Ich weiß doch das Thema, ich nehme mir einen ganz bestimmten Ablauf der Rede vor, ich disponiere, das ist doch selbstverständlich.
GAUS: Herr Dr. Dehler, wenn nach Ihren gelegentlich scharfen Angriffen Sie selbst angegriffen wurden, wie haben Sie dann nach Ihrer eigenen Vorstellung reagiert? Sind Sie empfindlich?
DEHLER: Ich bin empfindsam. Ich verletze ja auch andere ungern. Wenn ich das Empfinden hatte, jemand Unrecht getan zu haben, so ist mir das nahegegangen. Ich glaube, ich habe immer versucht, das auszugleichen. Wenn wirklich mal im Kampfe Härten kamen – zum Beispiel in meiner Auseinandersetzung mit Dr. Arndt gab es Härten, die ich bedaure, wenn ich zurückblicke, aber ich habe das auch ausgeglichen, sehr bewußt. Es gab Prozesse und es gab Auseinandersetzungen, aber ich bin empfindlich eigentlich nicht so sehr meinetwegen, sondern der Sache wegen, die ich vertrete. Weil ich das Gefühl habe, wenn ich einen ungerechtfertigten Vorwurf auf mir sitzenlasse, so schade ich meiner Sache. Das darf ich nicht hinnehmen.
GAUS: Herr Dr. Dehler, haben Sie sich von Ihrer eigenen Partei manchmal im Stich gelassen und verraten gefühlt? Von Ihren eigenen Freunden?
DEHLER: Man spricht nicht gern davon. Natürlich, ich habe es oft meinen Freunden schwer gemacht, ich bin vorgestoßen. Taktik ist nicht meine Sache. Ich habe eigentlich selten versucht, taktisch zu handeln. Ich habe immer das Gefühl

gehabt – das ist auch eine Erfahrung der Weimarer Zeit –, daß es viel mehr darauf ankommt, daß bestimmte Menschen das, was sie für richtig halten, hart und unerbittlich sagen.

GAUS: Herr Dr. Dehler, heute angeschaut, 14 Jahre zurückgeblickt, haben Sie erreicht, was Sie erreichen wollten, oder fühlen Sie sich manchmal gescheitert?

DEHLER: Ich habe manches erreicht. Meine tiefe Überzeugung: Was ich als Vorsitzender meiner Partei und als Fraktionsvorsitzender meiner Partei 1955 in der Saar erreicht habe, ist ein Stück deutscher Geschichte. Ich will mich nicht rühmen. Meine tiefe Überzeugung: Ohne mich wäre die Entwicklung nicht so gegangen, wäre die Abstimmung anders verlaufen.

GAUS: Und das Gefühl, da und dort gescheitert zu sein?

DEHLER: Ein Politiker, der zurückblickt, kann diese Frage beantworten. Ich bin noch unglaublich jung, ich habe doch noch alles vor mir.

GAUS: Das bringt mich zu meiner letzten Frage. Herr Dr. Dehler, erwarten Sie sich unter dem neuen Bundeskanzler Erhard größere Möglichkeiten für sich und Ihre politischen Überzeugungen, als Sie sie unter dem Bundeskanzler Adenauer gehabt haben?

DEHLER: Ich bin zuversichtlich. Ludwig Erhard hat den großen Vorzug, ein Franke zu sein wie ich, und das ist schon wirklich ein Positivum: Man ist dann vom Grunde her ein liberaler Mann. In den wesentlichen wirtschafts- und gesellschaftspolitischen Überzeugungen sind wir eines Sinnes, und ich sehe durchaus die Möglichkeit der Zusammenarbeit. Ich glaube auch, daß er in der Methode anders ist als der alte Kanzler. Ich will keine Vorwürfe erheben. Er wird weniger taktieren, ihm wird es vielmehr auf grundsätzliche Entscheidungen ankommen. Ich nehme auch an, daß er in den außenpolitischen Dingen – ich habe Anlaß zu dieser Annahme auf Grund eines Gespräches, das ich nach meiner Sowjetreise mit ihm hatte –, daß er hier versuchen wird, aus der Erstarrung der letzten Jahre herauszukommen, daß er keine Möglichkeit, hier zu lockern, auslassen wird. Ich erwarte von ihm und von unserer Zusammenarbeit mit ihm Gutes für unser Volk.

Ludwig Erhard

»...Ich bin als Wachtmeister entlassen worden. Ich sage immer, das war vielleicht die einzige Phase meines Lebens, in der ich keinen besonderen Ehrgeiz entwickelt habe. Ich war gern Soldat, das muß ich dabei zugeben. Ich habe auch die Pflichten treu und redlich erfüllt, war ja auch zum Schluß dann schwer verwundet. Aber hier kommt etwas von meinem Naturell durch: Wenn ich an diese Zeit zurückdenke, dann kommen mir weniger die Grauen zum Bewußtsein, die ich im Krieg auch erlebt habe – selbstverständlich haften auch sie –, sondern deutlicher sind für mich die heiteren Erlebnisse der Soldatenzeit...«

LUDWIG ERHARD, geboren am 4. Februar 1897 in Fürth, gestorben am 5. Mai 1977 in Bonn.
Kaufmannslehre, Wehrdienst 1916–18. Studium der Volkswirtschaft an der Handelshochschule Nürnberg, Promotion an der Universität Frankfurt. In der Zeit des Nationalsozialismus, von dem er sich entschieden distanzierte, wissenschaftliche Arbeit im Institut für Wirtschaftsbeobachtung in Nürnberg. 1945 Wirtschaftsberater der amerikanischen Besatzungsmacht in Franken und bayerischer Staatsminister für Handel und Gewerbe. 1948 als Direktor des Frankfurter Wirtschaftsrates Initiator der »Sozialen Marktwirtschaft«. 1949 Beitritt zur CDU und Wahl in den Bundestag; 1949 bis 1963 Bundeswirtschaftsminister, ab 1957 auch Vizekanzler. 1963 als Nachfolger Adenauers zum Bundeskanzler gewählt, 1965 wiedergewählt, 1966 durch Kiesinger abgelöst. 1966–67 auch Vorsitzender der CDU.

Gespräch mit Professor Dr. Ludwig Erhard, dem Vizekanzler und Bundeswirtschaftsminister, gesendet (kurz vor seiner Nominierung zum Nachfolger Dr. Adenauers als Bundeskanzler) am 10. April 1963.

Das deutsche Volk vor Schaden zu bewahren

GAUS: Sie haben es weit gebracht, Herr Minister, und manche Ehrung erfahren. Gibt es eine Auszeichnung, die Sie besonders freut?

ERHARD: Ich habe manche Auszeichnung, manche Ehrung erfahren, und hier gilt wohl auch das Gesetz vom abnehmenden Nutzen. Es gibt da kein Ereignis, das in mir haftengeblieben ist. Aber trotzdem bin ich für Ehrung und Anerkennung sicher nicht unempfindlich. Ich möchte sagen – und ich hoffe, daß das nicht als eine Anbiederung aufgefaßt wird –, die größte Ehre ist es für mich, daß meine Person und meine Arbeit vom deutschen Volk anerkannt wird.

GAUS: Ihren Aufstieg, Herr Minister, haben Ihre Eltern den noch miterlebt?

ERHARD: Nein, meine Eltern hatten wohl noch gesehen, daß ich auf der richtigen Bahn war, aber wenn Sie mit Aufstieg etwa die politische Karriere meinen, dann nicht mehr.

GAUS: Sie sind aus einem kleinbürgerlichen Elternhaus hervorgegangen?

ERHARD: Gutbürgerlichen Elternhaus, ja.

GAUS: Ihr Vater war Textileinzelhändler.

ERHARD: Er war Einzelhändler, ja.

GAUS: In Fürth –

ERHARD: – in Bayern, ja.

GAUS: Sie haben Geschwister gehabt?

ERHARD: Ich hatte vier Geschwister. Der älteste Bruder ist im Kriege gefallen, im Ersten Weltkrieg, der zweite Bruder ist gestorben, und jetzt habe ich nur noch eine Schwester.
GAUS: Was ist aus ihr geworden?
ERHARD: Die ist verheiratet, auch mit einem Mann, der in der Wirtschaft tätig ist.
GAUS: Wie war der Lebenszuschnitt in Ihrem Elternhaus? Sie sind vor dem Ersten Weltkrieg – 1897 geboren – groß geworden. Wohnten Sie in einem eigenen Haus?
ERHARD: Ja, im Geschäftshaus sozusagen.
GAUS: Und Ihre Mutter hat im Geschäft mitgearbeitet?
ERHARD: Sie hat viel mitgearbeitet, denn meine Mutter kam aus handwerklichen Kreisen, und mein Vater, der ist als Bauernbub vom Lande in die Stadt gekommen.
GAUS: Haben Sie eine besonders enge Erinnerung an die Eltern, sei es den Vater, sei es die Mutter?
ERHARD: Ja, ich habe die Erinnerung an gütige Menschen, die uns Kindern ein schönes Heim gegeben haben und auch Behaglichkeit und Sicherheit.
GAUS: Sie sind zur Realschule gegangen –
ERHARD: – ja –
GAUS: – und Sie haben die Schule bis wann besucht?
ERHARD: Bis zur sechsten Klasse, denn es schien ja vorgegeben zu sein, daß ich einmal Kaufmann werde. So war es bestimmt von meinen Eltern, mein Vater dachte nicht über diesen Kreis hinaus, und ich selber nahm es mehr oder minder als gottgewollt hin, daß das mein Schicksal sei. Und ich habe es nicht als ein tragisches Schicksal seinerzeit empfunden.
GAUS: Sie sind nach dem Einjährigen von der Schule abgegangen in eine kaufmännische Lehre –
ERHARD: – eine kaufmännische Lehre auch in einem Textileinzelfachgeschäft in Nürnberg, bis ich dann zum Krieg eingerückt bin.
GAUS: Ihr Vater hat also offensichtlich von dem Satz »Mein

Sohn soll etwas Besseres werden«, worunter die meisten verstehen »etwas anderes«, wenig gehalten?

ERHARD: Nein, davon war mein Vater frei, und das war um so mehr der Fall, als ja mein ältester Bruder gleich Anfang des Krieges gefallen ist und dann um so sicherer mir diese Laufbahn vorgezeichnet war.

GAUS: Sie haben während Ihrer Lehrlingszeit nicht das Gefühl gehabt, andere Jugendliche, die Sie vielleicht aus der Nachbarschaft kannten und die weiter zur Schule gingen, seien bevorzugt?

ERHARD: Um Gottes willen, nein, ich hatte keine Komplexe, und mir schien es auch kein unwürdiges Dasein zu sein.

GAUS: Ihr Vater, Herr Minister: Sie haben einmal von ihm gesagt, daß er sowohl kaiser- und königstreu gewesen sei, als auch für die politischen Rechte des Bürgertums sich erwärmt habe. Was bedeutet das? War er zufrieden mit dem Platz, auf den er gestellt war, oder hat er manchmal Augenblicke gehabt, wo er sich und seinesgleichen für zu kurz gekommen hielt?

ERHARD: Nein, gar nicht, denn mein Vater hat ja von nichts aus begonnen und hat es aus seiner Sicht sicher weit gebracht. Kaiser- und königstreu ist vielleicht auch nicht ganz der richtige Begriff, er war eigentlich mehr obrigkeitstreu; aber doch nicht in dem sklavischen Sinne, sondern er gehörte der Freisinnigen Partei an, er war ein Mann Eugen Richters, und mit diesem Geist sind wir auch schon von der Jugend auf getränkt worden.

GAUS: Sie haben also durchaus die Erinnerung, daß Sie bereits in Ihrem Elternhaus Kontakt zu politischen Vorstellungen gewonnen haben?

ERHARD: Zu freiheitlichen Vorstellungen der Politik.

GAUS: Gab es Meinungsverschiedenheiten über die Politik zwischen Ihren Eltern?

ERHARD: Nein. Das war immer eine Harmonie, nicht auf

Grund einer Anbetung, eines Gehorsams, sondern aus dem natürlichen Zusammenleben heraus geboren, auch aus dem Respekt.

GAUS: Gab es irgendwelche Liebhabereien, die sich Ihre Eltern leisteten – oder nicht leisten konnten, aber gern geleistet hätten?

ERHARD: Geleistet haben sie sich jedenfalls nichts. Das konnten sie nicht, auch aus Zeitgründen. Das war ja seinerzeit ganz anders, da begann der Tag früh um 8 Uhr und endete auch um 8 Uhr oder um 9 Uhr.

GAUS: So war auch Ihr Tag als Lehrling?

ERHARD: So war auch mein Tag als Lehrling.

GAUS: Haben Sie damals noch Zeit gehabt für andere Dinge, für Lektüre, für Sport?

ERHARD: Ja, doch, aber natürlich in Maßen. Es ist jedenfalls nicht zu vergleichen mit heutigen Möglichkeiten.

GAUS: Sie sind aber nicht der Meinung, daß es den jungen Leuten heute guttäte, wenn sie eine ähnliche strenge Zucht erfahren würden?

ERHARD: Nein. Ich meine, es ist völlig falsch gesehen, wenn man sein Erleben aus der Jugend und die Umwelt und Bedingungen jener Zeit glaubt in die Gegenwart verpflanzen zu können oder verpflanzen zu sollen. Nein, ich sehe im heutigen Geschehen doch einen Fortschritt gegenüber früher.

GAUS: Die Umweltbedingungen: Heute ist Ihre Geburtsstadt Fürth eine Industriestadt, war sie das damals schon? Hatten Sie eine eigene Vorstellung aus dem täglichen Leben über das Los der Industriearbeiter?

ERHARD: Ja, das hatte ich wohl. Denn auch im elterlichen Geschäft konnte ich beobachten, wie die Menschen gekauft haben und wie sie mit dem Pfennig rechnen mußten. Insofern hat diese Umgebung auch mir den Blick geöffnet für die sozialen gesellschaftlichen Probleme, wenn auch vielleicht noch nicht das Verständnis geweckt.

GAUS: Die Erinnerung an eine besonders beeindruckende Lektüre ist Ihnen nicht geblieben? Gab es ein Buch, von dem Sie sich sehr angesprochen fühlten?

ERHARD: Es ist mir nicht erinnerlich. Seinerzeit hatte man die Klassiker gelesen. Das gehörte so zum Fach, möchte ich sagen. Aber darüber hinaus hat mich eigentlich seinerzeit noch wenig bewegt, bis zu dem Zeitraum, als ich das Studium begann.

GAUS: Vorher sind Sie Soldat gewesen?

ERHARD: Vorher war ich noch Soldat.

GAUS: Wie man so sagt: Wo haben Sie gestanden?

ERHARD: Ich war beim 22. bayerischen Feldartillerieregiment.

GAUS: Und wie weit haben Sie es gebracht, Herr Minister?

ERHARD: Ich bin als Wachtmeister entlassen worden. Ich sage immer, das war vielleicht die einzige Phase meines Lebens, in der ich keinen besonderen Ehrgeiz entwickelt habe. Ich war gern Soldat, das muß ich dabei zugeben. Ich habe auch die Pflichten treu und redlich erfüllt, war ja auch zum Schluß dann schwer verwundet. Aber hier kommt etwas von meinem Naturell durch: Wenn ich an diese Zeit zurückdenke, dann kommen mir weniger die Grauen zum Bewußtsein, die ich im Krieg auch erlebt habe – selbstverständlich haften auch sie –, sondern deutlicher sind für mich die heiteren Erlebnisse der Soldatenzeit.

GAUS: Gibt es eine spezielle Erinnerung?

ERHARD: O ja, da gibt es so viele, daß ihr Stoff einen ganzen Abend füllen würde.

GAUS: Warum haben Sie sich nach dem Krieg entschlossen zu studieren?

ERHARD: Zuerst war das eigentlich ein durch meine Verwundung herbeigeführter Zufall, vielleicht auch eine Notwendigkeit. Ich konnte mich kaum bewegen, ich war sehr schwer verwundet und wollte doch nicht völlig untätig sein, und der

Geist war ja immerhin rege. Da hatte mein Vater Verständnis dafür, daß man diese Zeit nutzen sollte. Soeben im Jahre 1919 wurde in Nürnberg die Wirtschaftshochschule für Sozialwirtschaft und Sozialwissenschaften eröffnet. Da ging ich hin, zuerst als Hörer, und wollte mal sehen, was man da eben noch dazulernen kann. Es war eine ganze Menge, wie ich dann erfahren habe. Ich fühlte mich unmittelbar angesprochen und hatte sehr schnell den Eindruck, daß das eigentlich das ist, wohin mein Leben gehört.

GAUS: Sie hatten keinen Zweifel an der Studienrichtung. Es war Volkswirtschaft von Anfang an?

ERHARD: Die Auswahl war zunächst einmal natürlich vorgegeben durch meinen vermeintlichen späteren Beruf. Aber mein Studium hat sich dann auch sehr gewandelt. Ich begann mit Betriebswirtschaftslehre ohne echte innere Beziehung, bin dann zur Volkswirtschaftslehre übergegangen, dann mehr zur Soziologie und bin schließlich auch bei der Philosophie gelandet, wenigstens in der Neigung, wenn auch nicht im Examen.

GAUS: Ihr Examen haben Sie in Volkswirtschaft an der Universität Frankfurt gemacht?

ERHARD: Ja, ich habe das kaufmännische Diplom erworben in Nürnberg, aber den Doktor bei Professor Franz Oppenheimer in Frankfurt.

GAUS: Haben Sie sich während Ihres Studiums einer politischen Studentengruppe angeschlossen?

ERHARD: Nein, ich gehöre nicht zu den Vereinsmeiern, obwohl ich ganz bestimmt nichts dagegen sagen möchte. Aber ich war doch sehr individualistisch im Studium, und ich war vor allem so mit mir selbst beschäftigt, mit dieser ganzen inneren Umkrempelung, die ich zu vollziehen hatte, daß die äußere Form der Einordnung in diese mehr kollektiven Gruppen mir nichts bedeutet hat.

GAUS: Empfinden Sie es nicht rückblickend als außergewöhnlich, daß Sie sich in dieser Zeit, in der Weimarer Republik, in der so viele Kriegsheimkehrer von politischen Ideen umgetrieben wurden, daß Sie in dieser Zeit keinen politischen Anschluß gesucht haben?

ERHARD: Nein. Es war nicht etwa so, daß ich unpolitisch gewesen wäre. Ich nahm schon Anteil an dem Geschehen. Mir sind die politischen Gestalten dieser Zeit durchaus bewußt und lebendig. Ich habe auch ein sicheres Urteil über sie gewonnen. Aber gleichzeitig war ich auch enttäuscht. Denn als ich den Sprung aus dieser obrigkeitlichen Ordnung in die Republik hinein vollziehen mußte, war ich natürlich auch erfüllt von dem Gedanken, daß etwas Neues kommen müßte, das dem Leben des Volkes einen neuen Inhalt, eine neue Ausrichtung geben könnte und daß nicht nur die alten Mittel und Methoden mit etwas mehr sozialem Salz vielleicht dann wieder aufkommen könnten.

GAUS: Sie waren als Wirtschaftswissenschaftler enttäuscht von der Weimarer Republik?

ERHARD: Nicht nur als Wirtschaftswissenschaftler. Nein, ich war zutiefst davon überzeugt, daß die Republik die würdigste Staatsform ist. Nur wollte ich dieser Republik gerne, ohne seinerzeit mir schon dessen bewußt zu sein, einen etwas glaubhafteren, einen überzeugenderen Ausdruck gegeben haben.

GAUS: Was empfanden Sie als so hausbacken-antiquiert an der Gesellschaftspolitik der Weimarer Republik?

ERHARD: Es ist eigentlich kein neuer Gedanke gegenüber früher aufgekommen. Man hat sie nur etwas umgekrempelt, und man hat dann in den verschiedenen Koalitionen einmal mehr und einmal weniger von dem oder jenem Gedanken dazugegeben. Aber etwas grundsätzlich Neues, gesellschaftspolitisch, wurde in der Weimarer Zeit eigentlich nicht geboren.

GAUS: Was haben Sie seinerzeit gewählt?

ERHARD: Demokratische Partei.

GAUS: Ein Lehrer, den Sie gehabt haben, Professor Vershofen, hat zu Ihrem 60. Geburtstag, also viele Jahre später, gesagt, er habe schon damals den Eindruck gehabt, daß Sie, Herr Minister, durchaus auch ein Wissenschaftler seien, aber eigentlich für die Politik geboren. Wie ist er zu dieser Auffassung gelangt?

ERHARD: Ich lernte Vershofen kennen, da zeichnete sich schon das Dritte Reich ab. Noch nicht in seiner ganzen Tragik, aber die Kräfte, die bewegenden Elemente, die Personen waren ja bekannt. Und ich hielt seinerzeit schon die Entwicklung für äußerst bedenklich und gefährlich und habe auch aus meinem Herzen keine Mördergrube gemacht. Ich habe seinerzeit im »Tagebuch« geschrieben und mich schon darin politisch betätigt. Aber vor allen Dingen haben wir in dem engeren Freundeskreis im Institut, um Vershofen herum, sehr viel Politik getrieben und unsere Meinungen ausgetauscht.

GAUS: Aber es hat Sie damals doch nicht gedrängt, in der aktiven Politik zu wirken?

ERHARD: Nein. Dazu war ich auch innerlich noch nicht weit genug. Ich hatte noch nicht Standort gefunden im bürgerlichen Leben, um die Überzeugung hegen zu können, auch schon nach außen fruchtbar und überzeugend wirken zu können.

GAUS: Sie haben diese Zeit, also die zwanziger Jahre und die allerersten dreißiger Jahre, einmal rückblickend als die persönlich befriedigendste und erfüllteste Ihres Lebens bezeichnet. Woran lag das?

ERHARD: Das lag daran, daß ich noch nicht mit Pflichten so überbürdet war und auch noch Zeit und Muße hatte, in dem unmittelbar persönlichen Lebensbereich einen Ausgleich zu finden. Da waren die Maße harmonisch einander zugeordnet. In der Politik wird bekanntlich diese Harmonie gesprengt, nicht aus innerer Neigung, sondern aus praktischer Notwendigkeit.

GAUS: Gab es Ihnen diese Befriedigung und, in der Erinnerung, dieses Glücksgefühl, daß seinerzeit das Private und Wissenschaftliche vor dem Politischen rangierte?

ERHARD: Nein, so möchte ich es gar nicht sagen. Es war einmal das Befriedigtsein über das eigene Können, über die Bewährung, die ich als Mann abzulegen hatte, und gleichzeitig auch die Erfüllung im Heim und in der Familie, im Freundeskreis, mit einem wachen Blick für die Politik.

GAUS: Als nun Hitler zur Macht kam, was hat Sie davor bewahrt, der Versuchung zu erliegen, mit Hilfe eines Anschlusses an die NSDAP etwa Ihre wissenschaftliche Karriere zu fördern?

ERHARD: Es gab für mich nicht eine Sekunde eine Überlegung, ob ich einen Kompromiß schließen könnte, etwa um einer wissenschaftlichen Karriere willen. Ich wollte mich habilitieren und wollte Hochschullehrer werden, aber dazu hätte ich zum NS-Dozentenbund gehen müssen. Das ist mir überhaupt nicht in den Sinn gekommen. Ich habe seinerzeit keine Kompromisse geschlossen, keine Kompromisse, die ich nicht vor meinem Gewissen und vor meiner Ehre hätte verantworten können.

GAUS: In welcher Position haben Sie diese Zeit überdauert, Herr Minister?

ERHARD: Ich war Ende 1928 als Assistent bei dem Institut für Wirtschaftsbeobachtung eingetreten. Das war ein ganz kleiner Kreis, in dem wir so gebastelt haben. Es ist dann ein sehr großes Institut geworden, ich glaube, nicht zuletzt durch meine Arbeit. Denn mir kam es seinerzeit schon darauf an, praktische Erfahrung mit wissenschaftlicher Kenntnis zu verbinden, beides zu versöhnen. Im Grunde genommen ist das auch heute noch mein Bemühen, wenn auch auf einer anderen Ebene.

GAUS: Dieses Institut war in Nürnberg?

ERHARD: Das Institut war in Nürnberg, ja.

GAUS: Und erlebten Sie das Kriegsende in Nürnberg?

ERHARD: In Nürnberg schon, aber nicht beim Institut, denn dort mußte ich im Jahre 42 ausscheiden, nachdem ich mich schließlich auch noch geweigert habe, der Deutschen Arbeitsfront beizutreten. Ich war konsequent in meiner Haltung.

GAUS: Als der Krieg zu Ende war, sind eines Tages die Amerikaner zu Ihnen gekommen und haben gesagt: »Herr Erhard, kommen Sie mit, Sie sollen Wirtschaftsberater werden in Bayern.« Was ist das für ein Gefühl, wenn man plötzlich vor der Haustür einen Besatzungsoffizier stehen sieht, der einen ins öffentliche Leben entführt?

ERHARD: Ich hatte natürlich keine Angst. Ich wußte, mir kann nichts passieren durch die Besetzung seitens der Amerikaner. Nach meinem Abschied vom Institut im Jahre 1942 hatte ich Zeit und Muße und auch die Mittel, um in einem kleineren Kreis meinen Studien nachzugehen. Ich habe seinerzeit in einem dicken Manuskript in Zusammenarbeit mit Goerdeler die Gedanken für eine Politik niedergelegt, die notwendig ist, um auf wirtschaftlichem und finanziellem Gebiet das Elend zu überwinden und wieder einen neuen fruchtbaren Beginn zu wagen. Hier habe ich auch zum erstenmal den Begriff Lastenausgleich verwendet. So, wie dann die Währungsreform gekommen ist und wie der Lastenausgleich angelegt war, sind eigentlich die Grundgedanken von mir verwirklicht worden. Durch welchen Zufall die Amerikaner in den Besitz dieses Manuskripts gekommen sind, weiß ich nicht. Aber sie kannten es jedenfalls. Dadurch war ich sozusagen der Mann ihres Vertrauens. Ich habe seit dieser Zeit immer gerade mit amerikanischen Politikern ein besonders herzliches und gutes Verhältnis gehabt, bis auf den heutigen Tag.

GAUS: Sie haben Goerdeler genannt, den ehemaligen Oberbürgermeister von Leipzig. Wie kommt es, daß Sie, wenn Sie in Berührung mit ihm waren, nicht in den Kreis der Verhafteten nach dem 20. Juli gekommen sind?

ERHARD: Das frage ich mich auch. Denn ich bin mit Goerdeler oft zusammengekommen, wir haben auch Briefe gewechselt, wir haben uns in Berlin getroffen. Als Goerdeler verhaftet wurde, war ich durchaus gefaßt, auch mitgefangen zu werden. Ich weiß nicht, welchem Zufall ich es zu verdanken habe, daß ich heil über diese Zeit hinweggekommen bin.

GAUS: Als der Krieg zu Ende war, waren Sie 48 Jahre alt und hatten bis dahin doch ein Leben in der wissenschaftlichen und in der privaten Provinz geführt. Was war der Grund, daß Sie sich jetzt bereitfanden, den Schritt ins öffentliche Leben zu tun?

ERHARD: Ich war um diese Zeit zu jener Reife gelangt, die es mich wohl auch als Verpflichtung ansehen ließ, öffentlich tätig zu sein – von dem Zufall, daß ich eine amerikanische Entdeckung bin, ganz abgesehen. Ich war mir bewußt, jetzt muß wirklich etwas Neues entstehen, jetzt kann's nicht wieder so gehen wie nach dem Ersten Weltkrieg, daß man genau dort beginnt, wo wir geendet haben, sondern es muß etwas Neues kommen, es müssen neue Ideen das gesellschaftliche und politische Leben befruchten. Also, ich war alt genug, und ich war doch auch noch jung genug und fühlte mich jung genug, um das Neue mitzugestalten, und diese Hoffnung hat sich dann auch erfüllt.

GAUS: Sie sind dann Wirtschaftsminister in Bayern gewesen bis Herbst 1947. Als Sie diesen Posten aufgaben, hat man in Bayern ein bißchen über Sie gespottet, Herr Minister. Man hat Ihnen zwei Dinge nachgesagt; erstens: Sie seien ein Desorganisator und nicht so recht in der Lage, ein Ministerium, ein großes Amt, eine Behörde bürokratisch zu führen; und zweitens: Sie hätten gesagt, Bayern sei für Ihren Betätigungsdrang viel zu klein. Was ist daran richtig?

ERHARD: An beidem ist etwas Wahrheit. Verwaltungsmäßige Arbeit gehört nicht gerade zu meinen ausgesprochenen

Leidenschaften, aber dazu hat ein Minister ja seine Beamten. Im übrigen lernt man auch das kennen, es ist keine Geheimwissenschaft. Die zweite Behauptung ist richtig. Ich habe schon in einer Neujahrsansprache 1945/46 gesagt, daß mir Bayern nur als eine Verwaltungseinheit wirtschaftlicher Art überhaupt denkbar erscheint, ja, daß ich mir sogar unter einer deutschen Wirtschaft im Zeichen der kommenden Entwicklung nichts Endgültiges und nichts Absolutes vorstellen kann und daß es notwendig ist, daß sich Deutschland friedlich in eine weitere Welt einordnet und einbettet.

GAUS: Sie haben damit also sehr früh begonnen, und ich möchte wissen, ob sich dahinter ein missionarischer Eifer verbirgt. Sehen Sie sich als mehr denn nur als einen Wirtschaftsminister herkömmlicher Art, glauben Sie, daß Sie der Entwickler oder mindestens der erste Verwirklicher einer neuen Gesellschaftslehre sind?

ERHARD: Wenn ich vom missionarischen Eifer sprechen würde, würde das vielleicht etwas hochmütig klingen. Aber Sie haben doch im Grunde genommen recht. Ich habe mich nie nur allein als Wirtschaftsminister gefühlt, sondern ich sah in der Wirtschafts- und Gesellschaftspolitik und Sozialpolitik einen Schlüssel zu einer Neuordnung unseres politischen Lebens überhaupt. Insofern war meine Vorstellung von einer sozialen Marktwirtschaft nicht eng wirtschaftlich begrenzt, sondern von viel weitergehenden Vorstellungen getragen.

Und auch das hat sich ja als richtig erwiesen. Bei den ersten Begegnungen, die wir auf internationalem Feld hatten, war man sich eigentlich noch wenig klar, in welchen Formen die Entwicklung international weitergehen würde. Man glaubte, daß die sozialistischen Denkkategorien, die sich ja in der Zwischenzeit auch gewandelt haben, die einzige Möglichkeit bieten würden, um die verworrenen Zustände wieder zu ordnen. Ich glaube, ich habe doch einiges dazu beigetragen, daß heute nicht nur eine weitgehende Übereinstimmung auf internationalem Feld besteht, sondern daß auch der Gehalt des Sozialismus sich inzwischen wesentlich geändert hat.

GAUS: Sie führen diese Änderung, beispielsweise der Vorstellungen der Sozialdemokratischen Partei, auf den Einfluß der Sozialen Marktwirtschaft zurück?

ERHARD: Ich glaube, das wird niemand bestreiten. Auch die Sozialdemokratie wird das nicht bestreiten.

GAUS: Herr Minister, was ist an einer politischen Karriere vom Zufall und Glück und was vom Talent abhängig? Und welches Talent ist das wichtigste für einen Politiker?

ERHARD: Für einen richtigen Politiker, so wie ich ihn erkenne, ist die Gesinnung das Maßgebende: die Redlichkeit und die Wahrhaftigkeit, mit der er seine Arbeit anpackt und mit der er auch dem Volke begegnet. Ich weiß, daß diese Kriterien nicht allgemein anerkannt werden, daß viele glauben, der Politiker müßte mit Taktiken und Praktiken arbeiten und müßte in allen Schichten bewandert sein. Das ist nicht mein Stil, ich sage es ganz offen, und ich glaube, wir werden auch in der Zukunft damit nicht mehr zurechtkommen. Jedenfalls ich werde es nicht tun, und wenn ich weiter wirke, dann wird sich vor allen Dingen dieser Stil wandeln.

GAUS: Sie haben schon oft gesagt, man müsse sich an Ihren Stil gewöhnen. Wie sieht dieser Stil aus, den der Minister Erhard als politischen Stil bevorzugt?

ERHARD: Was ich geschworen habe, das etwa schwebt mir vor als politischer Stil: Gerechtigkeit zu üben gegen jedermann und das deutsche Volk vor Schaden zu bewahren.

GAUS: Zurück zu Ihrer Laufbahn. Sie waren Leiter der Sonderstelle »Geld und Kredit« beim Frankfurter Wirtschaftsrat und haben an der Währungsreform mitgearbeitet. Wie groß war der Anteil der deutschen Beamten an der Währungsreform, und wieviel haben die Amerikaner schließlich doch allein entschieden?

ERHARD: Das ist natürlich nicht in Prozenten zu messen.

Aber es bestand eine sehr enge Verbindung zwischen den Sachverständigen der Alliierten, insbesondere dem amerikanischen Vertreter, und der Sonderstelle »Geld und Kredit« und vor allem wieder mit mir. Ich stimmte völlig damit überein, daß die Währungsreform mit dem Spuk der Vergangenheit aufräumen müßte, daß also eine sogenannte harte Währungsreform die sozial wohltätigste ist und daß erst aufgrund einer solchen Währungsreform dann auch die nicht minder wichtigen wirtschaftspolitischen Reformen durchgeführt werden konnten.

GAUS: Sie sehen keine Ungerechtigkeit in der unterschiedlichen Behandlung von Bargeldersparnissen und Sachwerten, wie Aktien zum Beispiel?

ERHARD: Doch, zweifellos. Aber ich hatte schon im Jahre 42 das Problem des Lastenausgleichs angesprochen. Der Ausgleich war unbedingt notwendig, womit ich nicht sagen möchte, daß nun mit diesem Lastenausgleich, wie er praktiziert worden ist, alle Ungerechtigkeiten auf der Welt beseitigt sind. Das wird es niemals geben.

GAUS: Ihre Soziale Marktwirtschaft, Herr Minister, soll nach Ihren Worten den alten Konjunkturzyklus von Aufschwung, Hochkonjunktur, Niedergang und Krise durchbrochen haben. Halten Sie diese Behauptung noch aufrecht?

ERHARD: Das ist nicht der letzte Inhalt der Sozialen Marktwirtschaft. Aber ich sah es immerhin als eine wichtige Erscheinung an. Bis dahin war man der Meinung, daß man die Konjunkturen nach oben und nach unten ausschwingen lassen müßte, daß weder der Staat noch irgendein anderer das Recht haben sollte, in diesen gesetzmäßigen Ablauf einzugreifen. Aber auch das gehört zu der Erkenntnis, daß in der modernen Zeit mit ihrem politischen und sozialen Gehalt die Menschen nicht mehr willens sind, sich diesem Spiel hinzugeben und dem Treiben tatenlos zuzusehen. Und so mußte die Wirtschaftsordnung gefunden werden, die nach Möglichkeit stetig aufwärts gerichtet ist, aber vor allen Dingen gefährliche und krisenhafte Einbrüche vermeidet. Bei einer unglücklichen Entwicklung, wenn die Menschen nun wirklich gar nicht hören wollen und immer das Falsche tun, würden wohl Folgen auftreten, die dann etwa wieder zu Arbeitslosigkeit führen. Das würden wir nicht durchstehen können, das würde niemand durchstehen. Aber das Merkwürdige ist eben, wenn es gutgeht, dann will niemand etwas vom Staat wissen. Ich nehme da die Unternehmer und die Arbeitnehmer durchaus zusammen. Aber wenn es schlechtgeht, dann kann man überzeugt sein, daß alle nach dem Staat rufen.

GAUS: Was würde geschehen, wenn wir eine größere Arbeitslosigkeit bekämen?

ERHARD: Ich glaube, das ist auch überwunden, und zwar deshalb, weil wir nicht mehr darauf angewiesen sind, im nationalen Raum Spannungen und Störungen dieser Art auszugleichen; die Welt ist schon zu integriert, ist zu sehr miteinander verflochten, als daß irgendein Land für sich sein eigenes Schicksal gestalten könnte. Der weitere Raum schafft sehr viel bessere Möglichkeit, um gefährlichen Entwicklungen rechtzeitig entgegenzuwirken und Störungen auf sehr viel breiterer Grundlage von vornherein zum Ausgleich zu bringen.

GAUS: Unter welchen Bedingungen glauben Sie, gleichzeitig Vollbeschäftigung, Mengenkonjunktur und stabilen Geldwert garantieren zu können?

ERHARD: Garantieren zu können ist ein kühnes Wort, aber ich habe es ja oft deutlich ausgesprochen: Es wird nicht gehen, ohne daß die Menschen eben Vernunft annehmen, oder – ich will es duldsamer sagen – ohne daß sie bereit sind, sich innerhalb der Maße zu bewegen, die nun einmal durch die Realitäten des Lebens gesetzt sind. Der Streit um den Anteil am Sozialprodukt ist müßig. Das war ja auch einer der tragenden Gedanken 1948, daß ich gesagt habe: Wenn wir uns darüber zerstreiten, wie von diesem auf ein Minimum zusammengesunkenen Sozialprodukt jeder einen gerechten Anteil erhalten soll, dann verkommen wir in Armut und in Not. Es gibt nur ein fruchtbares Mittel, sich daraus zu erlösen: zu arbeiten, produktiv zu arbeiten und aus dem größeren Kuchen dann auch für alle größere Rationen verteilen zu können. Nicht in der Zuteilung, sondern im Wettbewerb und im freien Markt.

GAUS: Sie haben sich erst Mitte 1949 vor der Wahl zum ersten Bundestag zur CDU bekannt. Das war Ihr erster Parteieintritt überhaupt. Warum haben Sie sich für die CDU entschieden?

ERHARD: Weil es galt, eine liberale, freiheitliche Politik, wie sie mir vorschwebte, in der Praxis zu verwirklichen. Dazu gehörte nicht, daß ich noch einmal eine liberale Partei stärke, sondern es gehörte dazu, daß ich die große Volkspartei, die CDU, für mich, für meinen Gedanken gewinne und dann auch darauf festlege.

GAUS: Haben Sie seit Ihrem Eintritt in die CDU Zugang zum Parteiapparat gefunden?

ERHARD: Ja, natürlich. Durch die politische Arbeit als solche und dann durch die zunehmende Geltung, die ich innerhalb der Partei errang, wurde es unausweichlich und natürlich, daß ich stärker zu den politischen Gremien der Partei herangezogen wurde. Ich gehöre ja heute dem Präsidium an.

GAUS: Manchmal sagt man, Herr Erhard, daß Sie einmal das Rauschen des Mantels der Geschichte gehört hätten und zugegriffen hätten, nämlich 1948, als Sie die Bewirtschaftung und Preisbindung aufgehoben haben. Darüber gibt es viele Anekdoten, und ich würde gerne Ihre Lesart hören. Wie ist das damals gewesen?

ERHARD: Ich wußte genau, was die Währungsreform bringen würde und was sie in ihren Auswirkungen bedeutete. Sie konnte nur gelingen, wenn wir gleichzeitig eine entscheidende Wirtschaftsreform von dem völligen Zwang hin zu einer möglichst großen Freiheit eröffneten. Das aber mußte naturnotwendig die Auflösung aller Bewirtschaftungsmaßnahmen zur Folge haben, aller Preisbindungen und dergleichen mehr. Aber die Vorstellung war in den Köpfen jener Zeit so undenkbar, daß man das nur in einem kühnen Durchbruch erreichen konnte. Der Frankfurter Wirtschaftsrat hat mir in dem sogenannten Leitsätze-Gesetz weitgehende Vollmachten eingeräumt in der Erwartung, daß man gegebenenfalls schnell handeln müsse. Dann habe ich seinerzeit als Direktor der Verwaltung für Wirtschaft heimlich und leise in meinen Schubladen alle Aufhebungen der Bewirtschaftung gesammelt. Die Mahnungen und Befürchtungen in meinem eigenen Beamtenapparat zerstreute ich mit der Ausrede, dies geschehe nur für alle Fälle. Natürlich konnte ich mich gar nicht mit der Militärbürokratie verständigen, denn die hätte noch weniger Verständnis dafür gehabt und ich noch weniger Einfluß. Und dann, am Sonntag der Währungsreform, habe ich die Aufhebung der Bewirtschaftung verkündet in der sicheren und richtigen Annahme, daß am Sonntag keine Verwaltungsbürokratie arbeitsfähig ist. Dann war's geschehen. Am darauffolgenden Montag bin ich gleich früh zur Militärregierung beordert worden. Mir wurde gesagt, was ich getan habe, sei unmöglich und unvorstellbar und verboten. Ich hätte gegen sämtliche alliierten Militärgesetze verstoßen. Sie haben mir vorgelesen, daß ich ohne Zustimmung der Militärregierung keine Änderung in der Bewirtschaftung und in der Preisbindung vornehmen dürfe. Daraufhin habe ich gesagt, ich hätte nichts geändert, sondern nur aufgehoben. Das war natürlich nicht gerade die Antwort, die man erwartet hat. Aber ich hatte, Gott sei Dank, einen Mann, der zu mir stand. Das war General Clay.

GAUS: Was gehört dazu, den Mut zu haben, einen solchen Schritt zu tun?

ERHARD: Sehr viel. Einmal natürlich ein gereiftes Wissen über die Zusammenhänge, zweitens der Mut zur Verantwortung und drittens ganz klare Vorstellungen in bezug auf das gesellschaftliche Leben, wie es geordnet sein müßte, wenn nach diesem Zusammenbruch ohnegleichen, nach der Abnutzung aller Werte, wieder neues Leben entstehen soll.

GAUS: Wie haben Sie sich nach diesem Schritt gefühlt? Waren Sie sicher, daß es ein sehr entscheidender Schritt gewesen ist?

ERHARD: Ja. Ich war mir bewußt, daß es ein lebensentscheidender Schritt ist. Und das hat mir auch die Kraft gegeben, gegen alle Widerstände und gegen alle Anfechtungen den Kurs zu steuern bis zum Erfolg.

GAUS: Das war Ihr größter Erfolg. Jetzt sagen Sie bitte, was war Ihre größte politische Niederlage?

ERHARD: Das war vielleicht kein Ereignis, das man datenmäßig festhalten könnte. Ich betrachte es als einen Mißerfolg, daß es mir bisher nicht gelungen ist, den Stil der Demokratie in der Weise zu ändern, wie es mir vorschwebt. Ich habe mich immer gegen die Politik der Wahlgeschenke gewehrt. Ich hab's auch in meinen eigenen Wahlreden praktiziert. Ich habe nie etwas versprochen, außer daß ich alle Kräfte einsetzen werde, um weiter ein gutes Gelingen zu gewährleisten. Ich habe nicht reihum allen Gruppen Zusagen gemacht und Vergünstigungen gewährt in der Überzeugung, daß das das Mittel wäre, die Wähler zu gewinnen. Bei einzelnen mögen Versprechungen ganz angenehm empfunden werden, aber schließlich hat das deutsche Volk doch ein gesundes Empfinden dafür, daß die Korrumpierung, die damit sehr nahegerückt ist, kein brauchbares und kein überzeugendes politisches Instrument ist.

GAUS: Man hat manchmal den Eindruck, daß Sie gerne auf Wahlversammlungen reden.

ERHARD: Sehr gerne, ja.

GAUS: Sie gehen in Ihren Ansprachen nach Ansicht Ihrer parteipolitischen Gegner manchmal bis an die Grenzen der Demagogie. Macht Ihnen Wahlkampf Spaß?

ERHARD: Macht mir Spaß, ja. Übrigens nicht nur Wahlversammlungen, sondern überhaupt die Ansprache an die Menschen. Denn weil ich frei spreche, bekomme ich Kontakt, weil ich natürlich spreche, finde ich das Gehör der Menschen und wohl auch meist ihre Zustimmung. Und ich kann es mir in meinen Reden leisten, meine Zuhörer hart anzupacken, sie aber auch besinnlich zu stimmen. Je nach der Stunde werden die Akzente etwas verlagert. Man spürt auch aus der Reaktion, aus der Resonanz, wie man dosieren muß. Nicht um einer Demagogie willen, sondern um das zu erreichen, was dem Politiker vorschwebt und was ihm als notwendig erscheint.

GAUS: Dabei fühlen Sie sich wohl?

ERHARD: Dabei fühle ich mich wohl. Ich glaube, in unserer heutigen Zeit, in der modernen Zeit, kann ein Politiker auf diese unmittelbare Ansprache gar nicht verzichten. Das ist nicht so primitiv, daß man's mit Publicity ausdeuten kann. Es ist vielmehr das Gefühl der Verbundenheit mit den Menschen. Der Mann, der politisch Verantwortung trägt, muß sich auch stellen, und er muß für sich zeugen.

GAUS: Wenn Sie manchmal zurückdenken, wären Sie lieber Professor geblieben, oder ist Ihnen die Politik ein so interessantes Gewerbe, daß Sie sagen: Es war richtig?

ERHARD: Das ist heute keine Entscheidung mehr, und ich trauere einem Professorendasein auch nicht nach, so würdig ich es empfinde. Aber ich bin heute natürlich Politiker aus Leidenschaft und aus der Überzeugung heraus, daß mir die Gabe verliehen ist, das Schicksal eines Volkes doch gnädig zu gestalten.

GAUS: Was treiben Sie privat, wenn Sie Zeit haben?

ERHARD: Wenn ich Zeit habe. Damit ist die Frage schon beantwortet. Ich habe eben keine Zeit. Selbst das Hobby aus meiner Jugend, das ja bekannt genug ist, daß ich ein großer Liebhaber der Musik bin, auch selbst gut und gerne Klavier spiele, das ist natürlich auch versunken. Ich habe selbstverständlich viel zu lesen in meinen Mußestunden. Aber wenn ich wirklich Zeit habe, dann benutze ich sie, um nachzudenken. Denn in der Hast des Alltags, da kommt vielleicht das Gedankliche, das Besinnliche manchmal etwas zu kurz. Wer wirklich wahrhaftig sein will, der muß aber immer wieder sich selbst vor seinem Gewissen überprüfen und muß den Dingen auf den Grund zu gehen suchen.

GAUS: Schreiben Sie an einem neuen Buch?

ERHARD: Nein.

GAUS: Würden Sie es gern tun?

ERHARD: Ja.

GAUS: Und was wäre es für ein Buch?

ERHARD: Es würde die Fortentwicklung der Sozialen Marktwirtschaft im gesellschaftspolitischen Bereich behandeln.

GAUS: Wenn dieses die wissenschaftliche Aufgabe ist, die Sie sich stellen, was bleibt Ihnen politisch zu tun, was sehen Sie als die große Zukunftsaufgabe des deutschen Politikers an?

ERHARD: Ich sehe als die Zukunftsaufgabe an, die Politik überzeugender darzustellen und neben den rein materiellen Dingen auch dafür zu sorgen, daß die Werte in einem Volke wieder richtig gesetzt und zueinander geordnet sind. Neben aller Bedeutung der Außenpolitik, die im letzten natürlich schicksalhaft ist, bin ich der Meinung, daß der Gesamtbereich der Innenpolitik neu geordnet, neu geformt und neu durchdacht werden muß und daß wir wegkommen müssen von der Idee, das Leben eines Volkes ließe sich in Kästchen aufspalten und jedes einzelne bedeute ein Ganzes für sich. Ich glaube, das ist noch eine der ungelösten Aufgaben, mit denen wir zu ringen haben. Und im übrigen erschöpft sich ja das Leben unseres Volkes nicht mehr allein im nationalen Raum, ist von dort aus nicht mehr zu gestalten. Aus dem Grund bin ich immer dafür eingetreten, daß neben aller schon durchgeführten Integration, wie Montanunion und Europäische Wirtschaftgemeinschaft, das ganze freie Europa geeinigt werden müsse. Ich war auch sehr angesprochen von dem Gedanken des amerikanischen Präsidenten, im Trade Expansion Act sozusagen den Schlüssel dafür zu finden, die Schicksale der Völker im nordatlantischen Raum enger aneinanderzubinden, das Zusammenleben friedlich zu gestalten. Natürlich soll das auch wieder über die Enge dieses Bereiches hinausgehen. Unsere Haltung, unsere Gesinnung soll deutlich machen, daß uns an einer friedlichen Welt liegt. Als Deutscher gehört es natürlich zu meinen unverzichtbaren Aufgaben, dafür zu sorgen, daß das Recht der Selbstbestimmung auch für das ganze deutsche Volk Gültigkeit haben muß. Wenn wir das auch nicht erzwingen können, müssen wir doch darauf vertrauen und nach dieser Richtung hin wirken. Das ist die Aufgabe einer Politik. Sie ist also zum Teil wohl materiell bedingt, aber zu einem wesentlichen Teil greift sie doch darüber hinaus und will wieder im Leben des einzelnen, im Bewußtsein des einzelnen etwas deutlich machen von Werten, die im Zeichen des Aufbaus vielleicht etwas zu kurz gekommen sind, aber die nicht versinken dürfen, wenn wir nicht ein Termitenstaat werden sollen.

GAUS: Meine letzte Frage, Herr Minister: Es wird in den letzten Tagen viel von der Nachfolge des Bundeskanzlers gesprochen und damit auch von Ihnen. Möchten Sie gern Bundeskanzler werden, und würden Sie Wirtschaftsminister bleiben, wenn ein anderer Bundeskanzler wird?

ERHARD: Ich habe natürlich diese Entscheidung getroffen, und ich möchte Sie fragen, ob denn wirklich soviel Phantasie dazu gehört, um diese Frage beantworten zu können. Ich glaube, nein.

Fritz Erler

»...ich glaube nicht, daß ich das bin, was man einen Volkstribunen nennen könnte. Schon in ziemlich früher Jugend hatte ich einmal in Berlin Gelegenheit, den Vortrag einer damaligen sozialdemokratischen Reichstagsabgeordneten vor einem Forum junger Menschen einzuleiten. Das war sicher sehr sachlich und sehr anständig, was ich da gesagt habe. Aber einer meiner Freunde kam dann zu mir und sagte: Ein Volksredner wirst du nicht. Damit war zunächst einmal dessen Urteil gesprochen. Es hat sich dann nicht ganz so bestätigt...«

FRITZ ERLER, geboren am 14. Juli 1913 in Berlin, gestorben am 22. Februar 1967 in Pforzheim.
Besuchte die Oberrealschule und studierte dann am Verwaltungsseminar Berlin. 1935–38 Angestellter der Berliner Stadtverwaltung. Betätigte sich ab 1928 in der Sozialistischen Arbeiterjugend und als Vorsitzender der sozialistischen Schülergemeinschaft, trat 1931 der SPD bei. Verhaftung wegen illegaler politischer Tätigkeit im November 1938, ein Jahr später vom Volksgerichtshof in einem Hochverratsprozeß zu zehn Jahren Zuchthaus verurteilt. 1945 Flucht während des Transports nach Dachau. Nach 1945 erst Landrat in Tuttlingen, ab 1949 für die SPD im Bundestag. Ab 1956 im Vorstand der SPD, ab 1957 stellvertretender Vorsitzender, ab 1964 Vorsitzender der SPD-Bundestagsfraktion.

Gespräch mit Fritz Erler, dem Vorsitzenden der SPD-Bundestagsfraktion und Führungsmitglied der SPD, gesendet am 7. Januar 1965.

Ein Hang zum Beruf des Diplomaten

GAUS: Herr Erler, Sie gelten als einer der besten Redner und Debatter des Bundestags – ein Talent, das Sie als Fraktionsvorsitzender der SPD oft beweisen konnten. Lassen Sie mich mit der Frage beginnen: Sind für den geübten Redner Fritz Erler die rhetorischen Wirkungen, die er erzielt, auskalkuliert und vorausberechnet, oder sind Sie abhängig von der Reaktion Ihrer Zuhörerschaft?

ERLER: Beides. Die meisten meiner Reden sind ja nicht geschrieben. Ganz selten verlese ich aus besonderen Anlässen einen vorbereiteten Text. Der besondere Anlaß besteht nur darin, daß man auf diese Weise sichert, daß die Presse den Text auch wirklich bringt. Er ist also mehr zur Bequemlichkeit der Journalisten als zur Beruhigung des Redners geschrieben. Im allgemeinen spreche ich nur nach Stichworten, und das schließt schon eine genaue Berücksichtigung der zu erwartenden Reaktionen des Publikums, sei es des Bundestages oder einer Versammlung oder eines anderen Auditoriums, aus. Aber natürlich weiß man aus langer Erfahrung, welche Passagen eine besondere Aufmerksamkeit bei den Zuhörern finden. Und es ist sicher so, daß die Art des Echos auch den Redner mitträgt. Der Künstler lebt bekanntlich auch vom Applaus. Dies gilt auch für den Redner. Nur muß sich ein politischer Redner davor hüten, dann etwa durch die Zustimmung einer großen Massenversammlung sich fortreißen zu lassen zu Erklärungen, die etwas der Verstandeskontrolle entgleiten.

GAUS: Sind Sie für sich sicher, daß Sie solche Kontrolle niemals aufgeben, daß Sie sich immer in der Hand behalten, daß Sie nicht durch Reaktionen des Publikums in Rage und außer Kontrolle geraten könnten?

ERLER: Ich würde sagen, das Wort niemals soll man niemals aussprechen. Das ist einfach zu hochgestochen. Eine so hohe Bürgschaft kann niemand übernehmen. Man kann sich nur darum bemühen, sich immer unter Kontrolle zu behalten. Aber ich weiß zum Beispiel, daß bei hitzigen Debatten im Bundestag mich der eine oder andere Zwischenruf so erregt, daß meine Antwort darauf nicht immer sehr glücklich ist. Meist ist meine Antwort sehr schnell. Bevor der Fragende den Mund richtig zu hat, ist meine Antwort schon raus. Dafür bin ich im Bundestag bekannt und mitunter auch etwas gefürchtet. Aber in langjähriger Erfahrung lernt man, sich auch auf diesem Gebiet besser zu zügeln. Sonst kann es geschehen, daß man unversehens den einen oder anderen Kollegen kränkt, ohne das eigentlich gewollt zu haben. Das tut einem dann hinterher leid. Vor solchen Reaktionen ist niemand sicher. Aber in langjähriger Erfahrung lernt man, sich auch auf diesem Gebiete besser zu zügeln.

GAUS: Diese schnelle Reaktionsfähigkeit, die Sie zum Beispiel beim Antworten auf Zwischenfragen im Bundestag oft bewiesen haben, bereitet Ihnen die Vergnügen?

ERLER: Ich würde sagen ja. Natürlich gibt es Fragen, die so beschaffen sind, daß sie eines gewissen Nachdenkens, bevor man antwortet, bedürfen, sonst würde man sich den Vowurf Dr. Adenauers zuziehen, der einmal gesagt hat, bei dem – ich weiß nicht mehr, wen er meinte –, da säße das Sprechzentrum zu nahe beim Gehirn. Man muß also schon denken, bevor man spricht. Aber die meisten Zwischenrufe kann man sich ja vorher ausrechnen. Man weiß ungefähr, in welche Stimmung man hineinspricht, man ist also nicht ganz unvorbereitet. Aber es gibt natürlich auch Zwischenrufe, die so genau zur Aufklärung eines Sachverhaltes beitragen oder auffordern, daß man, ehe man den Zwischenruf in der Sache beantwortet, erst ein paar inhaltlose Worte spricht, die einem Zeit zum Nachdenken geben. Das Beliebteste im Bundestag dafür ist die Anrede: Herr Präsident, meine sehr verehrten Damen und Herren – so hat man schon etwas Zeit gewonnen.

GAUS: Herr Erler – um die Anrede zu gebrauchen –, in der Sozialdemokratischen Partei, deren stellvertretender Vorsitzer unter Willy Brandt und neben Herbert Wehner Sie sind, in der SPD wird vor allem Ihr scharfer Intellekt gerühmt, mit dem Sie politische Probleme, vor allem außenpolitische und verteidigungspolitische Fragen, durchdenken. Hat dieser scharf ausgeprägte Intellekt zur Folge, daß Sie nach Ihrem eigenen Urteil eher ein Debatter, ein Diskutierer mit Argumenten hin und her sind als ein Versammlungsredner in großen Massenversammlungen, wo etwas anderes als Intellekt verlangt wird?

ERLER: Ich ziehe auch ein erhebliches Publikum in große Massenversammlungen. Aber ich glaube nicht, daß ich das bin, was man einen Volkstribunen nennen könnte. Schon in ziemlich früher Jugend hatte ich einmal in Berlin Gelegenheit, den Vortrag einer damaligen sozialdemokratischen Reichstagsabgeordneten vor einem Forum junger Menschen einzuleiten. Das war sicher sehr sachlich und sehr anständig, was ich da gesagt habe. Aber einer meiner Freunde kam dann zu mir und sagte: Ein Volksredner wirst du nicht. Damit war zunächst einmal dessen Urteil gesprochen. Es hat sich dann nicht ganz so bestätigt. Denn inzwischen vermag ich durchaus, auch ein großes Publikum zu fesseln, aber ich glaube, nicht durch das Entfesseln einer stürmischen Gefühlsaufwallung, durch das Erzeugen von Begeisterung, sondern mehr durch das Zwingen zum Mitdenken. Wenn ich also hier im Bundestag spreche, dann debattiere ich am liebsten; wenn ich draußen im Lande auftrete, habe ich natürlich Vorträge zu halten oder auch im studentischen Milieu etwas Vorlesungsähnliches als Einführung zu einer Diskussion darzubieten. Es ist ganz klar, daß das ein anderer Redestil ist. Aber meine Veranstaltungen sind immer – wenn ich den Presseberichten, die nachher erscheinen, etwas Glauben schenken darf und auch dem Echo, das mir sonst in Briefen zukommt – etwas Information, etwas staatsbürgerliche Aufklärung, etwas Anspruchsvolles für den Hörer. Ihn zum Mitdenken und auch zum Mittun zu bewegen ist sicher dabei ein Motiv. Aber Begeisterungsstürme, glaube ich, habe ich bisher nicht entfesselt.

GAUS: Halten Sie die Tatsache, daß Sie, wie Sie selbst sagen, nicht dazu angetan sind, als Redner Begeisterungsstürme hervorzurufen, für einen politischen Mangel?

ERLER: Nein, ich halte es für einen politischen Vorteil. Ich finde, daß es in unserem Lande zu viele Figuren gegeben hat, die geeignet gewesen sind, Begeisterungsstürme zu entfesseln und damit die Kontrolle über sich zu verlieren. Aber dann verlieren auch die Begeisterten die Kontrolle. Ich finde, daß es besser ist, wenn man auch seine Zuhörer dazu erzieht, sich in der Kontrolle zu behalten.

GAUS: Nun gehört in erlaubtem Maße Klappern zum Handwerk und ganz sicherlich zum politischen Handwerk. Dieses Klappernkönnen für die große Wählermenge ist ja eine erlaubte Hilfeleistung, die sich der Politiker selbst verschafft. Sie selbst besitzen sie nicht. Sie müssen sich die Autorität, die Popularität, die Sie brauchen, auf andere Weise erwerben. Halten Sie dieses für eine Benachteiligung in Ihrer Karriere, in Ihrer Parteikarriere zum Beispiel?

ERLER: Ich glaube nicht. So schrecklich alt bin ich für den Vorsitzenden der sozialdemokratischen Bundestagsfraktion und für den stellvertretenden Vorsitzenden der Partei nun auch wieder nicht. Wenn man mit anderen Erscheinungen im deutschen politischen Leben vergleicht, ist unser Spitzenteam eigentlich noch ziemlich jung, und ich gehöre also dort auch noch zu den gerade erst Anfang der Fünfzigerjahre Zählenden. Daher meine ich, daß sich das bisher nicht nachteilig ausgewirkt hat. Man kann durchaus Achtung, Respekt, Zuneigung und eine gewisse Popularität ohne artistische Kunstgriffe gewinnen.

GAUS: Herr Erler, in dem weitverbreiteten Lob Ihrer intellektuellen Begabungen scheint mir oft auch ein Körnchen kritischer Distanz gegenüber Ihrer Person enthalten zu sein. Man hört gelegentlich: Fritz Erler, das ist ein Feuer, das leuchtet, aber nicht wärmt. Ich habe zu dieser Behauptung einige Fragen. Zunächst einmal: Wie erklären Sie selbst solche umlaufenden Urteile über Sie?

ERLER: Ich weiß, daß es diese Urteile gibt. Sie entstammen im allgemeinen nicht dem Kreis derer, die häufig mit mir zu tun haben, denn dort habe ich eigentlich ein sehr enges, freundschaftliches, kameradschaftliches Verhältnis zu meinen Mitarbeitern, zu meiner Bundestagsfraktion, zu meinen Parteifreunden im Lande, die mich näher kennen, bei denen ich auftrete. Ich glaube, das hängt ein bißchen damit zusammen, daß ich versuche, sehr mit meiner Zeit hauszuhalten, also auch möglichst bei der Fülle der Gespräche, die man ohnehin zu führen hat, noch etwas Zeit frei zu haben für das Sichselbst-Informieren, für das Leben. Das bedeutet, daß ich also kein Gesellschaftslöwe bin, sondern auf sehr wenigen gesellschaftlichen Veranstaltungen erscheine und infolgedessen auch den einen oder anderen lockeren Kontakt, den man zum Beispiel auf der Bonner Szene ganz gerne haben sollte, vielleicht nicht in dieser Weise habe. Meine Kontakte sind mehr Arbeitskontakte, Kontakte, die ein tiefgründigeres Gespräch verlangen und nicht flüchtige gesellschaftliche Begegnungen.

Das hat dazu geführt, daß schon vor einigen Jahren der eine oder andere unserer führenden Bonner Journalisten der Meinung Ausdruck gegeben hat: Der Erler, der ist also sehr zurückhaltend, er ist ein bißchen steif, er hat keinen Humor, und was man so eben alles aus der Entfernung sagt. Und von dem einen schreiben dann die anderen fleißig ab. Ich kann natürlich selber kein Urteil über mich in dieser Beziehung abgeben. Aber ich glaube, das Klischee, das man sich macht, hält einer näheren Betrachtung nicht in vollem Umfang stand, um es milde zu sagen.

GAUS: Sie würden eine Portion Humor auch für sich reklamieren?

ERLER: Ja, dazu gehört doch nicht, daß man bei jeder Gelegenheit grinst, man kann doch durchaus bei ernsten Sachen ein ernstes Gesicht haben, aber geneigt sein, auch die humoristische Seite einer Sache zu sehen und sich recht herzlich daran zu freuen. Ich glaube, dessen bin ich durchaus fähig.

GAUS: Sie haben ein Wort gebraucht, das ein Schlüsselwort für meine nächste Frage ist: Kameradschaft. Im Zusammenhang mit den Behauptungen über den stets zuchtvoll beherrschten, kühlen, distanzierten Fritz Erler gefragt: Politische Parteien, speziell Parteien wie die SPD – in ihrer alten Form jedenfalls, in der sie für viele ihrer Mitglieder eine komplette geistige Heimat war –, solche Parteien erzeugen einen bestimmten Stallgeruch, möchte ich sagen, eine bestimmte interne Betriebswärme, das brüderliche Du, die Anrede Genosse, gemeinsame Lieder unter alten Fahnen. Dies alles fördert Kameradschaft, kann aber auch eine Kameraderie begünstigen, in der jede Distanz aufgehoben wird. Wieweit entsprach diese Seite der politischen Gemeinschaft, zu der Sie gehören, Ihrem eigenen Wesen, Herr Erler?

ERLER: Mich hat sie nie gestört. Ich bin durch die sozialistische Jugendbewegung gegangen wie der größte Teil der gegenwärtigen Führung der Sozialdemokratischen Partei

Deutschlands. Natürlich sind inzwischen auch Männer und Frauen aus anderen Bereichen des Lebens und auch der Jugenderfahrung zu uns gestoßen. Aber der Kern besteht aus früheren Mitgliedern der sozialistischen Arbeiterjugend. Und von daher ist, wie es auch bei anderen Jugendorganisationen der Fall war, einfach ein Gefühl der persönlichen Verbundenheit da, der Verbundenheit, die sich nicht immer nur auf gemeinsame politische Vorstellungen gründet, sondern die zum Teil auch auf gemeinsamen erlittenen oder auch erlebten Lebensschicksalen beruht. Das hat sehr stark die Menschen geprägt. Wir spüren das heute noch, wenn ich draußen im Lande in unseren Parteiorganisationen ehemaligen Mitgliedern der sozialistischen Arbeiterjugend begegne. Man hat ein Gespür dafür, wo der andere herkommt. Das verbindet. Ich möchte das auch nicht missen. Nur habe ich bedauert, daß dieses Solidaritäts- und Kameradschaftsgefühl manchmal so ausschließlich gepflegt wurde, daß es jemanden, der nicht damit aufgewachsen ist, gewissermaßen abgeschreckt hat, zu dieser politischen Gemeinschaft zu stoßen. Und daher habe ich mich seit über einem Jahrzehnt darum bemüht, wenigstens diese abstoßende, manchmal sogar abschrekkende Wirkung abzumildern, um auch anderen ohne diesen Hintergrund das Hinzutreten zu dieser großen sozialdemokratischen Volkspartei zu ermöglichen. Ich glaube, diese Bemühungen haben Erfolg gehabt. Aber man soll nun nicht das Kind mit dem Bade ausschütten und das persönliche kameradschaftliche Band, das viele von uns eben doch noch etwas enger verbindet als die bloße Zugehörigkeit zur gleichen Partei, dabei auflösen. Das würde ich als einen Verlust bezeichnen. Deswegen fühle ich mich auch dabei wohl.

GAUS: Sie haben jedenfalls diese innere Betriebswärme nicht als Ihrem Wesen naturwidrig empfunden?

ERLER: O nein, ganz und gar nicht, obwohl es natürlich gelegentlich vorkommt, daß jemand, den ich im einzelnen gar nicht näher kenne, sich etwas auf die frühere Zugehörigkeit zu irgendeiner sozialistischen Jugendgruppe beruft und nun gewissermaßen in Anbiederung spezihafte Ansinnen an mich stellt. Das kommt selten vor, aber es kommt vor. Da kann ich außerordentlich reserviert sein, weil ich meine, daß die Zusammengehörigkeit natürlich dazu verpflichtet, wenn jemand in Not ist, zu versuchen zu ergründen, ob man ihm helfen kann, aber diese Zusammengehörigkeit ist keine Kaskoversicherung, die dazu dienen muß, eigene Lebensfehler auf Kosten der Gemeinschaft beheben zu lassen. Das geht nicht.

GAUS: Herr Erler, Sie haben aus Ihrer 1938 geschlossenen Ehe drei Kinder, zwei Söhne, eine Tochter. Werden diese Kinder auch wieder der Sozialdemokratie verbunden sein?

ERLER: Ich möchte annehmen, ja, obwohl natürlich bei der Art, wie unsere junge Generation erfreulicherweise heranwächst und wie es eigentlich im Verhältnis zu den Eltern eine jede junge Generation immer getan hat, ein gewisses Maß an Eigenständigkeit dasein muß. Ich würde es ungern sehen, wenn meine Kinder automatisch sich für den gleichen Weg entscheiden würden, den ich gegangen bin. Aber ich glaube sagen zu können, daß sie alle in den geistigen Horizont etwas hineingewachsen sind, den ich heute darstelle, aber natürlich auch mit dem entsprechenden Generationsunterschied und auch mit den Verschiedenheiten der einzelnen Anlagen. So wie ich in meiner Jugend etwas links von meinem Vater stand, würden meine Kinder bei allgemeiner Himmelsrichtung Sozialdemokratie innerhalb dieses großen Bereiches auch heute eher etwas links von mir stehen.

GAUS: Ich hätte gerne, daß Sie mir erklären, wie in der heutigen Zeit, die auf vielen Gebieten so traditionswidrig ist, sozialdemokratische Traditionen in einer Familie wie der Ihrigen – sozialdemokratischer Herkunft, mit einem führenden Mann der Sozialdemokratie als Vater – sich fortsetzen. Worauf führen Sie es zurück, daß Ihre Kinder trotz der natürlichen Opposition, die gewöhnlich gegenüber der Vatergeneration besteht, dann doch wieder denselben geistigen Horizont haben?

ERLER: Ich würde sagen, das ist das Tischgespräch, das ist der Einfluß auch meiner Frau und vielleicht sogar vor allem meiner Frau, die gleichfalls aus der sozialistischen Jugendbewegung hervorgegangen ist. Das ist außerdem – das möchte ich keinesfalls unterschätzen – Vaters Bücherschrank. Da steht natürlich nicht nur sozialdemokratische Literatur, ich habe eine ziemlich umfangreiche Büchersammlung. Man kann also, wenn man will, sich aus diesem Schrank auch anderswohin orientieren. Aber die Kinder griffen eben zu den Dingen, über die man sprach, auf die man hingewiesen hat. Das ist der Freundeskreis. Natürlich verkehren in meinem Hause auch Männer und Frauen aus anderen Bereichen unseres politischen Lebens, aber es überwiegt am Ort natürlich eindeutig der Kreis der Menschen, mit denen ich auch dort meine politische Arbeit machen muß, Freunde aus der Stadtratsfraktion, Freunde aus dem Parteileben, die mich besuchen. Und all diese Gespräche tragen dazu bei, auf die jungen Menschen nicht ohne Einfluß zu bleiben. Aber wohlgemerkt, es ist ein Einfluß, der nicht unreflektiert übernommen wird, sondern der durch eine sehr kritische Sonde geht.

GAUS: Wie ist das Verhältnis, das Sie zu Ihren Söhnen haben?

ERLER: Ich würde sagen, es leidet etwas darunter, daß ich selten daheim bin. Das erklärt es, daß wir nicht so viel miteinander wirklich intensiv im Gespräch sind, wie ich das eigentlich gerne möchte und wie es vielleicht auch meinen Söhnen gutgetan hätte. Aber wir haben sonst ein sehr vernünftiges kameradschaftliches Verhältnis zueinander.

GAUS: Sie werden in Ihrer Partei zu den Reformern gezählt. Und im Zuge dieser Reform, wenn sie gelingt, wird die schon erwähnte Seite des innerparteilichen Lebens zurückgedrängt werden. Jene alten Bindungen, die Anrede Genosse, das brüderliche Du, die gemeinsamen Lieder, dies alles wird eine immer geringere Rolle spielen. Bedauern Sie diese Nebenfolge der Reformbemühungen, Herr Erler?

ERLER: Ich halte sie für unvermeidlich. Das ist ein Generationenproblem. Es ist ja nicht so, daß man so etwas durch Parteibeschluß zustande bringen kann oder auch nur zustande bringen sollte. Da würde ich mich dagegen wehren. Hier habe ich immer Ollenhauers Meinung geteilt, daß man über die Anrede zum Beispiel nicht auf Parteitagen zu beschließen hat. Die Anrede ist nicht durch einen Parteitagsbeschluß eingeführt worden und wird auch nicht durch einen Parteitagsbeschluß abgeschafft werden. Wir haben es aber doch einfach damit zu tun, daß gewisse Formen des Umgangs der Menschen miteinander in verschiedenen Generationen verschieden ausfallen. Und so kann man nicht Traditionen der Jugendbewegung der zwanziger Jahre ohne weiteres jetzt in die sechziger Jahre hineinverpflanzen. Es ist ja auch bei den wirklichen Jugendorganisationen heute so, daß sie in ihrem Habitus nicht einfach anknüpfen an das, was in den zwanziger Jahren oder gar vor dem Ersten Weltkrieg Jugendbewegung war. Das geht an einer sozialdemokratischen Partei nicht spurlos vorüber. Ich würde also diese Bindungen, die es aus jener Zeit gibt, in einer Generation, die heute nun inmitten des Parteilebens steht, aber der bereits eine nächste folgt, ungern missen. Aber ich sehe ein, daß sie im Zuge des Hereinwachsens von jüngeren Männern und Frauen in die Sozialdemokratische Partei allmählich an Bedeutung verlieren. Hinzu kommt, daß manches an dem äußeren Erscheinungsbild der Partei für Menschen in unserem Lande auch dadurch belastet ist, daß die Kommunisten in der Zone ja versucht haben, diesen äußeren Stil der Sozialdemokratischen Partei zu kopieren und in ihre Gebräuche zu übernehmen, so daß jener größere Teil unserer Bevölkerung, der aus der Zone geflüchtet ist, unwillkürlich auch mit unangenehmen Reflexen darauf antworten würde. Das alles verpflichtet uns, ein bißchen vorsichtig auch diese Stilfragen zu behandeln.

GAUS: Würden Sie es für zulässig halten, ganz auf Sie persönlich gemünzt, die Gefühle, die für Sie verbunden sind mit der alten Vergangenheit, mit dem alten Umgangston, mit den alten Liedern und mit den alten Fahnen, als romantisch zu bezeichnen – so erstaunlich dies bei Fritz Erler klingen mag? Sind Sie in einem gwissen Sinne Romantiker der sozialistischen Arbeiterjugend?

ERLER: Ich würde sagen, natürlich haben diese Gefühle etwas mit der Romantik zu tun, wie bei jedem Menschen die stärksten Eindrücke, die er in der einprägsamsten Zeit seiner Jugendjahre erfahren hat, ein Stück Romantik auslösen. Das ist ja bei allen Älteren so, daß sie sich immer ein bißchen in die Zeit ihrer Jugend zurücksehnen und dann auch entsprechend romantische Lieder singen. Das tun ja auch die Großväter heute. Das gilt also für alle Gemeinschaften. Das gilt auch für die Sozialdemokratie. Das gilt auch für mich. Hier ist ein gewisses verklärtes Bild einer bestimmten Zeit. Das gibt es ja sogar in der Literatur, daß man mit etwas romantischen Augen die goldenen Zwanziger betrachtet, die sicher ihren Reiz hatten, aber wahrscheinlich gar nicht so golden gewesen sind. Und das gilt natürlich für alle, die in jener Zeit geistig geprägt worden sind.

GAUS: Sie sind aufgewachsen in einem sozialdemokratisch gesinnten Elternhaus in dem Berliner Arbeiterviertel Prenzlauer Berg, wo Sie am 14. Juli 1913 geboren wurden. Ihr Vater, ein Friseur, und Ihre Mutter, die als Schneiderin arbeitete, waren beide Mitglieder der Sozialdemokratischen Partei. Ihr Vater freilich war zunächst bei den Freisinnigen gewesen und erst 1912 zur SPD gekommen, was dafür spricht, daß er nicht bereits von seinem Vater die sozialdemokratische Gesinnung widerspruchslos übernahm, sondern sich selbständig für die

SPD entschied. Hat Ihr Vater für Ihre politische Entwicklung viel bedeutet?

ERLER: O ja, sehr viel. Mein Vater war Abteilungsleiter der Sozialdemokratischen Partei. Er hat bei der Einberufung zum Heeresdienst 1915 das Friseurgeschäft schließen müssen und ist dann nachher, als er aus dem Kriege als nicht mehr voll verwendungsfähig zurückkam, zunächst in einer Munitionsfabrik gewesen, war dann Arbeiter und hat dann später meiner Mutter in deren Betrieb etwas geholfen. Mein Vater war von Siemens her – das Gelände der Munitionsfabrik war dann später mit den Siemenswerken etwas assoziiert in Berlin-Spandau – Mitglied des Arbeiter- und Soldatenrates. Er hat an der historischen Zirkus-Busch-Veranstaltung des Arbeiter- und Soldatenrates teilgenommen, auf der die große Auseinandersetzung mit den Kommunisten ausgefochten wurde, ob die Weimarer Republik eben die Weimarer würde mit freien Wahlen zu einer Nationalversammlung, oder ob eine Räterepublik sowjetischen, also russischen Stiles daraus werden würde. Das ist damals ausgefochten worden. Da hat mein Vater teilgenommen, er war auf der Seite der Mehrheits-Sozialdemokratie. Er hat sich für die freien Wahlen zur Nationalversammlung, für das Werden also einer demokratischen Staatsform auf deutschem Boden entschieden. Ich habe diese Diskussionen alle in der Kindheit erlebt. Mein Bruder, acht Jahre älter als ich, war in der sozialistischen Arbeiterjugend, als ich also das nur als kleiner Junge erlebte. Ich habe in der frühen Kinderzeit schon immer gesehen, wie das bei Wahlen zuging, wie die Flugblätter vorbereitet wurden zum Austragen. All das hat mich geprägt. So hat mein Elternhaus sicher zu meiner geistigen Entwicklung, aber auch zu dem frühen organisatorischen Mitwirken in der Sozialdemokratie erheblich beigetragen.

GAUS: Sie sind 1928 in die sozialistische Arbeiterjugend eingetreten.

ERLER: Ja, ich war übrigens vorher schon seit 1923 in dem Arbeitersportverein in Berlin.

GAUS: Und 1931 wurden Sie dann auch SPD-Mitglied. Die Jugendgruppe, zu der Sie gehörten, verfocht einen durchaus radikalen Kurs. Sie haben schon darauf hingewiesen. So wie Ihre Kinder heute, so standen auch Sie seinerzeit links vom Standpunkt Ihres Vaters. Diese Jugendgruppe also war nicht ohne Radikalität und hat gelegentlich an der Seite der Kommunisten gegen die Nationalsozialisten gekämpft; sie hat aber auch gegen die Kommunisten gekämpft, wenn es darauf ankam. Ich würde gerne wissen, Herr Erler: Was hat Sie davon abgehalten, als junger Mann der damals großen Versuchung nachzugeben, sich der kommunistischen Heilslehre anheimzugeben?

ERLER: Ich würde sagen, es war im wesentlichen der Eindruck davon, daß die damalige Kommunistische Partei auch in jener Zeit bereits ein Instrument der politischen Entscheidungen anderer und nicht der Deutschen selber war.

GAUS: Sie waren ein junger Mann. Wieso konnten Sie das so klar sehen?

ERLER: Ja, wenn man sich die kommunistische Literatur ansah, wenn man sah, wie das Verhalten zur Sowjetunion ein Scheidewasser war. Ich möchte übrigens hinzufügen: Wir waren damals sehr positiv der Sowjetunion gegenüber eingestellt. Wir hielten sie für einen erheblichen Fortschritt gegenüber dem Zarismus, und das ist sehr wahrscheinlich auch richtig. Wir wehrten uns nur dagegen, das sowjetische Beispiel als ein Modell für die ganz anders geartete fortschrittliche demokratische Gesellschaft Deutschlands zu betrachten. Demgegenüber wäre das Sowjetische ein Rückfall gewesen. Wir haben mit Leidenschaft die Diskussionen nachgelesen, die es zwischen Lenin und Rosa Luxemburg gegeben hat. Eine unserer Jugendgruppen im Prenzlauer Berg hieß Rosa Luxemburg, um nur ein Beispiel anzudeuten. Und jener Satz hat uns immer besonders gefesselt: Freiheit, das ist immer die Freiheit des Andersdenkenden, also das Zulassen auch einer anderen Meinung, die Möglichkeit, daß verschiedene Meinungen frei miteinander diskutieren können, die Ablehnung der Führung eines Staates von nur einer einzigen kleinen unkontrollierten Gruppe aus; Dinge, die uns heute natürlich viel deutlicher eingebrannt sind nach dem Erlebnis zweier totalitärer Gewaltherrschaften auf deutschem Boden. Aber das war gefühlsmäßig damals gerade auch in den radikalen Sozialdemokraten schon vorhanden.

GAUS: Ihrem geistigen Habitus, Herr Erler, Ihrer starken theoretischen Begabung nach könnten Sie ein Mann sein, der einer Ideologie halber – um sie perfekt zu machen – zum Fanatismus neigen könnte. In der praktischen Politik verhalten Sie sich ganz und gar nicht so. Wie löst sich dieser vermeintliche Widerspruch auf in Ihren Augen?

ERLER: Ich glaube, hier hat entscheidend beigetragen das Vorbild meines Vaters in manchen Diskussionen, auch über religiöse Fragen zum Beispiel; mein Vater gehörte keiner Kirche an, meine Mutter hingegen war verwurzelt im Bereich der evangelischen Landeskirche in Berlin. Bei solchen Diskussionen hat mein Vater einmal einen Ausspruch getan, der mich mein ganzes Leben lang begleitet hat. Er sagte, es gäbe auch freidenkerische Pfaffen. Das war kein Angriff gegen die Freidenker, sondern gegen die Intoleranz. Er wollte Wert darauf legen, daß man auch im religiösen Bereiche seine eigene Entscheidung fällen müsse, ohne daß einem ein anderer dort hineinrede und Vorschriften mache. In dieser Vorstellung der Toleranz – nicht im Hinnehmen einer falschen Vorstellung, also im Sinne der Gleichgültigkeit, sondern notfalls auch der kämpferischen Auseinandersetzung, aber der Zulässigkeit einer anderen Meinung und der Respektierung einer anderen Überzeugung – bin ich erzogen worden. Dazu kam nun jene Komponente von Rosa Luxemburg, von der ich vorhin gesprochen habe, Freiheit ist immer auch die Freiheit des Andersdenkenden. Und dazu kam allerdings auch das abschrekkende Beispiel, das die Intoleranten damals boten. Wir lebten ja in kriegsähnlichen Zuständen, wir haben jede Nacht auf den deutschen Straßen Tote zu beklagen gehabt. Beide Seiten, Nationalsozialisten und Kommunisten, versuchten die Straßen mit dem Revolver und mit dem Messer zu beherrschen. Wenn die demokratischen Kräfte in ihrer Abwehr natürlich auch sich ihrer Haut wehrten – diesem konzentrischen Ansturm der antidemokratischen Kräfte hatten sie nichts Gleichwertiges entgegenzusetzen. Da sich also die Unduldsamkeit, der Fanatismus mit dem Messer, mit Gewalt betätigte, wurde einfach in mir ein Gefühl lebendig, dies darf es nicht geben, soweit darf es nicht kommen, daß man nach jenem Satze verfährt: Und willst du nicht mein Bruder sein, so schlage ich dir den Schädel ein. Auch Weltbeglückung darf nicht aufgezwungen werden.

GAUS: Herr Erler, nach dem Abitur wären Sie gerne Diplomat geworden, wofür Sie hätten studieren müssen, was aus finanziellen Gründen nicht möglich war. Sie mußten sich mit der Ausbildung zum mittleren städtischen Beamten begnügen. Ich habe dazu wieder einige Fragen. Zunächst einmal versuchen Sie bitte, mir aus der Erinnerung zu erklären, was Sie seinerzeit veranlaßt hat, in der Diplomatie Ihren Berufswunsch zu sehen?

ERLER: Es sind mehrere Dinge. Das eine ist meine Sprachbegabung. Ich hatte die Vorstellung, daß das ein Beruf sei, bei dem man auf alle Fälle die Kenntnisse fremder Sprachen anwenden könne, bei dem man sich in fremden Kulturen etwas umtun könne, also auch ein Stück der Welt sehen. Außerdem war, und das ist ja auch heute noch, wenn auch im beschränkten Umfange, richtig, die Diplomatie ein Beruf, der auf alle Fälle etwas mit der Politik zu tun hatte, und die hatte mich nun schon in sehr frühen Jahren gefangen. Also die Kombination von politischem Interesse, Sprachkenntnissen und dazu die persönliche Bekanntschaft meines Vaters mit Rudolf Breitscheid – das waren Dinge, die zusammen mich dazu brachten, dies für einen erstrebenswerten Beruf zu halten.

GAUS: Hätten Sie später, nach 1945, die Möglichkeit immer noch gerne ergriffen, wenn sie vorhanden gewesen wäre, als Diplomat ins Ausland zu gehen, oder haben Sie heute eine skeptischere Auffassung von dem, was in der Diplomatie noch möglich ist?

ERLER: Zunächst stellte sich diese Frage für mich gar nicht. Als wir hier in Bonn ein Auswärtiges Amt wieder aufmachten, war ich bereits Mitglied der sozialdemokratischen Bundestagsfraktion und hatte auf bestimmten Gebieten für die Partei schon ein gewisses Maß an Verantwortung zu tragen. Da wäre ich nicht in Beamteneigenschaft wieder hinausgegangen. Darüber hinaus möchte ich sagen, daß ich zwar weiß, daß das Wirken der Diplomaten heute in der Zeit der reisenden Staatschefs und der reisenden Außenminister und in der Zeit der schnellsten Nachrichtenübermittlung nicht verglichen werden kann mit den großen Diplomatenfiguren etwa von vor 1914. Ich meine, daß die Diplomatie an Wirksamkeit für den einzelnen etwas eingeschränkt ist. Aber dennoch ist sie immer noch ein Beruf, der durchaus seine Reize hat und auch begabte Menschen in Zukunft hoffentlich anziehen wird.

GAUS: Der Beruf des Diplomaten galt früher und gilt teilweise auch heute noch als gesellschaftlich besonders nobel. In diesem Zusammemhang also noch einmal eine Frage: Hat für den jungen Erler vielleicht auch diese Seite eine Rolle gespielt? Anders, allgemeiner gefragt: Fühlten Sie sich irgendwann einmal im Leben zu kurz gekommen und deklassiert und wollten Sie dem entgehen?

ERLER: Nein, nie. Ich habe mich in meiner Haut immer sehr wohl gefühlt, ich war eigentlich immer verhältnismäßig selbstbewußt – in Grenzen, es darf nicht in Größenwahn entarten, aber man muß wissen, wer man ist. Ich war der Überzeugung, daß ich der damaligen fortschrittlichen Berliner Schulpolitik einiges zu verdanken hatte, daß also Arbeiterkinder mit mancherlei Hilfe in einer größeren Zahl als früher bis zum Abitur kommen konnten und dann auf diese Weise in bestimmte Berufsbilder hineinwachsen würden, die ihnen vorher verschlossen waren. Dies hielt ich für einen Fortschritt. Dann sollten sie auch diese Möglichkeiten nutzen, aber sich durchaus der Herkunft aus der Bevölkerungsgruppe, der sie entstammten, bewußt bleiben. Ich habe das nie als einen Makel empfunden, sondern als eine Notwendigkeit der Blutsverjüngung unserer führenden Schichten.

GAUS: Sie konnten nur bis 1938 Stadtinspektor in Berlin bleiben, waren dann vorübergehend Geschäftsführer einer kleinen Fabrik und wurden im November 1938 verhaftet, ein Jahr später wegen Vorbereitung zum Hochverrat zu zehn Jahren Zuchthaus verurteilt. Sie waren führendes Mitglied der Oppositionsgruppe »Neubeginnen« gewesen. Warum haben Sie sich auf so ein gefährliches Unternehmen eingelassen?

ERLER: Zunächst haben wir bereits etwas vor der formellen Machtübernahme durch die Nationalsozialisten in Voraussicht künftiger Entwicklungen uns darauf eingestellt, daß es notwendig sein würde, einen Teil unserer Jugendorganisation auch nach einem Verbot durchzubringen, den persönlichen Kontakt zu halten. Man hatte soviel Gefallen aneinander gefunden, daß man sich nicht durch einen Gewaltakt auseinanderbringen lassen wollte. Im Anfang war sicher bei vielen kein klares Bild darüber vorhanden, wie lange der Nationalsozialismus bestehenbleiben würde. Aber ich glaube, das kann man heute auch in der Literatur nachlesen, die sich mit dem Phänomen des deutschen Widerstandes beschäftigt, daß in jener Frühzeit gerade die Gruppe »Neubeginnen« eine recht realistische Einschätzung hatte...

GAUS: Eine links-sozialdemokratische Gruppe.
ERLER: Eine links-sozialdemokratische Gruppe, ja. Daß also der Nationalsozialismus nicht sich sehr bald überleben würde, nicht sehr bald von selbst an seinen inneren Widersprüchen zugrunde gehen würde und was dergleichen Hoffnungen waren, wie sie von vielen Anhängern der Arbeiterbewegung in Deutschland und auch von vielen der in die Emigration gegangenen Freunde zu Anfang geteilt wurden, das haben wir gesehen. Wir haben eine innere Organisationsklage einmal im Jahre 1935 gehabt, als ein Teil der Führung unserer in Zahlen nicht sehr umfangreichen Gruppe – immerhin waren es einige hundert Menschen –, als ein Teil unserer damaligen Führung der Meinung war, die Weiterarbeit im Reich sei sinnlos, da nationalsozialistische Gewaltherrschaft nach menschlichem Ermessen nicht von innen her würde gestürzt werden können, sondern nur in einer kriegerischen Katastrophe untergehen könnte. Wir wollten dieser Auffassung gar nicht widersprechen. Was uns bewog, damals im Gegensatz zu einem Teil unserer Führung die Meinung zu vertreten, es sei notwendig, eine gewisse politische Arbeit in Deutschland aufrechtzuerhalten, war ein ganz anderer Grund als etwa ein Zweifel an der Richtigkeit der bitteren Analyse.
GAUS: Sie sprechen jetzt von Ihren eigenen Gründen?
ERLER: Von meinen eigenen Gründen und von denen derer, die mit mir zusammen damals diesen Weg gegangen sind. Wir wußten genau, daß wir als ein kleines Häuflein nicht imstande sein würden, die nationalsozialistische Gewaltherrschaft zu stürzen. Wir hatten auch keine Vorstellung, unter welchen Umständen in einer krisenhaften Zuspitzung – eventuell durch Zusammenarbeit mit Gruppen und Organisationen und Männern und Frauen, die sich woanders zusammenfinden würden – so etwas einmal möglich wäre. Wir rechneten eher damit, daß die Vorstellung richtig war: Es

wird zu einem großen Weltkonflikt kommen, in dem angesichts der Kräfteverhältnisse Deutschland geschlagen und der Nationalsozialismus damit auf der Strecke bleiben würde. Aber wir waren der Meinung, daß es darauf ankomme, auch in dieser Zeit in Deutschland Männer und Frauen zu haben, die versuchten, unter den besonderen Bedingungen des Lebens und Leidens dieses Volkes ihre Erfahrung zu sammeln, Vertrauen auf sich zu konzentrieren, ein Bild von der Lage zu haben. Natürlich war auch mit ausländischen Freunden oder mit unseren eigenen Freunden, die ins Ausland gegangen waren, Verbindung zu halten, um sich über den Lauf der Dinge in der Welt zu unterrichten und ihnen ein ungeschminktes Bild über die Lage bei uns zu geben. Aber Vertrauen suchten wir hier, weil wir davon ausgingen, daß nach dem Zusammenbruch der Gewaltherrschaft oder in der Zeit einer Krise es eher möglich sein würde, Vertrauen für eine neue Führungsschicht zu gewinnen, wenn diese Führungsschicht im großen und ganzen in diesem Volke physisch anwesend war in der Zeit, in der eine solche Krise sich abspielen würde. Das war das Motiv, und das war auch der Grund, warum wir nie im großen Umfange etwa geworben haben – die Organisation ist nicht gewachsen –, sondern nur sehr selektiv den einen oder anderen dazugewonnen haben, dessen Einstellung uns vertraut wurde. Wir haben uns viel mehr geistig mit den Problemen befaßt und also auf eine spätere Zeit vorbereitet – ich glaube, nicht ganz ohne Erfolg, wenn ich mich heute umsehe, welche wichtigen Aufgaben im Wiederaufbau der Demokratie nach 1945 gerade meine Freunde aus der damaligen Zeit haben lösen und anpacken müssen.

GAUS: Herr Erler, man sagt häufig, in modernen totalitären Staaten sei Widerstand aussichtslos und damit sinnlos und gefährde nur das eigene Leben und die eigene Freiheit und das Leben und die Freiheit anderer. Würden Sie rückblickend solche Erwägungen für immerhin erlaubt ansehen, oder gibt es für Sie ein selbstgesetztes, unaufhebbares sittliches Gebot des Widerstands, und wie ist das begründet?

ERLER: Ich würde sagen, wer Einsicht genug hat, um ermessen zu können, daß eine gesetz- und verfassungswidrige und verbrecherisch handelnde Führung dabei ist, das eigene Volk in den Abgrund zu stürzen, der hat die sittliche Aufgabe, zu versuchen, dem Schicksal in die Speichen zu greifen.

GAUS: Auch wenn er sich nicht viel oder gar nichts erwarten darf?

ERLER: Er muß es, glaube ich, versuchen. Allerdings würde ich sagen, er hat nicht das Recht, anderen eine solche Aufgabe aufzunötigen. Es kann sich nur um eine Verbindung völlig Gleichgesinnter und Gleichüberzeugter handeln. Und ein Zweites: Man muß auch die Grenzen einer solchen Tätigkeit kennen; es hat keinen Sinn, zur Unzeit Menschen zu opfern in Aufklärungsaktionen, in Verbreitung von Propagandamaterial und ähnlichem. Die demokratischen Parteien der Weimarer Zeit haben ja nach 1933 alle schweres Lehrgeld zahlen müssen. Zehntausende ihrer früheren Mitglieder sind gefoltert und grausam totgeschlagen worden wegen der Aufrechterhaltung der Organisationen und einer gewissen Tätigkeit mit Einzug von Beiträgen, Verteilung von Literatur und ähnlichem. Eine solche Massentätigkeit verbietet sich in einem voll durchorganisierten totalitären Regime von selbst, aber eine gewisse engere geistige Tätigkeit mit der Vorbereitung darauf, in einer krisenhaften Stunde zupacken zu können, dies allerdings halte ich für die Pflicht derer, die die nötige Einsicht haben.

GAUS: Herr Erler, was trieb einen Mann wie Sie dazu, sich der Politik zu verschreiben? Ich spreche nicht von der Zeit nach 1945, sondern noch einmal von dem jungen Erler. War es – ausgehend vom Einfluß des Elternhauses – Mitleid mit den sozial Schwachen, denen Sie zu einem gerechten Teil verhelfen wollten, war es das Bedürfnis des jungen Mannes nach der

Verwirklichung eines ideologischen Lehrgebäudes, oder war es auch der Reiz, mit den intellektuellen Gaben, die man besitzt, zu spielen, sie auszuspielen, zu brillieren, zu glänzen?
ERLER: Es gibt nie nur ein Motiv.
GAUS: Was war die Sammlung Ihrer Motive?
ERLER: Sie haben eben eine ganze Sammlung angeführt, und da ist sicher in jedem ein zutreffender Punkt. Ich würde meinen, zunächst ist es etwas Tradition. Ich bin, wie wir schon erwähnten, hineingeboren worden in eine politische Familie. Ich habe von Kindesbeinen an in den entsprechenden Organisationen mitgewirkt. Ich war – und bin es heute noch – durchdrungen von der Vorstellung, daß es mit zu den wichtigsten Aufgaben des Bürgers eines Staates gehört, sich um die öffentlichen Dinge zu kümmern, denn wenn er sich nicht darum kümmert, besorgen es andere für ihn, und das wäre nicht unbedingt erwünscht. Er soll ein Stück seines Schicksals dadurch mitgestalten. Aber hinzu kommt, das will ich gar nicht verschweigen, daß es mir Freude gemacht hat, andere von der Richtigkeit meiner Ansichten überzeugen zu können. Ich war Klassensprecher. Ich wurde gewählt zum Vorsitzenden unserer Schulgemeinde, obwohl es an jener Schule auch sehr viele andersdenkende Schüler gegeben hat. Ich war verhältnismäßig früh Gruppenleiter in der sozialistischen Arbeiterjugend, war mit achtzehn Jahren schon Leiter des Bezirks Prenzlauer Berg mit etwa 650 bis 700 Jungen und Mädeln in einer ganzen Reihe von Jugendgruppen. Wir waren mit Abstand die stärkste politische Jugendorganisation in jenem Berliner Stadtbezirk. Das alles hat mir auch Freude gemacht: etwas hinzustellen, zu zeigen, daß man etwas kann, jawohl.
GAUS: Seit 1949, also von Anfang an gehören Sie dem Bundestag an; mit Ihrer Partei stets auf der Seite der Opposition. Einige Ihrer Parteifreunde, wie etwa Helmut Schmidt, haben Bonn den Rücken gekehrt, weil sie die relative Ohnmacht der Opposition nicht länger in Kauf nehmen wollten, sondern

durch Eintritt in Länderregierungen einmal etwas Handfestes machen wollten. Wie steht es bei Ihnen? Was bedeutet es für Sie, seit vielen Jahren immer nur mahnen, kontrollieren, anregen zu können als Oppositionssprecher, aber bisher nicht auch einmal einem Ministerium vorzustehen, Beschlüsse fassen zu können und auszuführen?

ERLER: Die Freude, die es macht, wenn man in einem überschaubaren Wirkungskreis selbst handeln kann, selbst etwas schaffen und selbst etwas hinstellen kann, die habe ich also einmal im organisatorischen Bereich in meiner Jugend erlebt, dann auch später, als ich ein kleines Unternehmen leitete, und dann später als Landrat. Es ist also natürlich, daß es mir mehr Spaß machen würde, in einer Regierung zu sitzen, als die Regierung zu kritisieren und der Regierung Ratschläge und Empfehlungen zu geben, ein Alternativprogramm zu entwickeln. Aber auch dies gehört zu den Spielregeln eines demokratischen Staates, daß die Opposition nicht einfach desertieren darf. Wir können ja nicht alle uns auf die Länderpositionen zurückziehen. Wer soll sich dann um die Dinge des Bundes kümmern, damit einmal aus der Opposition von heute die Regierung von morgen wird?

GAUS: Hat es in den vergangenen Jahren für Fritz Erler Augenblicke gegeben, in denen er mutlos zu werden begann?

ERLER: Nein, mutlos, nein. Es hat Augenblicke gegeben, wo ich etwas von Schmerz erfüllt war, daß es nicht möglich war, bei bestimmten Weichenstellungen wirklich den Kurs selbst mitbestimmen zu können, sondern lediglich zu wissen, daß die eine oder andere nachteilige Folge nicht abgewehrt werden konnte oder daß das eine oder andere, was man sich positiv vorgestellt hatte, auf diese Weise nicht verwirklicht werden konnte. Das hat es schon gegeben. Ein bißchen Bitterkeit; aber mutlos bin ich eigentlich nie gewesen. Wenn Sie es zusammenfassen wollen, würde ich eher sagen, ich gehöre zu den Optimisten; natürlich nicht zu den unverbesserlichen, die den Blick für die Realitäten verlieren. Bei mir war es immer gemischt mit dem nötigen Schuß Einsicht in die Grenzen der eigenen Möglichkeiten. Aber meine Grundanlage ist eher optimistisch.

GAUS: Was halten Sie für den größten politischen Erfolg, den Sie selbst sich anrechnen?

ERLER: Wenn Sie es für die Person nehmen und nicht bei der Gestaltung eines Sachverhaltes, dann ist es ja doch wohl so, daß die sehr überzeugende Wahl zum Vorsitzenden der sozialdemokratischen Bundestagsfraktion und zum stellvertretenden Vorsitzenden der Sozialdemokratischen Partei Deutschlands schon ein Vertrauensbeweis ist, der auch einem erwachsenen Manne zu Herzen gehen kann.

GAUS: Dies ist Ihnen zu Herzen gegangen?

ERLER: O ja.

GAUS: Sie haben die Jahre von 1939 bis 1945, Herr Erler, in verschiedenen Zuchthäusern und Arbeitslagern verbringen müssen. Im März 1945 konnten Sie von einem Gefangenentransport entweichen und sich bis Kriegsende im Württembergischen verborgen halten. Sie waren dann, bis Sie 1949 in den Bundestag kamen, Landrat in verschiedenen württembergischen Kreisen; zwischendurch wurden Sie auch einmal von der Besatzungsmacht in das Internierungslager Bahlingen eingewiesen, weil Sie einem Fremdenlegionär zur Flucht in die amerikanische Zone verhalfen, damit er nicht den Franzosen in die Hände fiele. Ich würde gerne folgendes wissen: Nun saßen Sie in dem Internierungslager Bahlingen plötzlich auf derselben Seite des Stacheldrahts wie die Nationalsozialisten, denn die meisten Insassen waren ehemalige nationalsozialistische Funktionäre, größere und kleinere. Was war das für eine Erfahrung für Sie, plötzlich mit diesen Leuten, die Sie vorher jahrelang eingesperrt hielten, zusammen eingesperrt zu sein?

ERLER: Es war eigentlich keine ganz unvorhersehbare Erfahrung. Ich habe mich immer gegen Kollektivurteile gewehrt und habe immer versucht, die Menschen für ihre individuellen Leistungen oder auch ihre individuellen Taten verantwortlich zu machen. Und gerade in jenem Lager wurde mir noch einmal besonders deutlich, daß das auch für die große Masse derer galt, die nun von der Besatzungsmacht etwas summarisch als »die Nationalsozialisten« betrachtet worden sind. Denn unter jenen Männern gab es zunächst einmal in jenem Lager auch eine ganze Reihe, die objektiv mit den Nationalsozialisten überhaupt nichts zu tun hatten, die durch Denunziation eingesperrt worden waren. Klare Fehler der Besatzungsmacht gab es dabei auch. Dann gab es einige ehemalige führende Figuren, bei denen man das Gefühl hatte, daß für sie die Zeit der nationalsozialistischen Gewaltherrschaft gleichzeitig auch ein außerordentlich lukratives Geschäft gewesen ist. Es gab aber auch andere, die mir imponiert haben, sehr überzeugt gewesene Männer, für die mit dem Zusammenbruch auch eine eigene Welt, die sie sich in ihren idealen Vorstellungen aufgebaut hatten, zusammengebrochen war. Manche hatten das schon etwas eher bemerkt, aber nicht ausgesprochen. Für manche war es wirklich erst das bittere Ende. Das heißt, ich habe dort erneut differenzieren gelernt zwischen den Menschen auch in einer solchen Gruppe. Mir ist noch einmal klargeworden, wie recht Kurt Schumacher hatte, als er vor einer kollektiven Verurteilung von Völkern oder von Gruppen und Parteien warnte und immer versuchte, die Verantwortung des einzelnen für das, was er selbst getan oder unterlassen hat, herauszuarbeiten.

GAUS: Sie haben Kurt Schumacher erwähnt. Welche Männer haben den stärksten Einfluß auf Ihre politische Entwicklung ausgeübt?

ERLER: Ich würde sagen, in meiner Jugend war es zunächst Rudolf Breitscheid. Ich sagte schon, daß ihn mein Vater etwas kannte. Ich bin damals öfter in den Reichstag gegangen, habe an Sitzungen teilgenommen als junger Mensch auf der Zuhörertribüne, habe ihn dann bei größeren und kleineren Veranstaltungen erlebt. Er war ein Mann, dem ich wirklich in meinen jungen Jahren nachzueifern versuchte. Als ich dann später zum erstenmal, anläßlich einer Sondersitzung des Bundestages, im Reichstag eine Fraktionssitzung leitete, habe ich meine Fraktion daran erinnert, mit welchen Gefühlen ein Berliner Arbeiterkind erfüllt ist, wenn es nun in diesem Gebäude an dieser Stelle steht, die einstmals Rudolf Breitscheid innehatte. Einen zweiten Namen möchte ich hier nennen, das ist Otto Bauer. Er ist einer der geistigen Väter meiner Jugend gewesen, ein österreichischer Sozialdemokrat, der sehr viel für die theoretischen Diskussionen der damaligen Jahre bedeutet hat, übrigens auch für den Standort der Sozialdemokratie in Abgrenzung von den kommunistischen Bestrebungen. Und der dritte in jenen Jahren war Léon Blum. Ich möchte hier aufhören, weil es ja eigentlich in späteren Jahren nicht mehr jene jugendliche Vorstellung gibt, daß man einen Mann sich als Vorbild erkiest. Später lernt man ja, daß nicht einfach eine Persönlichkeit kopiert oder eine Institution eines anderen Landes gar übertragen werden kann, sondern daß man nur Erfahrungen im guten wie im bösen nutzen und aus bestimmten einzelnen Taten und Handlungen lernen kann, aber nicht einfach kopieren. Insofern habe ich dann also später in meinem Leben niemandem mehr in dieser Weise nachgeeifert, wohl aber habe ich natürlich von denen, die mit mir gewirkt und vor mir gewirkt haben, eine ganze Masse gelernt. Dazu gehört unstreitig auch Kurt Schumacher, ja ganz entscheidend sogar, denn er war der Motor unserer Partei nach 1945 und hat, obwohl viele das heute nicht so richtig sehen, in seinen ersten Reden in den ersten beiden Jahren bereits eine ganze Menge der Dinge gesagt, die wir dann später auch programmatisch niedergeschrieben haben – das fand sich in der ersten Zeit noch nicht alles im Programm.

GAUS: Herr Erler, welchen Eindruck hat Adenauer auf Sie gemacht, solange er noch Regierungschef war und auf dem Höhepunkt seiner politischen Macht sich befand? Wie wirkte dieser Kanzler auf eines der führenden Oppositionsmitglieder im Bundestag?

ERLER: Adenauer war ohne jede Frage die beherrschende Figur der politischen Szene auf der anderen Seite. Insofern mußte man sich also mit ihm ernsthaft auseinandersetzen, auch wenn das manchmal schwerfiel, weil ich immer wieder überrascht war, wie bei wichtigen grundsätzlichen Fragen Adenauer es vermochte, mit ein paar Bemerkungen von dem eigentlichen Kernpunkt einer Frage abzulenken und eine etwas nebensächliche Frage, an der sich aber eine kölnische Darbietung entzünden ließ, aufzuhängen. Diese Fähigkeit hat mich immer verblüfft, aber sie war offenbar bei ihm ein unentbehrliches Führungsmittel, so daß ich ihm noch nachträglich dafür meinen Respekt sagen möchte. Aber das möchte ich lieber nicht kopieren, es würde mir auch nicht liegen.

GAUS: Hat es, von dieser Eigenheit abgesehen, Beweise für spezielle politische Begabungen und Fertigkeiten des ersten Bundeskanzlers gegeben, von denen Sie gesagt hätten, ich hätte sie ganz gerne?

ERLER: Ich glaube, daß in einem Punkte Adenauer für alle, die mit ihm zu tun hatten, etwas Eindrucksvolles dargestellt hat: seine Konzentration auf ganz wenige entscheidende Fragen. Er verlor sich nie in viele Einzelheiten. Er hat dabei manchmal zu sehr vereinfacht. Vor dieser Kopie des zu großen Vereinfachens, bei dem die Probleme dann nicht mehr richtig genug dargestellt werden, möchte ich mich hüten. Aber daß man die Dinge nicht unnötig verwirren soll, daß man versuchen soll, lieber in wenigen geraden Strichen ein Problem darzutun, darin galt es bei dem alten Herrn einiges zu lernen. Es ist sehr seltsam, daß er umgekehrt auch ein erstaunliches Verhältnis zu mir hatte. Wir haben uns immer sehr freundschaftlich unterhalten bei aller politischen Gegnerschaft. Und es war ja schon in sehr früher Zeit so. Als ich einmal als junger unbekannter Abgeordneter im Bundestag eine Rede hielt und sah, der Bundeskanzler stand auf, rief ich ihm zu »Aber, Herr Bundeskanzler, jetzt kommt eine Sache, die geht Sie an, ich bitte Sie, doch wieder Platz zu nehmen«; da hat er sich tatsächlich hingesetzt und mir nachher geantwortet. Seit der Zeit war es häufig so, daß auf Reden Erlers Adenauer antwortete. Das war – wenn Sie so wollen – für den zunächst unbekannten Sprecher sogar eine Auszeichnung. Er hat ein bißchen auch dazu beigetragen, den jungen Mann sich an dem arrivierten Gegner etwas hochranken zu lassen. Aber ich möchte meinen, daß ich vermutlich meinen Weg auch ohne Adenauer gegangen wäre.

GAUS: Wie sind Sie zum Verteidigungsexperten Ihrer Fraktion geworden?

ERLER: Es war eine persönliche Entscheidung Kurt Schumachers, denn meine eigene Militärzeit war nur eine achtwöchige Übung im Jahre 1938. Ich hatte es in der damaligen Reichswehr nicht weiter als bis zum Funker gebracht. Ich hatte also keine großen militärischen Erfahrungen und Leistungen aufzuweisen. 1950 hielt Churchill seine Rede über die Notwendigkeit der Schaffung einer europäischen Armee. Und es wurde ganz deutlich, daß das Problem einer Bewaffnung von Deutschen, in welchem internationalen Raum auch immer, von der Tagesordnung nicht wieder verschwinden würde, daß man sich mit dem Problem beschäftigen mußte. Da hat Kurt Schumacher mich damals gebeten, ich möge mich dieser Frage annehmen. Er hat mir auch eine ganze Reihe von Gesprächspartnern vermittelt, um sachkundigen Rat zu haben, die wir dann zu diesem Zweck in den verschiedensten Ecken des Bundesgebietes zusammenriefen. Ich gehörte ja seinerzeit – übrigens auch noch eine Entscheidung

Schumachers – wegen der damals notwendigen Sprachkenntnisse bereits zur beratenden Versammlung des Europarates. Damals war Deutsch noch nicht Verhandlungssprache. Das ist also im wesentlichen auf Kurt Schumacher zurückzuführen.

GAUS: In diesen Wochen Anfang des Jahres 1965 wird in der westdeutschen Öffentlichkeit da und dort gesagt, Sie, Herr Erler, würden ein besserer Kanzlerkandidat der SPD sein als Willy Brandt. Ich weiß, was Ihre Partei dazu sagt; sie sagt, dies sei eine durchsichtige Zweckpropaganda der gegnerischen Parteien, und Sie selbst geben dies gern als Nachweis dafür aus, wie viele erstklassige Leute Ihre Partei doch habe. Aber dieses beiseite geschoben, möchte ich Sie doch fragen: Halten Sie es nicht für einen erlaubten und selbstverständlichen Ehrgeiz jedes Politikers, der Erste sein zu wollen, und wollen Sie nicht doch der Erste sein?

ERLER: Ich möchte die Frage ganz klar verneinen. Ich würde sagen, daß es gut ist zu wissen, daß man es auch kann, aber daß es für ein Volk nicht bekömmlich ist und auch für eine Partei nicht bekömmlich ist, wenn ohne Not Personenrivalitäten vom Zaun gebrochen werden, einfach weil mehrere, die es sich zutrauen, der Erste sein zu können, nun anfangen, um den Platz des Ersten zu raufen. Ich bin der Meinung, daß es besser ist, wenn diejenigen, die es können, sich zur freundschaftlichen Zusammenarbeit verbinden, statt sich gegenseitig zu bekämpfen. Es ist ja durchaus möglich, daß dem kameradschaftlich herausgestellten Ersten aus Gründen, die niemand in der Hand hat, etwas zustößt. Ich finde, es ist beruhigend zu wissen, daß Partei und Volk dann nicht in einer schweren Krise sind, einfach weil es keinen anderen gibt, der einspringen kann; es ist beruhigend zu wissen, daß man mehrere Persönlichkeiten hat. Das Entscheidende ist – glaube ich – in einem solchen Falle die kameradschaftliche Zusammenarbeit derer, die also wirklich hier die entsprechende Eignung auch nach der Meinung anderer mitbringen. Daher hielte ich es für unfruchtbar, hier einen Gegensatz aufbrechen zu lassen. Ich ziehe die freundschaftliche Zusammenarbeit eindeutig vor, ohne damit im geringsten etwa einen Minderwertigkeitskomplex zu haben und mir bestimmte Aufgaben nicht zuzutrauen.

GAUS: Früher wurde gelegentlich gesagt, daß Erler, wenn er auf interne Widerstände stoße, schnell in Zorn gerate und manchmal geradezu unbeherrscht sei, auch Kontakt mit der Parteiorganisation vermissen lasse. Heute wird Ihnen in der Fraktion, die Sie nun führen, nachgerühmt, daß Sie gelassener geworden seien. Ist das eine Entwicklung, die Sie auch für sich selber sehen und feststellen?

ERLER: Ich glaube, das ist richtig. Es ist nicht so, daß ich früher regelmäßig Wutausbrüche gehabt hätte. Das wäre ein falsches Bild, und das behauptet ja auch niemand. Aber mich überkam schon gelegentlich der Zorn oder auch die Ungeduld, wenn Argumente, die man sorgfältig ausgewählt glaubte, von deren Durchschlagskraft man überzeugt war, dann doch nicht Glauben fanden. Daß man dann gelegentlich etwas in Unmut geriet und verzweifelte an der verständnisvollen Einsicht derer, um deren Zustimmung man zu ringen hatte, das ist vorgekommen. Ich habe die Erfahrung gemacht, daß einmal damit der Sache, die man vertrat, nicht genutzt wurde und daß auch unnötig persönliche Verstimmungen zwischen Männern und Frauen entstanden, deren Zusammenarbeit doch ein sehr wesentlicher Faktor politischen Wirkens ist. Und ich meine daher, daß die vielleicht auch mit dem Anwachsen der Jahre bedingte größere Reife der Partei und auch mir gut bekommen ist.

GAUS: Sie haben sich stets bemüht, den offenen Konflikt mit Parteifreunden, die gegen Sie argumentierten, zu vermeiden. Sind Sie jemand, der eine Scheu davor hat, es zum offenen Bruch kommen zu lassen?

ERLER: Ich würde meinen, daß es überhaupt kein Verdienst ist, jemand zu sein, der es ohne jede Scheu zum offenen Bruch kommen läßt. Ich bin nicht für menschlichen Abbruch. Aber ich bin der Meinung, daß es falsch ist, eine in der Sache notwendige Entscheidung nur deshalb nicht zu fällen oder zu vertagen, weil einige Freunde damit nicht einverstanden wären. Dann muß eine solche Sache in aller Freundschaft ausdiskutiert und durchgestanden werden. Sie darf nicht auf die lange Bank geschoben werden. Ich bin also nicht für das Zaudern. Aber wo es irgend möglich ist, die Auseinandersetzung in einer Form zu führen, die eben keinen menschlichen Bruch herbeiführt, werde ich mich darum bemühen.

GAUS: Erlauben Sie mir eine letzte Frage, Herr Erler: Mit wem im Bundestag debattieren Sie am liebsten; von der Sache abgesehen, sondern nur betrachtet die Eleganz des Argumentewechsels? Wer ist der Ihnen angenehmste Partner zum Debattieren?

ERLER: Ich würde sagen, wenn Sie mich so direkt fragen, daß der Partner, mit dem ich am liebsten die Klingen gekreuzt habe – übrigens nicht nur im Bundestag, sondern auch im Rundfunk und im Fernsehen –, dem Bundestag nicht mehr angehört. Das war Kurt Georg Kiesinger. An diese Debatten entsinne ich mich immer noch mit einem besonders großen Maß an Vergnügen. Wir haben – glaube ich – harte Auseinandersetzungen gehabt, aber immer in einer Form, die uns auch nach Abschluß der Debatte wieder aufeinander zugehen ließ, und ich glaube, wir haben in diesen Debatten auch manches Problem doch klären helfen, was nicht immer in jeder Debatte der Fall ist.

Eugen Gerstenmaier

»... Es war, glaube ich, im Jahre – ich war schon Bundestagspräsident – 1957, da sagte ich Konrad Adenauer einmal: Mir gefällt es eigentlich gar nicht, diese Wahlkämpferei mit dem Verzicht auf Nuancen und Differenzierungen und diese Platitüden und das ganze Hin und Her und all dieses viele unwichtige Getue; das gefällt mir eigentlich gar nicht; nein, mir gefällt die ganze Politik nicht. Ich bin dabei nicht glücklich, sagte ich. Wissen Sie, was Adenauer sagte? Und da sehen Sie die Weisheit dieses Mannes. Sie war für mich selber erleuchtend. Er sagte: ›Wissen Sie, jetzt sind Sie nicht glücklich, aber wenn Sie aus der Politik ausscheiden, dann werden Sie unglücklich ...‹«

Eugen Gerstenmaier, geboren am 25. August 1906 in Kirchheim/Teck, gestorben am 13. März 1986 in Oberwinter/Rhein. Zunächst Realschule und kaufmännische Lehre, holte 1931 in Stuttgart das Abitur nach und studierte Philosophie, Germanistik und evangelische Theologie. Arbeit im Außenamt der evangelischen Kirche, Mitglied der Widerstandsgruppe vom 20. Juli. Verurteilt zu sieben Jahren Zuchthaus. Nach 1945 Aufbau und Leitung des Hilfswerks der EKD. 1949 Beitritt zur CDU und für diese Mitglied des Bundestages. Ab 1954 Präsident des Bundestages. Ab 1956 stellvertretender Vorsitzender der CDU. 1969 trat er wegen einer Wiedergutmachungsaffäre als Bundestagspräsident zurück und verzichtete auf eine weitere Bundestagskandidatur. Er blieb Sprecher des Ältestenrates der CDU.

Gespräch mit Dr. Eugen Gerstenmaier, dem Präsidenten des Deutschen Bundestages und stellvertretenden Vorsitzenden der CDU, gesendet am 22. Juli 1964.

Der christliche Staatsmann ist kein Missionar

GAUS: Herr Dr. Gerstenmaier, als Präsident des Deutschen Bundestages, der Sie seit 1954 sind, und als einer der stellvertretenden Vorsitzenden der Christlich Demokratischen Union gehören Sie in die erste Reihe der deutschen Politiker. Sie haben sich in all den Jahren sehr darum bemüht, die Würde Ihres Amtes als Parlamentspräsident ins öffentliche Bewußtsein zu rücken. Das bringt mich zu meiner ersten Frage: Glauben Sie als Bundestagspräsident, daß Ihr Amt und auch das Parlament das rechte Maß an Anerkennung bereits finden, oder müssen Sie argwöhnen, daß sie aus Mangel an Tradition und politischem Bewußtsein im deutschen Volk nach wie vor eine Schattenrolle spielen?

GERSTENMAIER: Ich habe hinsichtlich meines Amtes gar keine Klagen. Aber ich würde dem Parlament wünschen, daß es nicht nur so beachtet wird, wie es tatsächlich geschieht, sondern daß ihm auch ein klein wenig mehr Zuneigung und, wenn es gegenüber einer Institution dieser Art überhaupt möglich ist, auch so etwas wie Liebe im Volk entgegengebracht wird. Denn schließlich gibt es in diesem Parlament viele – in allen Fraktionen –, die sich sehr große Mühe geben.

GAUS: Sie persönlich beklagen diesen Mangel an Sympathie, an Zuneigung, an Liebe für das Amt des Präsidenten nicht?

GERSTENMAIER: Ich muß dankbar sein für viele Stimmen, die

mich ermutigen, in dieser Weise mein Amt zu führen. Ich bin auch bei manchen Leuten sicher ein gutgehaßter Mann. Aber das muß man wahrscheinlich hinnehmen. Von allen geliebt zu werden, das ist zuviel verlangt, zu prätentiös.

GAUS: Gelegentlich, Herr Präsident, sind Sie in der Öffentlichkeit wegen der Neigung kritisiert worden, den Rang Ihres Amtes auch äußerlich zu dokumentieren, so etwa, als Sie darauf bestanden, für einen Dienstkraftwagen ein besonderes Kennzeichen zu erhalten. Warum haben Sie die Gefahren der Mißdeutung nicht gescheut?

GERSTENMAIER: Ich habe sie nicht gescheut, weil mir die Ordnung falsch zu sein schien. Um bei dieser Kleinigkeit zu bleiben – das ist ja nur eine Kleinigkeit: Es ging damals um die Null-Nummern. Ich halte dafür, daß man diese Null-Nummern –

GAUS: Das sind die Nummern der Diplomatenwagen.

GERSTENMAIER: – wenn man sie schon einmal hat, auf die Exterritorialen beschränken sollte. Und man sollte dann mit eins-eins beginnen, und zwar nach meiner Überzeugung bei dem Bundespräsidenten. Alle deutschen Dienststellen und deutschen Behörden, so hoch sie auch sein mögen, sollten grundsätzlich keine Null-Nummern führen. Ich konnte mich damals nicht durchsetzen, weil ich die Sache gar nicht in der Hand hatte. Ich konnte es nur noch auf diese Weise korrigieren. Ich für meine Person führe – was mir manche Leute auch übelnehmen –, selbst wenn ich mit meinem Dienstwagen fahre, eine Privatnummer, eine gewöhnliche Polizeinummer. Nur wenn ich bei amtlichen Anlässen aufzukreuzen habe, dann führe ich die Nummer, von der ich allerdings in Anspruch nehme, daß sie nach der Verfassung und nach dem Willen des Parlaments dem Rang des Parlaments entspricht.

GAUS: Ist Ihnen daran gelegen, weil Sie glauben, daß auch die äußerliche Dokumentation eines solchen Ranges zur Verankerung unserer jungen politischen Institutionen beitragen kann?

GERSTENMAIER: Ja, ich muß das ernst nehmen. Unsere Zeit lebt ihren eigenen Stil, und wir leben in einem Stilwandel auch unserer staatlichen Formen. Aber kein Staat, keine Nation, die sich selber darstellen will, kann in ihren Institutionen darauf verzichten, einen eigenen Stil zu entwickeln. Und die Leute, die das tun, müssen dabei verhältnismäßig streng sein, jedenfalls wenn es sich um die Institution handelt. Handelt es sich um ihre eigene Person, dann sollte man ihnen gelegentlich Marscherleichterung zubilligen.

GAUS: Sie gelten bei manchen Beobachtern, Herr Präsident, als ein schroffer Mann, der nicht viel Freunde um sich versammelt, weil er, wenn es darauf ankommt, hart und hartnäkkig reagiert. Als Sie Bundestagspräsident wurden, haben manche Abgeordnete befürchtet, daß Ihr Temperament Ihnen in dem neuen Amt im Wege stehen könnte. Haben Sie auch solche Bedenken gehabt?

GERSTENMAIER: Ja, das hatte ich. Ich kenne mein Temperament, und ich kenne seine Gefahren. Ich muß sagen, daß mir dieses Amt nicht begehrenswert erschien. Ich hoffe, daß ich damit nichts Unziemliches gegen mein Amt sage. Ich muß gestehen: Als ich damals zum erstenmal mit Ach und Krach zum Bundestagspräsidenten gewählt wurde, hatte ich noch nicht einmal die Geschäftsordnung richtig gelesen: So wenig schienen mir diese Fragen von Bedeutung zu sein.

GAUS: Sie sind nun seit bald zehn Jahren Parlamentspräsident. Können Sie mir sagen, was nach Ihren jetzigen Erfahrungen die wichtigsten Tugenden eines solchen Amtes sind?

GERSTENMAIER: Ich habe mein Amt inzwischen kennen- und bis zu einem gewissen Grade auch liebengelernt. Und ich habe ziemlich lange Zeit gebraucht, um mich dazu durchzuringen, wo ich heute stehe, wo ich seit einigen Jahren stehe. Ich glaube, daß ein Parlamentspräsident sich und sein Amt nur dann richtig versteht, wenn er sich selber klipp und klar sagt, daß er nichts als der erste Diener seines Hauses ist.

GAUS: Schmerzt Sie manchmal der Verzicht auf das kämpferische Eingreifen als Parteiabgeordneter?

GERSTENMAIER: Das ist mir manchmal immer noch, obwohl ich mich allmählich etwas daran gewöhnt habe, ein bitterer Verzicht, wenn ich oben sitze und die Diskussion so an mir vorüberzieht. Nicht immer, aber sehr oft; sehr oft aber auch nicht; denn mehr und mehr haben im Parlament die Fachleute das Wort.

GAUS: Bedauern Sie das?

GERSTENMAIER: Nein. Es ist bei der Entwicklung wahrscheinlich unabweisbar. Aber es gibt immer noch Situationen, wo Themen verhandelt werden, die mich brennend interessieren und zu denen ich mir getrauen würde, auch etwas, vielleicht sogar etwas Weiterführendes zu sagen. Dann ist es für mich ein wirkliches Opfer, da oben zu sitzen und mich ganz streng auf die Worterteilung zu beschränken.

GAUS: Sie sind schwäbischer Herkunft, Herr Präsident. Ihre Familie ist im Schwabenland ansässig. Sie sind 1906 als Sohn eines Handwerkers, eines Klavierbauers, in Kirchheim geboren.

GERSTENMAIER: In Kirchheim unter Teck; es gibt so viele Kirchheim.

GAUS: Was, bitte, halten Sie denn für das schwäbische Erbteil in Ihrem Naturell?

GERSTENMAIER: Ich glaube, eine gewisse Zähigkeit, auch eine gewisse Hartnäckigkeit, einen gewissen Eigenwillen, so wie das bei den Albbauern seit vielen Jahrhunderten einfach notwendig war. Meine Familie lebt seit vielen Jahrhunderten auf der Alb, und zwar dort, wo der Boden so karg war, daß sogar die sparsamen württembergischen Könige – nicht alle waren sparsam, aber einige waren es sehr – zu der Auffassung kamen: Mit diesem Boden ist nichts anderes zu machen, als außer einer Schafweide noch einen Truppenübungsplatz anzulegen. Meine Familie lebte am Rande des Truppenübungsplatzes von Münsingen, der vielen Deutschen nicht gerade in besonders lieblicher Erinnerung ist. Es ist ein karger Boden. Dort wurden Gerste und Kartoffeln angebaut, dort lebte meine Familie und hat sich redlich durchgeschlagen.

GAUS: Sie meinen die Zähigkeit, die dazu notwendig war, ist ein Erbteil, über das Sie verfügen?

GERSTENMAIER: Ja, ich glaube, diese Hartnäckigkeit im Existenzkampf – ich selber habe das in meiner Jugend erlebt.

GAUS: Sie haben die Schule zunächst nicht bis zum Abitur besuchen können, sondern sind als Vierzehnjähriger –

GERSTENMAIER: Ich bin das älteste von acht Geschwistern. Wir kamen in die üblen Inflationsjahre hinein. Wenn man 1921 / 22 in der höheren Schule war, die mittlere Reife machte und das älteste von acht Geschwistern ist, dann ist Schmalhans Küchenmeister.

GAUS: Sie sind dann in eine kaufmännische Lehre gegangen.

GERSTENMAIER: Ich sollte in eine Banklehre. Aber der Sohn eines Notars hat den Vorrang gehabt. Ich kam dann in eine schwäbische Textilfirma. Ich habe dort einiges gelernt. Aber ich muß sagen, diese acht oder neun Jahre, die ich da in meistens schwäbischen Textilfirmen zugebracht habe, wurden für mich eigentlich nur durch die Tatsache der Jugendbewegung erträglich.

GAUS: Was hat die Jugendbewegung und welche Jugendgruppe für Sie bedeutet?

GERSTENMAIER: Ich kam aus der christlichen Jugend. Ich stamme aus einem frommen schwäbischen Elternhaus und kam in die evangelische Jugend. Heute würde man wohl sagen: die evangelischen Jugendgemeinden oder so was. Ich kam dann aber in die Jugendbewegung. Sie hat für mich sehr viel bedeutet. Sie brachte mich in Kontakt mit der ganzen, etwas aufgewühlten, zuweilen auch nervösen, aber doch, wie ich meine, redlichen geistigen Bewegtheit der damaligen Jugend und Jugendbewegung, die für mich etwas unendlich Bereicherndes war.

GAUS: Glauben Sie, daß diese geistige Bewegtheit der heutigen Jugend fehlt?

GERSTENMAIER: Das möchte ich nicht sagen. Wenn ich so unter Studenten bin – ich habe ja den Vorzug, an allen deutschen Universitäten und Technischen Hochschulen reden zu können –, dann habe ich ein ganz anderes Bild von der deutschen Jugend, als sie mir aus Illustrierten entgegentritt, einen unvergleichlich lebendigeren und intensiveren, nuancierteren, differenzierteren, geistigeren Eindruck. Was mich besonders beeindruckt, ist dies: Wenn man bei Studenten oder überhaupt bei Jugendlichen appelliert, die Macht nicht nur unter taktischen Gesichtspunkten zu sehen und zu verstehen, sondern sich dem Reiz hinzugeben – übrigens auch der Notwendigkeit –, die Macht zu reflektieren, also sich dem Widerspiel von Machtnotwendigkeiten und geistigen Zielsetzungen zu stellen, dann finde ich eigentlich immer, daß man ein großes Verständnis, ein großes Entgegenkommen und eine echte Resonanz bei den deutschen Studenten, aber auch bei der übrigen deutschen Jugend hat. Es ist für mich eine Erfahrung, die sich auf eine jetzt mehr als zehnjährige Beobachtung und Tätigkeit stützt.

GAUS: Sehen Sie also überhaupt einen Unterschied zwischen der Jugend der frühen zwanziger Jahre und der Jugend von heute?

GERSTENMAIER: O ja, im Stil natürlich. Die Ausdrucksmittel, auch die Selbstdarstellung, waren ganz andere. Für uns hat es zum Beispiel viel bedeutet, zu wandern, in die Natur zu gehen, die alten Lieder zu singen. Und im Bundestag gibt es immer noch so eine alte Garde von Menschen aus der Jugendbewegung – durch alle Parteien hindurch –, die sich bei einer gesellschaftlichen Gelegenheit immer erkennen, wenn gesungen wird, was selten ist, nämlich daran, daß sie bestimmte Lieder können.

GAUS: Sie haben als junger Mann von 24 Jahren Ihr Abitur nachgeholt, wozu viel Zähigkeit gehörte. Woraus schöpfen Sie diese, außer Ihrem schon erwähnten schwäbischen Erbgut? War das der Einfluß des Elternhauses, oder hatten Sie selbst das Bedürfnis, doch noch zur Universität zu kommen?

GERSTENMAIER: Nun, mein Elternhaus war karg. Aber ich hatte eine Mutter, einen Vater, überhaupt ein Elternhaus, wo geistige Fragen, nicht nur politische Fragen, sondern Fragen des Geistes überhaupt, auch der geistigen Bildung, der klassischen Bildung, immer wieder angesprochen, immer wieder verhandelt wurden. Daß ich Kaufmannsstift werden mußte, war eben nicht eine Wahl meines Herzens, sondern eine Notwendigkeit. Aber diesen Willen, doch den Versuch zu machen, darüber hinaus zu steigen und studieren zu können, verdanke ich einerseits der Jugendbewegung und zum zweiten – Sie werden lachen – einem Mann, der heute beinahe vergessen ist: Oswald Spengler.

GAUS: Warum gerade Oswald Spengler?

GERSTENMAIER: Oswald Spengler gab in jenen Jahren seinen »Untergang des Abendlandes« heraus. Dieses Werk zu lesen und zu verstehen war für einen Mann meines Bildungsweges eine etwas schwierige Sache. Ich habe bei weitem nicht alles verstanden. Aber ich begriff wenigstens die großen Leitideen des ersten Bandes. Der zweite Band war für mich nicht so wichtig. Aber diese Reaktion und der Wille, so ein Buch doch, wenigstens soweit es möglich ist, ganz zu verstehen, hat mich einfach dazu gebracht zu sagen: Ich muß mehr lernen, ich muß mehr wissen.

GAUS: Wer hat Sie denn überhaupt auf Spengler gebracht? Wiederum die Jugendbewegung oder –

GERSTENMAIER: Die Diskussion in der Jugendbewegung, die

ganze geistige, ungewöhnlich angeregte Auseinandersetzung der Zeit, die sich in der Jugendbewegung doch brennpunktartig konzentrierte.

GAUS: Herr Präsident, Sie sind seit 1925 wahlberechtigt gewesen. Haben Sie von Ihrem Wahlrecht Gebrauch gemacht? Und was haben Sie gewählt?

GERSTENMAIER: Ich glaube wohl – wenn ich mich recht erinnere –, ich habe immer, solange es sie gab, die Volkskonservativen gewählt, und zwar nicht deshalb, weil mir das Programm besonders klar gewesen wäre, sondern weil auf dieser Liste der Volkskonservativen einige Namen standen, die mir aus der Literatur vertraut waren. Sie müssen bedenken: Kirchheim unter Teck war damals ein Städtchen von 9–10000 Einwohnern, und ein Kaufmannsstift konnte damals ja nicht mit den Förderungen, die es heute in der Jugend gibt, rechnen, er mußte sich also auf seinen engen Kreis beschränken, war auf die Literatur angewiesen. Auf der Liste der Volkskonservativen stand ein Mann, von dem ich zwei Bücher gelesen hatte, die für mich – mehr für meinen politischen als für meinen geistigen Werdegang – etwas Grundlegendes bedeuten, nämlich August Winnig mit dem wunderbaren Buch, einer Geschichte seiner Jugend: »Frührot«, wie dieser junge Arbeitersohn und Sozialist sich durchringt, bis er im Gefängnis landet, eine Geschichte, die mir einfach ans Herz gegriffen hat, und dann ein programmatisches Buch, das auf mich einen großartigen Eindruck gemacht hat und mich nie mehr losgelassen hat: »Vom Proletariat zum Arbeitertum«. Eigentlich haben diese beiden Bücher meine ersten politischen Entscheidungen bestimmt, und nur deshalb, weil der Verfasser dieser Bücher – ich weiß, daß er bei den Sozialdemokraten, nicht bei allen, nicht gut gelitten ist, weil er sich – ich weiß eigentlich nicht so recht, warum – irgendwann von den Sozialdemokraten getrennt hat. Jedenfalls stand dieser August Winnig auf der Liste, und das war für mich eine Art Vorbild.

GAUS: Können Sie sich erinnern, in welchem Alter Sie die Bücher von Winnig gelesen haben?

GERSTENMAIER: So als 20-, 21- oder 22jähriger, also kurz bevor ich wählen durfte.

GAUS: Sie haben zunächst Philosophie und Germanistik studiert und erst später evangelische Theologie. Wie kam es zu dem Theologiestudium? Auch durch Winnig?

GERSTENMAIER: Nein, Winnig spielt dabei keine Rolle, sondern vielleicht der Gegensatz zu meinem etwas pietistischen Elternhaus, die kritische Absetzung vom Pietismus, der mich aber doch beim Thema gehalten hat, beim großen Thema der Theologie. Man kann sich kritisch absetzen, aber man bleibt dann doch der Gefangene auch des Gegensatzes. Damals hat mich ein Mann, den ich später gar nicht mehr sehr schätzte, mit dem ich viel Streit bekommen habe als junger Theologe, Karl Barth, sehr beeindruckt, und zwar noch in der Jugendbewegung, so daß ich mich mit Theologie schon in der Jugendbewegung ziemlich viel beschäftigt habe. Aber dann hatte ich das wieder fallenlassen – Philosophie und Germanistik erschienen mir reizvoller –, bis ich dann unter dem Eindruck der großen Krise der Universität im Sommer 1933 und vor allem unter dem Eindruck meines Lehrers Friedrich Brunstäd in Rostock doch immer mehr Theologe wurde. Friedrich Brunstäd hatte sozusagen die Entwicklung vorweggenommen, die ich nachvollzogen habe. Er war Philosophieprofessor in Erlangen gewesen, als ich mich mit Hegel und insbesondere mit Kant befaßte, dem kritischen deutschen Idealismus. Ich war deshalb nach Rostock gegangen, denn Brunstäd hatte den Ruf auf den Lehrstuhl für systematische Theologie in Rostock angenommen. Ich muß sagen, in der Entwicklung Friedrich Brunstäds war mein eigener akademischer Werdegang vorgezeichnet, und ich bin auch deshalb diesem Lehrer immer, über sein Grab hinaus, dankbar geblieben.

GAUS: Ihre Eltern waren glücklich über dieses Fach?
GERSTENMAIER: Mein Vater hat es für ein großes Risiko gehalten, als ich damals das Abitur machen wollte und aus meiner bescheidenen Stellung als kaufmännischer Angestellter ausschied. Es war die Zeit der großen Arbeitslosigkeit, und manche Leute in der Verwandtschaft, auch Freunde, Nachbarn und Bekannte, meine Kollegen und meine Arbeitgeber bedeuteten mir, daß ich eigentlich ein grenzenlos leichtsinniger Bursche sei. Ich hielt mich selber nicht für besonders begabt. Ich war kein glanzvoller Schüler gewesen in meiner Heimat in der Realschule in Kirchheim, und ich war gar nicht sicher, ob ich überhaupt Hinreichendes leisten würde und ob ich so schnell – ich wollte das humanistische Abitur machen – den Stoff von acht Gymnasialjahren nachholen würde. Ich hatte ja nur ein paar Monate Zeit dafür. Ich habe dann die Aufnahmeprüfung für die Oberprima am Eberhard-Ludwig-Gymnasium gemacht in Stuttgart und habe dort eine Schule kennengelernt, der ich bis zum heutigen Tag Dankbarkeit und Liebe bewahrt habe wie auch ihren Lehrern.
GAUS: Ohne Zweifel die Schule mit dem besten Ruf in Württemberg.
GERSTENMAIER: Großartige Schule und großartige Lehrer. Damals war Direktor unser alter Binder, ein großer Humanist.
GAUS: Sie hatten wohl, Herr Präsident, wenn ich recht unterrichtet bin, den Wunsch und haben ihn gelegentlich auch heute noch, ein Lehramt an einer Hochschule auszuüben, was Sie unter dem nationalsozialistischen Regime nicht konnten. Sie haben dann im Außenamt der Evangelischen Kirche gearbeitet, einer Art Außenministerium, und in dieser Funktion sind Sie zwangsläufig oft in Berührung und Zusammenarbeit gekommen mit dem wirklichen Auswärtigen Amt, dem des Reiches. Das ist selbstverständlich. Ich habe darüber hinaus eine Frage. Damals haben Teile der Evangelischen Kir-

che versucht, Schritt zu fassen mit dem Nationalsozialismus oder sich doch jedenfalls zu arrangieren, wenn man von der sich gerade bildenden Bekennenden Kirche absieht. Haben Sie an solchen Versuchen, Schritt zu fassen, teilgehabt?

GERSTENMAIER: Darf ich zunächst einmal auf den Anfang Ihrer Frage zurückkommen?

GAUS: Die Bemerkung über den Wunsch, ein Lehramt auszuüben?

GERSTENMAIER: Ja. Ich selber war gar nicht auf die Idee gekommen. Ich hielt mich einfach nicht für begabt genug. Aber ich habe dann ein Staatsexamen gemacht und eine Dissertation geliefert, mit der ich sehr gut abschnitt.

GAUS: 1936?

GERSTENMAIER: Nein, das war schon 1935. Auf Grund dieser Examina wurde ich von meiner Fakultät zur Habilitation aufgefordert, und erst da traute ich mir zu, auf das von mir an sich begehrte Amt, an das ich nie wirklich ernsthaft gedacht hatte, zuzuhalten. Ich habe mich dann habilitiert. Zuerst wurde mir die Promotion praktisch verweigert durch den Reichsstatthalter in Mecklenburg. Dann wurde mir die Habilitation zwei Jahre lang vorenthalten, obwohl die Fakultät mich habilitiert hatte. Schließlich wurde ich durch Vermittlung einiger Freunde, insbesondere von Professor Koch, zum Dozentenlager, zur Dozentenakademie zugelassen.

GAUS: Vom Osteuropa-Institut?

GERSTENMAIER: Vom Osteuropa-Institut. Hans Koch spielte da eine beträchtliche Rolle. Er galt nämlich bei den Nazis als Fachmann für russische Fragen, und davon verstand er zweifellos etwas. Nun, Hans Koch hatte es durchgesetzt, daß ich endlich zum Dozentenlager zugelassen wurde. Ich wurde auch zu den Vorlesungen an der Universität Berlin – in Mecklenburg durfte ich nicht dozieren – zugelassen. Es gab einen vernünftigen, verständnisvollen und hilfreichen Referenten im Wissenschaftsministerium – man fand ja solche Leute

überall –, der mir geholfen hat. Kurz und gut, ich wurde zugelassen.
Aber ich flog dann geradezu cum infamia hinaus, einfach weil die Leute sagten, es sei eine Unverschämtheit; schon in meinen ersten Vorlesungen hätte ich die Ahnenreihe und Ahnengalerie des Nationalsozialismus karikiert. Nun, ich war gegen die Leute. Das stimmt. Aber ich habe natürlich versucht, mich nicht gerade wie ein Märtyrer in die Speere zu stürzen, sondern eben meine Bahn zu machen. Es ist mir nicht gelungen; ich bin gescheitert aus politischen Gründen.
Ich kam dann ins Außenamt, und im Außenamt der Evangelischen Kirche in Deutschland, wo ich Hilfsarbeiter war, auch in Kontakt mit dem Auswärtigen Amt. Dort lernte ich eine ganze Reihe meiner späteren Freunde kennen, mit denen ich dann in den Widerstand und schließlich in den 20. Juli ging.
Nun fragten Sie, ob da nicht eine Art Verführung –
GAUS: Ob es eine Versuchung für Sie gegeben hat, Frieden zu machen mit der herrschenden Gewalt?
GERSTENMAIER: Nein, ernsthaft nicht. Vor einigen Wochen wurde wieder ein Briefwechsel gefunden zwischen mir und Niemöller. Ich schrieb Niemöller nach dem Sommersemester 1933, ich sei in Rostock gewesen und hätte dort am Kirchenkampf teilzunehmen versucht   unter dem Einfluß übrigens unserer Lehrer Brunstäd und Helmut Schreiner, unseres praktischen Theologen, eines tapferen Mannes –, und ich sei der Meinung, man sollte so etwas doch auch in Württemberg machen. Ich fragte ihn, ob er mir nicht seine Schriften zum Pfarrernotbund schicken könnte.
Niemöller hatte ja damals nach meiner Überzeugung das einzig Richtige getan. Er hatte eine Kampfformation gebildet. Das war etwas Außergewöhnliches auf dem Boden des konservativ gestimmten deutschen Kirchentums. Niemöller hat diese Kampfformation gegründet. Das leuchtete mir damals sehr ein, und ich schrieb ihm einen Brief, das sollte man auch

in Württemberg machen und er sollte doch seine Schriften schicken, ich würde dann versuchen, das dort in die Wege zu leiten. Er antwortete mir, und wir versuchten es dann auch. Es ging auch ganz gut.
Ich will nur sagen, daß ich dann später die Schnittlinie betrat, wo sich kirchliche und politische Überlegungen auch von Amts wegen berührten. Ich hatte im Ökumenischen Referat des Außenamtes gearbeitet, also in den zwischenkirchlichen Beziehungen, und da überkreuzten sich natürlich fortgesetzt politische mit kirchlichen Gesichtspunkten und Notwendigkeiten.
Ich würde nicht von »Verführung« sprechen. Eine Verführung war für mich nicht da. Ich hatte mit diesen Leuten, die mich ja um alles gebracht hatten – 1934 war ich eingesperrt worden, 1937 hatten sie mich aus der Universität hinausgeworfen –, überhaupt nichts im Sinne. Aber man kann nicht übersehen – das ist heute vielen nicht bewußt –, daß auch in der Zeit des Nationalsozialismus die Verbindung von nationalsozialistischen und deutschen Interessen oft so eng war, daß in der Gestalt des Nationalsozialismus eben so und so oft auch gewisse Lebensanliegen und Lebensbedürfnisse Deutschlands mit zur Diskussion standen. Das Schwierigste für unsereinen war, hier zu trennen, hier einen scharfen Schnitt zu ziehen.
Wir wollten – das gilt nicht nur für mich, sondern auch für alle meine Freunde – Deutschland dienen, den Nationalsozialismus aber ablehnen. Oft erschien aber, vor allem in den Augen des Auslands oder des außenstehenden Beobachters, alles als eine Einheit. Hier den Schnitt zu ziehen und auf diesem schmalen Grat entlangzuwandern, das war die eigentliche Schwierigkeit.
GAUS: Von welchem Zeitpunkt an haben Sie es nicht mehr für möglich gehalten, diesen Zielen dienen zu können? Von wann an meinten Sie: Nun geht es nicht mehr, jetzt muß der aktive Widerstand beginnen?

GERSTENMAIER: Ich glaube, als ich 1934 in Rostock als Student eingesperrt wurde und dann ein Relegationsverfahren an den Hals bekam, als ich da herauskam, sagte ich mir: Das hat keinen Zweck; diese Leute sind nicht zu reformieren; diese Geschichte ist nicht zu verbessern, die müssen weg. Aber ich war noch nicht so weit, wie ich dann später war, so daß ich sagte: Sie müssen weg um jeden Preis.

GAUS: Von wann an meinten Sie das?

GERSTENMAIER: Ich glaube, so von 1938 ab. Weil mir da zum erstenmal die Kriegsgefahr gegenwärtig wurde, weil mir damals etwas, was weiterblickende ältere Freunde immer sagten – auch mein Lehrer Brunstäd: Passen Sie auf, der führt uns in einen neuen Krieg! –, in der Münchener Krisis existentiell deutlich wurde. Von da ab war ich der Meinung, daß der Mordanschlag unumgänglich sei, weil ich nicht sehen konnte, wie es auf anderem Wege gemacht werden könnte.

GAUS: Sie gelangten dann zu einer Verbindung mit dem Kreisauer Kreis, einer Gruppe von Widerstandskämpfern des 20. Juli um den Grafen Helmuth von Moltke. Wie haben Sie Anschluß gerade an diese Gruppe gefunden, zu der Konservative, Bürgerliche, Liberale und Sozialdemokraten gehörten?

GERSTENMAIER: Ich war vorher schon sehr befreundet mit einem württembergischen Landsmann, der Major im Oberkommando der Wehrmacht war. Er brachte mich in Verbindung zuerst mit ganz anderen Leuten, nämlich mit Wirmer, mit Jakob Kaiser und mit meinem alten Freund Pagel, dem späteren, vor einer Reihe von Jahren verstorbenen Innenminister von Schleswig-Holstein, alle hier in Berlin. Ich war Junggeselle und warf mich in diese Verbindungen. Da wurde ganz fleißig geschimpft und räsoniert, und man überlegte sich auch, was und wie man etwas tun könnte. Aber die Sache begann erst Gesicht zu bekommen, als man dann doch in den Bereich der ernsthaften Militärs trat, die sich Gedanken machten, wie so etwas überhaupt organisatorisch zu machen sei. Den Zugang zu ihnen bekam ich durch meinen Freund Hans Schönfeld, einen meiner nächsten Mitarbeiter, damals Direktor beim Ökumenischen Rat in Genf, Chef der Forschungsabteilung des Ökumenischen Rates, ein Deutscher, der auch hier viele Verbindungen hatte. Er brachte mich, wenn ich mich recht erinnere, zum erstenmal in Verbindung mit Helmuth Moltke.

GAUS: Sie sind am 20. Juli 1944, Herr Präsident, im OKW-Gebäude in der Berliner Bendlerstraße, also am Tatort des Umsturzversuches, verhaftet worden.

GERSTENMAIER: Ja.

GAUS: Es hat nach dem Krieg gelegentlich Diskussionen über das Maß Ihrer Beteiligung am Widerstand und über Ihr Verhalten nach der Verhaftung gegeben. Ich könnte mir denken, daß es zu diesen Diskussionen gekommen ist, weil Sie, obwohl in dieser verfänglichen Umgebung verhaftet, mit einem Urteil davongekommen sind, das relativ milde erscheinen mußte: sieben Jahre Zuchthaus. Ihre Freunde trafen zumeist härtere Urteile. Wie erklären Sie sich selbst die Diskussionen, die es nach dem Krieg über diesen Teil Ihres Lebens gab?

GERSTENMAIER: Das Urteil ist nicht nur relativ milde, sondern, um es kurz zu sagen: Es ist unverständlich milde. Wie ein großer Souverän des Mittelalters die Köpfe seiner Bauern entweder abschlägt oder irgendwelchen Damen schenkt, so kam man bei mir auf die Idee, mich irgendwelchen Damen zu schenken. Warum? Weil meine Schwester eine Freundin hatte, deren Namen ich jetzt nicht nennen will – es ist ein bekannter Name –, die mit Freisler befreundet war. Sie ging dahin mit einer anderen Freundin und bat ihn um meinen Kopf. Sagte der Kerl: »Die Rübe ist ab.« Antwort: »Aber Köpfe, die nur Rüben sind, können Sie uns doch schenken.« Freisler geruhte, diese Rübe einigen Damen zu schenken.

Es gibt andere Fälle. Fälle von Menschen – zum Beispiel mein Freund Stelzer, der mit mir vor Gericht war, und eine Reihe anderer, Hermes usw. –, die zum Tode verurteilt waren und bei denen man dann hinterher aus irgendwelchen Gründen »geruhte«, das Todesurteil nicht zu vollstrecken. Aber zu den sogenannten Diskussionen: Die Interpretationen, die nach dem Kriege aufkamen, stammen samt und sonders aus der Giftküche von Ostberlin und sind genährt durch gefälschtes, entstelltes Material. Vor allem aber nähren sie sich aus einem Trugschluß, dem zum Teil auch deutsche Richter unterliegen, auch heute noch. Nehmen Sie zum Beispiel die sogenannten Kaltenbrunner-Berichte. Der Obergruppenführer Kaltenbrunner hat ja seinerzeit über die Prozesse vom 20. Juli jeden Tag an Hitler berichtet, Berichte über die Verhöre, Berichte über die Urteile usw. Diese Berichte sind vor einigen Jahren in einem Stuttgarter Verlag erschienen. Schlagen Sie einmal in diesen Kaltenbrunner-Berichten nach, was Kaltenbrunner über mich und die Kreisauer sagt.

Dort finden Sie das Resümee, wie wir uns eingelassen haben. Aber es ist natürlich eine grenzenlose Gedankenlosigkeit – von Historikern will ich nicht reden; die haben diese Gedankenlosigkeit nicht begangen, sondern von harmlosen Leuten –, wenn man heute der Meinung ist, daß das, was wir der Gestapo oder der nationalsozialistischen Blutjustiz gesagt haben bei der Verteidigung unseres Kopfes, daß dies der historischen Wahrheit entspreche. Das anzunehmen ist doch grotesk, und es ist eine Gemeinheit, um es offen zu sagen.

Wenn jemand kommt und sagt: »Was denn, da sieht man es ja, die Leute haben doch selbst gesagt: Wir waren eigentlich nicht gegen Hitler; wir haben uns Gedanken gemacht, wie Deutschland aussehen soll, wenn wir den Krieg siegreich beendet haben; wir haben nur gedacht.« Sicher, das können Sie alles nachlesen, das haben wir in den Protokollen unterschrieben. Aber das ist nicht wahr. Das waren Schutzbehauptun-

gen. Das waren Einlassungen zur Rettung unseres Kopfes. Kurz und gut: Wir haben die Unwahrheit gesagt, bewußt und willentlich, weil das die einzige Möglichkeit war, um unsern Kopf zu kämpfen, und weil wir uns auch sittlich dazu berechtigt glaubten.
Ich, der Theologe, sage Ihnen das heute noch: Ich bin einem Mordsystem dieser Art, das mir jedes Rechtsmittel verweigert, nicht die Wahrheit schuldig – unter gar keinen Umständen! Außerdem, wenn ich nur für mich selber gesprochen und gesagt hätte: »Gut, das habe ich getan«, wissen Sie, was dann die Gestapo gemacht hätte? – Dafür gibt es Beispiele –. Sie hätte weitergequält, sie hätte uns weitergeprügelt, sie hätte uns weitergefoltert, um die Namen anderer herauszubringen. Und sollte ich etwa einen alten Mann wie den Landesbischof von Württemberg, den ehrwürdigen Wurm, und dann den Präses von Westfalen, Koch, und etwa Dibelius, sollte ich die an den Galgen bringen? Nun, da hört es doch auf.
Kurz und gut, es gibt Leute, die uns heute sagen: »Entweder habt ihr gelogen, seid nicht Manns genug gewesen, zu dem zu stehen, was war, oder aber ihr habt die Wahrheit gesagt, und also ist es nichts mit eurem Widerstand gegen Hitler.« Sehen Sie, es gibt Dummköpfe in Deutschland, die das nachschwätzen. Es ist die Praxis dieser Leute in Pankow. Damit versuchen sie, den ganzen 20. Juli verdächtig zu machen und in Zweifel zu ziehen. Das kommt aus der Giftküche von Pankow. Sie scheuen auch keine Fälschung von Dokumenten.
GAUS: Ich bin Ihnen dankbar für diese Klarstellung, Herr Präsident. – Sie haben in Diskussionen über die Widerstandskämpfer des 20. Juli gelegentlich Wert gelegt auf den Unterschied zwischen Landesverrat und Hochverrat; den letzteren wollten die Widerstandskämpfer nach Ihrer Argumentation sehr wohl verüben. Was jedoch den Landesverrat angeht, der in der landläufigen Vorstellung in der Tat sehr viel schänd-

licher ist, trat eine gewisse Distanzierung zu Tage. Ich würde von Ihnen gern wissen, ob es Situationen gibt, in denen auch der Landesverrat zur sittlichen Pflicht werden kann.

GERSTENMAIER: Herr Gaus, wir treten hier auf eine äußerste Grenze. Was meine Freunde im 20. Juli betrifft, kann ich nur auf Ehre und Gewissen sagen: Wir haben uns auf das sorgfältigste gehütet, vom Hochverrat in den Landesverrat zu geraten – auf das sorgfältigste! Ich erinnere mich auch, daß mir in meinem Haftbefehl, der mir drei Monate nach meiner Verhaftung erst vorgelegt wurde, unterstellt wurde, daß ich zusammen mit Moltke und meinen anderen Freunden, mit Delp, Haubach und Reichwein, nicht nur Hochverrat, sondern auch Landesverrat begangen hätte. Ich habe sofort protestiert. Da wurde mir gesagt: Da besteht Idealkonkurrenz. Die Juristen, die uns jetzt zuhören, werden wissen, was das ist. Ich verzichte hier auf die Interpretation. Ich will nur sagen: Wir haben uns sorgfältigst bemüht, nicht vom Hochverrat in den Landesverrat zu geraten.

Ich sage Ihnen ganz offen: Der 20. Juli, überhaupt der deutsche Widerstand, ist nicht gemacht worden, um etwa den Gegnern Deutschlands zum Sieg zu verhelfen. Das ist ein Irrtum. Unsere Hauptaufgabe zum Beispiel im Kreisauer Kreis war, die auswärtigen Mächte, die gegen uns zu Felde lagen, von Churchill bis Roosevelt, dafür zu gewinnen, daß sie ihre völlig unproduktive Formel von der bedingungslosen Kapitulation aufgeben; denn diese Formel von der bedingungslosen Kapitulation hat den militärischen Aufstand gegen Hitler nach meiner Überzeugung um Jahre hinausgezögert.

Soll man Generälen, Armeeführern, die nicht völlig erledigt sind, denn zumuten, ins Blaue, d. h. ins Nichts hinein, mit dem Ziel der bedingungslosen Kapitulation Hitler zu stürzen? Das war Unsinn. Wir haben uns jahrelang bemüht, diese nicht nur hinderliche und unproduktive, sondern katastrophale Formel zu beseitigen. Es ist nicht geglückt; Churchill hat das verweigert, und sicher nicht nur Churchill, sondern auch Roosevelt. Ich klage nicht an, ich stelle nur fest, aber man muß das wissen. Es mag Fälle geben, wo auch im Tatbestand zwischen Hochverrat und Landesverrat eine saubere Schnittlinie überhaupt nicht mehr zu ziehen ist. Was uns betrifft, kann ich nur sagen: Wir haben uns auf das sorgfältigste gehütet, vom Hochverrat in den Landesverrat zu geraten.

GAUS: Sie sind auf diese Weise über die Betonung, wie sehr es den Widerstandskämpfern des 20. Juli um die Erhaltung Deutschlands gegangen ist, zur Frage des derzeitigen Verhältnisses der Deutschen zu ihren nationalen Werten und Gefühlen gelangt. In einer Rede vor der Hebräischen Universität von Jerusalem haben Sie, Herr Präsident, im November 1962 gesagt – ich darf das zitieren –: »Was nach dem Nationalsozialismus übrigblieb, war ein tief gestörtes, wenn nicht überhaupt zerstörtes deutsches Nationalbewußtsein. Eine der großen inneren Existenzfragen der Deutschen besteht darum heute darin, ob und wie sie zu einem geklärten Nationalbewußtsein kommen.« Dazu eine Frage. Wie müßte nach Ihrer Vorstellung, Herr Dr. Gerstenmaier, ein solches erneuertes Nationalbewußtsein beschaffen sein? Was darf nicht in ihm enthalten sein, was muß es beinhalten?

GERSTENMAIER: Ich danke für diese Frage. Ich habe soeben darüber Vorlesungen in Japan an der alten Universität von Kyoto gehalten, und zwar aus zwei Gründen, weil ich nämlich erstens Deutschland auch einmal in dieser Frage von außen reflektieren wollte und weil ich zweitens in Japan ähnliche Vorgänge gesehen habe, ein ähnlich gestörtes Nationalbewußtsein, eine ähnliche Situation. Ich möchte zwei oder drei Punkte nennen.

Ich glaube, wir müssen uns entschließen, die nationale Souveränität nicht mehr als den obersten Maßstab und den obersten Wert unseres politischen Tuns und Lassens zu sehen. Tatsächlich ist die nationale Souveränität und das, was sich mit ihr

dann verband, an Staatsverständnis und Staatswollen mindestens 100 Jahre lang – praktisch vielleicht mehr als theoretisch – der oberste Wert und die oberste Richtlinie politischen Verhaltens gewesen. Die Absage an die nationale Souveränität bedeutet deshalb mehr als eine praktische Notwendigkeit im Dienste der Vereinigung Europas. Sie bedeutet eine Revision unserer Wertstufen, unserer Wertkategorien. Die nationale Souveränität ist kein oberster Wert politischen Verhaltens.
Punkt zwei: Der Stil, der politische Stil, auch unser nationaler Ausdruck, muß sich bewußt und willentlich anderen, neuen Formen zuwenden. »Der Deutsche, bieder, fromm und stark, beschirmt die heilige Landesmark.« Sie lächeln, nicht wahr, und andere lächeln auch, obwohl es Generationen gab, denen das gar nicht zum Lächeln war. Und ich respektiere das. Aber wir können nicht mehr so reden. Ich bezeichne damit nur eine bestimmte Art des Verhaltens. Wir müssen unvergleichlich viel selbstkritischer und unprätentiöser auch unseren eigenen nationalen, berechtigten nationalen Lebensbedürfnissen gegenübertreten.
Und schließlich drittens: Wir müssen uns bemühen um ein neues, geistiges und geistig verantwortetes, an Wertordnungen orientiertes nationales und staatliches Bewußtsein. Wir müssen zur Übereinstimmung kommen zwischen unserer Geistigkeit und unserer Machtpraxis. Damit sind wir nun bei dem großen Kapitel »Geist und Macht«, »Gedanke und Taktik« usw.

GAUS: Ein Kapitel, das in Ihrem Leben gelegentlich eine besonders große Rolle zu spielen scheint. Es gibt Beobachter der politischen Szenerie in der Bundesrepublik, die sagen, daß die Lust, die Eugen Gerstenmaier an Gedankenreflexionen hat, ihn gelegentlich vom rechten Umgang mit der Macht abhält. Halten Sie solche Behauptungen für zulässig?

GERSTENMAIER: Bis zu einem gewissen Grade. Wenn wir hier schon ein echtes Porträt machen wollen, dann muß ich das zugeben. Es ist nicht gerade – Sie sprachen von der Lust, und das erinnert mich an Friedrich Sieburgs brillantes Buch »Die Lust am Untergang« –, es ist nicht gerade die Lust am Untergang. Es ist auch nicht, wie mir manche Leute sagen, eine letzte Unfähigkeit, zum harten Handeln durchzukommen. Wenn das sein muß, wird es geschehen. Ich habe mir am 20. Juli nachmittags, obwohl ich die Sache für verloren hielt, einfach abgerungen, in die Bendlerstraße zu gehen, weil ich nicht kneifen wollte. Ich hielt die Sache für verloren, aber ich wollte wenigstens nicht kneifen, sondern stehen. Ich bin mir dessen völlig klar, daß die Reflexion nicht das letzte sein darf, sondern daß man sich zum Handeln, zur Tat entschließen muß. Aber ich halte es nicht für einen Vorteil, sich einfach der Lust – oder da würde ich sagen: dem Vergnügen – der Taktik zu überlassen. Vielmehr finde ich eine gewisse Lust, nicht im Sinne der Belustigung, sondern einer gewissen tiefen inneren Befriedigung, und einen großen Reiz darin, Macht und Geist immer wieder dergestalt zu reflektieren, daß man versucht, sich das, was man politisch unternimmt, in seinem Sinnzusammenhang, im Gesamtzusammenhang klarzumachen, und daß man sich dabei vor sich selber – noch bevor man mit dem anderen, mit dem Widersacher, mit dem Gegner verhandelt – mit dessen eigenen Argumenten und dem, was darin wahr ist, auseinandersetzt. Das führt zu einer Dialektik, die natürlich viele stört, manche auch desorientiert, so daß manche dann sagen: »Ach Gott, was will er denn nun eigentlich? Der Mensch steht sich ja selber im Wege.«

GAUS: Wenn Sie meinen, daß die Fähigkeit, den eigenen Standpunkt relativieren zu können und ihn nicht immer –

GERSTENMAIER: Wenn es sein muß, ja, vor allem differenzieren zu können, nuancieren zu können. Aber ich behaupte – auch wenn ich deswegen verurteilt würde –, daß das keine schwächere Art ist, Politik zu machen, sondern eine stärkere Art.

GAUS: Nun sagt man, daß Sie, obwohl einer der stellvertretenden Vorsitzenden der CDU, einen geringeren Einfluß in Ihrer Partei hätten, als Sie ihn auf Grund Ihrer Position haben könnten. Kann das an all dem liegen, was Sie soeben über sich selber erläutert haben?

GERSTENMAIER: Einmal das. Zum zweiten liegt es natürlich mit an meinem Amt. Ich wäre ein schlechter Diener des deutschen Volkes und des deutschen Parlaments, wenn ich mir nicht völlig klarmachte, daß ich, wenn es darauf ankommt und wenn beides miteinander konkurriert, im Zweifelsfall unter allen Umständen meinem Amt den Vorrang lassen muß. Wenn ich also vor der Frage stehe, ob ich mich als ein Führer, Mit- oder Vorkämpfer der CDU oder als Bundestagspräsident, als Diener des ganzen Hauses verstehen soll, dann wäre ich ein Dilettant, wenn ich nicht klipp und klar entschiede: Das Amt muß den Vorrang haben. Und ich vertraue darauf – und ich bin bis jetzt auch nicht enttäuscht worden –, daß meine Partei, meine Fraktion das versteht. Eine Partei, die den Bundestagspräsidenten stellt, hat von diesem Mann nur dann etwas, wenn er versucht, ein guter Bundestagspräsident zu sein. Das ist das eine. Das zweite ist folgendes: Mir liegt die Art von Kameraderie eigentlich nicht, die doch notwendig ist, um so etwas wie eine Hausmacht zu bilden und zusammenzuhalten. Außerdem verträgt sie sich nicht mit meinem Amt. Ich bin ja der Diener aller. Zu mir müssen alle einen Zugang haben, und ich muß zu allen einen möglichst ungehemmten Zugang haben, nicht nur in meiner Fraktion, sondern auch bei den anderen Fraktionen. Damit verträgt es sich eigentlich nicht, sich dann so etwas wie eine Hausmacht zu bilden, die doch in der Politik, in der praktischen Politik und in der Politik innerhalb der Parteien und darüber hinaus von großer Wichtigkeit ist. Ich sage also gar nichts gegen die Leute, die das machen. Ich sage nur: Der Bundestagspräsident muß wissen, was den Vorrang hat.

GAUS: Und die Kameraderie entspricht auch nicht ganz Ihrem Geschmack.

GERSTENMAIER: Ja, es entspricht – Ach, ich liebe die Gemeinschaft der Männer, wo offene Worte geführt werden, die etwas gemeinsam machen; das habe ich immer geliebt. Aber es gibt doch in der Politik auch so eine gewisse Kameraderie, die nicht nach meinem Geschmack ist.

GAUS: Sie werden, Herr Präsident, gemeinhin als ein konservativ gesinnter Politiker bezeichnet. Sind Sie mit dieser Einordnung einverstanden?

GERSTENMAIER: Ich bin dann einverstanden, wenn man weiß, was konservativ ist.

GAUS: Können Sie es mir erklären?

GERSTENMAIER: Vor einiger Zeit hat der Schweizer Allemann, Ihr Kollege, in einer sehr angesehenen, kultivierten Zeitschrift, im »Monat«, einige Artikel herausgebracht: »Was ist konservativ?« Da schrieb eine ganze Reihe von bedeutenderen Denkern, als ich es bin, über dieses Thema. Dabei ist mir aufgefallen, daß sie im Grunde alle gut spürten, was konservativ ist, aber daß wenige es auf eine Formel brachten. Ich würde eine Formel nehmen, die nicht von mir stammt, die ich aber für richtig halte: Konservativ sein heißt nicht am Vergangenen hängen, sondern aus dem immer Gültigen leben. Zwischen konservativ sein und reaktionär sein ist also ein gewaltiger, ein dimensionaler Unterschied. Konservativ sein heißt im geschichtlichen Zusammenhang denken, sich dem geschichtlichen Zusammenhang stellen und sich hinordnen auf das, was immer gültig bleibt, also auf innere Werte, die auch im Wandel der Geschichte unbedingte Gültigkeit beanspruchen dürfen. Sich ihnen zu unterwerfen im fließenden Alltag, im Fluß der Geschichte, das scheint mir konservativ zu sein; in dem und in keinem anderen Sinn bin ich konservativ.

GAUS: Entspringt Ihre gelegentliche Warnung vor dem Wohlfahrtsstaat dieser konservativen Haltung?

GERSTENMAIER: Vielleicht auch. Ich wollte aber eigentlich nicht so sehr vor dem Wohlfahrtsstaat warnen wie vor einem Staat, in dem folgendes außer Betracht kommt. Das Grundgesetz will den modernen Sozialstaat. Wir wollen den sozialen Rechtsstaat, heißt es im Grundgesetz. Das ist ein Verfassungsauftrag, und ich habe ihm zu dienen. Ich bejahe ihn auch. Aber auch im sozialen Rechtsstaat muß man sich klar darüber sein, daß ein Mann zunächst einmal für sich selber steht; für sich selber mit allen Konsequenzen. Der Staat verbürgt ihm den Rechtsschutz. Aber vom Staat auch die eigene wirtschaftliche Existenz verbürgt haben zu wollen, das geht für meinen Begriff zu weit.

Ich akzeptiere den Satz meines alten Lehrers Friedrich Brunstäd, der ein großer Konservativer war. Ich folge ihm. Er sagte nämlich, daß der andere, der Besitzende, im Zweifelsfall auch mit seinem Besitz und Eigentum einzustehen habe für die Existenz der anderen. Sehen Sie, das tue ich. Aber das setzt voraus, daß man bereit ist, zunächst einmal für sich selber einzustehen. Ich finde deshalb, daß sich in beiden Sätzen – für sich selber einzustehen und mit allem, was man ist und hat, auch für den anderen einzustehen, wenn es sein muß – eine konservative Haltung ausdrückt, die sich sehen lassen kann und die ich unserem Staat jedenfalls sehr wünschen möchte.

GAUS: Sie haben zu Beginn unseres Gesprächs, Herr Präsident, von der Bedeutung gesprochen, die die Jugendbewegung für Sie gehabt hat. Ich möchte in diesem Zusammenhang noch auf ein anderes Thema hinaus. In den letzten Jahren der Weimarer Republik gab es verschiedene Gruppen, die nicht nationalsozialistisch waren, aber auf der Suche nach einer neuen Elite doch antidemokratische Züge trugen. Die erste Frage in diesem Zusammenhang: Haben solche Überlegungen Sie angezogen?

GERSTENMAIER: Das mag sein, aber nur, sagen wir mal, im

Rahmen der Gefühle und des Stils, der damals in der bündischen Jugend üblich war. Ich hatte zum Beispiel keine Verbindung zu den etwas Älteren – dazu war auch mein kleines Kirchheim gar nicht so richtig geeignet –, wie etwa zum »Tat-Kreis« und so. Aber ich gestehe, daß ich das Mißbehagen an den späten Jahren der Weimarer Republik geteilt habe, wenn wir auf Fahrt waren und in eine Demonstration hineinkamen, wo die einen mit roten Kopftüchern auf die anderen schlugen und die anderen, die Braunen, auf die mit den roten Kopftüchern loshauten und am Montag dann in der Zeitung stand, wo es wieder bei Aufmärschen Verletzte und Tote gegeben habe. Ich denke nicht nur an den Altonaer Blutsonntag; es gab auch harmlosere. Kurz und gut, das war uns im höchsten Maß nicht nur verdrießlich, sondern widerwärtig, und wir hatten keinen großen Respekt – das muß ich auch sagen –, wir hatten keinen großen Respekt vor den Parteien, die sich da im Reich darstellten – ohne Einschränkung. Hugenberg war nicht geliebt. Ich muß sagen: Mein Respekt vor den Sozialdemokraten – deshalb wurde ich wohl für ein mit den Sozialdemokraten sympathisierender Mann gehalten – begründet sich einerseits darin, daß eine Reihe meiner Freunde im Kreisauer Kreis Sozialdemokraten waren wie Carlo Mierendorff, Theo Haubach, Leber, Reichwein, mit denen ich auf das innigste befreundet war.

Vor allem aber hat auf mich als jungen Mann einen großen Eindruck gemacht das Gesicht von Otto Wels bei seiner Rede im Reichstag zu den Ermächtigungsgesetzen. Das war doch der einzig richtige Ton; das war doch der letzte Ehrenretter des Deutschen Reichstags, nach meiner Überzeugung. Das habe ich ihm nie vergessen; das sage ich auch heute ganz offen. Ich gehöre einer anderen Partei an, aber ich werde diesen Sozialdemokraten, jedenfalls Leuten wie Wels, die den Mut hatten, schon unter schwerer Gefahr offen anzutreten, das nie vergessen und habe ihnen bis auf den heutigen Tag bis in die Tiefe meines Herzens Respekt und Dankbarkeit bewahrt.

Dann ging es in die Verfolgung, dann ging es in den Untergrund und dann am 20. Juli wieder in die Öffentlichkeit.

GAUS: Eine zweite Frage im Zusammenhang mit Elite und dem Verlangen nach Elitebildung: Halten Sie eine Elitebildung unter den derzeitigen Umständen einer parlamentarischen Demokratie für möglich, eine zuverlässige Elitebildung?

GERSTENMAIER: Ich halte sie nicht für organisatorisch darstellbar, und ich würde jeden Versuch einer organisatorischen Darstellung für verfehlt halten. Ich habe bei irgendeinem Gespräch einmal gesagt – ich wiederhole mich hier –, daß eine Formulierung, die, glaube ich, von Gehlen stammt, mir Eindruck gemacht hat, daß nämlich die Elite unserer Zeit eben eine Elite der Askese, eine Elite des Verzichts ist oder, in meinen Worten: der gewollten und bewußten Bereitschaft zu dienen. Das Wort steht nicht hoch im Kurs in diesem Volk, und ich bedaure das sehr. Es nimmt einem Mann nicht sein Gesicht. Aber ich sage mit Absicht: Wenn Sie mich fragen, wie ich mein Amt verstehe, dann will ich es so verstehen, auch wenn es mir Mühe macht und wenn ich mich oft dabei beugen muß, was ich nun von Natur aus gar nicht liebe. Ich verstehe mich als den ersten Diener dieses Hauses, und das ist etwas, was es in der deutschen Tradition doch gibt und was in dieser Tradition doch hochgehalten werden sollte, was vor allem auch in der preußischen Tradition vorgebildet war.

GAUS: Dieses genau, Herr Präsident, bringt mich zu meiner dritten Frage, die ich in dem Zusammenhang stellen wollte. Man sagt Ihnen viel Sympathie, Verständnis und Respekt für die Lebenswelt des Adels – Sie sind mit der Frau eines baltischen Gutsbesitzers verheiratet –, vor allem des preußischen Adels nach, vielleicht wäre es richtiger zu sagen: für das Preußentum ganz allgemein. Ist das korrekt?

GERSTENMAIER: Wenn man sagt »das Preußentum ganz allgemein«, dann wird es auch schon wieder schwierig. Ich bin befreundet mit Hans Joachim Schöps. Schöps hat ein gutes Buch geschrieben, »Das andere Preußen«, und er hat einmal eine großartige Rede gehalten: »Die Ehre Preußens«. Ich lasse nichts auf dieses Preußen kommen, das Hans Joachim Schöps damals dargestellt hat, in dem einfach die Treue, die Disziplin, die Ehrerbietung und die Dienstbereitschaft für die Gemeinschaft groß geschrieben wurden und eine Ehre waren. Darauf lasse ich nichts kommen, und wenn noch so viele Leute das in Deutschland für altmodisch, für überlebt und für versponnen halten. Ach, sollen sie mich deshalb für versponnen halten! Dazu stehe ich, das ist es.

Lieber Herr Gaus, am 20. Juli abends, als alles vorüber war und die anderen gesiegt hatten und noch sieben oder acht Mann in dem Zimmer von Stauffenberg in der Bendlerstraße standen und aneinandergekettet wurden, da war ich der einzige Zivilist unter sieben Offizieren, und von diesen sieben Offizieren waren, glaube ich, sechs preußische und württembergische Grafen, darunter Berthold Stauffenberg – sein Bruder Klaus war schon tot – und mein Freund Peter Yorck von Wartenburg, mir unvergeßlich. Ich habe meinen jüngsten Sohn in dankbarer Erinnerung an Peter Yorck von Wartenburg mit Vornamen Yorck genannt, das ist wahr. Das ist eine Respektsbezeugung vor dem, was groß ist in unserer Geschichte, und gleichzeitig eine Erinnerung an das, was mir selber in einer existentiellen Situation meines Lebens sichtbar, symbolhaft gegenwärtig wurde. Ich weiß, daß ich mich damit Mißdeutungen aussetze, aber was hilft's, man muß auch Mißdeutungen riskieren.

GAUS: Sie sind 1949, Herr Präsident, für die CDU in den ersten Bundestag gezogen und sehr bald schon, ganz sicher aber nach einigen Jahren, in der eigenen Partei gelegentlich heftig umstritten gewesen – aus verschiedenen Gründen. Zwei

Gründe sind aber vor allem immer wieder genannt worden. Erstens haben Sie liberale Werte stärker betont, als das vielen in Ihrer Partei nützlich erschien, und zweitens haben Sie eine ganz spezielle Definition für das Christliche im Namen der CDU gegeben.

Ich habe in Ihrer Abschiedsrede für den scheidenden Bundeskanzler Adenauer ein Zitat gefunden, das mir wie eine Selbstinterpretation Gerstenmaiers vorkommt. Sie haben gesagt, er – Adenauer, und vielleicht darf man also auch sagen: Gerstenmaier – sei nicht dem Mißverständnis erlegen, daß der christliche Staatsmann zur Missionierung der Welt oder gar zur Manipulation des Denkens und Handelns Andersgesinnter verpflichtet sei. Herr Präsident, bedeutet dies eine Zurücknahme des Christlichen in der Politik auf eine rein persönliche Plattform, von der aus der einzelne tätig wird, und ist es der Verzicht auf einen christlichen Staat?

GERSTENMAIER: Zum ersten: Ich freue mich, daß Sie das Zitat so gebracht haben. Ich hatte gar nicht daran gedacht, daß ich mich dabei selber beschreibe, aber es ist vielleicht ganz gut; denn ich kann hier eine Gemeinsamkeit, eine tiefe Gemeinsamkeit mit Konrad Adenauer zur Darstellung bringen. Das verbindet mich mit Konrad Adenauer. Ich bin der Überzeugung, daß das, was ich hier von Konrad Adenauer gesagt habe, eben nicht nur für mich selbst gilt, sondern daß es eine Wirklichkeitsbeschreibung Adenauers ist. Es verbindet mich mit ihm. Er denkt so. Ich denke auch so.

Zweitens: Das war eine starke Hilfe, diese Art von nüchternem Denken Adenauers, bei der Beseitigung und Klärung, so will ich einmal sagen, von Mißverständnissen, wie es sie in unserer Partei natürlich geben mußte. Es gibt zum Beispiel Leute, brave Leute, die haben lange gedacht, daß die CDU doch, nachdem sie an der Macht sei, nun endlich den christlichen Staat verwirklichen sollte. Ich nehme das den Leuten nicht übel, aber meine Pflicht war es – jedenfalls solange ich dem Präsidium der CDU angehöre und immer wieder dazu zu sprechen habe – klarzumachen, daß das nicht unsere Pflicht, nicht unsere Aufgabe ist, daß es einen christlichen Staat im modernen Staat unserer Verfassung überhaupt nicht geben kann und geben darf, daß das ein illegales, illegitimes Ziel wäre, selbst dann, wenn eine christliche Partei noch mehr Macht hätte, als wir sie gehabt haben. Denn unsere Verfassung will Glaubensfreiheit und Rechtsgleichheit miteinander verbinden.

Glaubensfreiheit und Rechtsgleichheit, das sind die Grundlagen, die die Verfassung in diesem Staat garantiert. Sie können entweder dazu ja sagen, wie ich es tue, oder sie können sagen: Nein, wir wollen einen christlichen Staat. Aber beides zusammen kann man nicht haben. Das ändert gar nichts daran, daß sich der christliche Staatsmann oder christliche Politiker klar darüber sein und werden muß, was denn eigentlich »christlich« für ihn bedeutet. Bedeutet es bloß eine Metapher, eine schöne Formel, oder bedeutet es etwas Existentielles, etwas Wirkliches, etwas, was für eine konkrete Politik von Bedeutung ist? Ich bin der letzteren Meinung. Natürlich bedeutet es etwas höchst Wichtiges, höchst Reales insofern, als eine christliche Partei und ein christlicher Politiker bereit sein müssen, sich den Maßstäben christlicher Existenz, christlichen Glaubens zu unterwerfen. Sie müssen sich sozusagen durch diesen Filter auch in ihrem politischen Denken und Planen hindurchtreiben lassen und müssen sich selbst kritisch darauf anreden lassen.

GAUS: Wir sind bei dieser Gelegenheit auf Ihr Verhältnis zu Konrad Adenauer gekommen. Ich würde darüber gern mehr von Ihnen wissen. Man hat in den letzten Jahren in der Öffentlichkeit immer wieder gehört, daß es bei den verschiedensten Gelegenheiten zwischen Adenauer und Gerstenmaier zu schweren Zusammenstößen gekommen ist. Gerstenmaier hat von Zeit zu Zeit außenpolitische Vorschläge vorgelegt, die nicht ganz auf der Linie Adenauers lagen. Zum Schluß kam dann doch immer wieder eine Aussöhnung, in den Augen mancher eine Anpassung Gerstenmaiers an Adenauers Vorstellungen heraus. Man hat Ihnen – Paul Sethe etwa – gelegentlich übelgenommen, daß Sie den Kanzler nicht gestürzt haben. Wie war Ihr Verhältnis zu ihm? Hätten Sie ihn jemals – ich rede jetzt nicht von der Machtfrage, sondern von der psychologischen Seite – überhaupt stürzen können? Hätte Ihr Verhältnis zu ihm das vertragen?

GERSTENMAIER: Ich weiche der Frage nicht aus, aber vielleicht darf ich zunächst folgendes sagen. Die Frage ist nicht einfach, und ich möchte ihr so redlich und so offen wie möglich begegnen. Ich würde sagen, zunächst ist Adenauer ja eine Generation älter. Dann ist Adenauers Art zu denken eine andere als meine. Ich bin, was manche verwirrt, von der Klassik her, seitdem ich, so könnte man sagen, bei Plato oder Sokrates in die Schule gegangen bin, ein Dialektiker. Ich liebe das, und ich halte es für die bessere Methode, der Wahrheit näherzukommen, als jene Art von linearem Denken, die von einem Punkt zum nächsten Punkt eine Gerade zieht – verstehen Sie? –, was vielleicht eindrucksvoller für den Zuschauer ist. Die Dialektik verwirrt viele. Das lineare Denken, dem Konrad Adenauer zuneigt, ist eingängiger – jedenfalls in der Politik. Das ist eine Verschiedenheit in der Denkstruktur und in der Methode. Darüber hinaus aber, muß ich sagen, gab es in der Gesamtlinie keine programmatischen Unterschiede zwischen Adenauer und mir – mit zwei oder vielleicht drei, allerdings sehr wichtigen Ausnahmen.

Ich war nach dem Scheitern der Europäischen Verteidigungsgemeinschaft der Meinung, daß man überlegen sollte, ob man nicht eine deutsche Nationalarmee aufstellt und diese Nationalarmee dann in einer besonderen Form mit der Nato verbindet, ohne daß man sie in die Nato integriert. Ich habe das damals deshalb vorgeschlagen, und zwar nur dem Bundeskanzler gegenüber, weil ich der Meinung war, daß wir dann vielleicht etwas mehr politischen Spielraum für die Wiedervereinigungspolitik gewinnen könnten als durch die volle Integration in die Nato. Ich mag mich geirrt haben, aber das war eine sachliche Meinungsverschiedenheit, die der Bundeskanzler ernsthaft erwogen hat, der er sich aber schließlich auf der Londoner Schlußkonferenz versagt hat. Ich nehme ihm das nicht übel, aber es muß erlaubt sein, solche Meinungsverschiedenheiten im Interesse des Landes und unserer Politik so, wie es das Grundgesetz will – demzufolge jeder Mandatsträger selber verantwortlich ist –, solche Meinungsverschiedenheiten in angemessener Form bis zum Ende durchzufechten.

Ein zweites war die berühmte, für manche Leute berüchtigte Rede, die ich als Parlamentspräsident am Ende, ich glaube, des dritten Bundestages gehalten habe, am 30. Juni 1961, als ich mir einige Vorschläge zur methodischen Weiterbildung unserer Außenpolitik erlaubt habe. Damals gab es heftige Kritik aus meiner eigenen Partei. Der größere Teil meiner Partei war wahrscheinlich meiner Meinung, jedenfalls die anderen Parteien. Es gab einen harten Streit, das ist wahr. Er vollzog sich nicht ganz hinter den Kulissen, wie ich es natürlich lieber gesehen hätte.

GAUS: Es gab doch den Eindruck in der Öffentlichkeit, daß Sie zurückgesteckt haben.

GERSTENMAIER: Ich habe nicht zurückgesteckt. Kein Wort davon ist wahr. Ich habe darauf verzichtet, in der Öffentlichkeit einen großen Spektakel zu machen, das ist auch wahr. Aber was geschah? Der Bundeskanzler nahm in seine Regierungserklärung wörtlich auf, was ich im Parlament gesagt habe. Die umstrittenen Sätze erschienen acht Wochen später in der Regierungserklärung. Habe ich nun zurückgesteckt, oder habe ich nicht zurückgesteckt? Ich kann nicht sagen, daß ich bei allen Meinungsverschiedenheiten in dieser Weise oben blieb, das nicht.

Aber um zu der Schlußfrage zu kommen: Ich finde Adenauer, alles zusammen, eine großartige Erscheinung. Er ist ein Mann, der – nehmt alles nur in allem – ich will nicht sagen – hoffentlich brauche ich nicht zu sagen –: Ihr werdet nimmer seinesgleichen sehen. Aber mir hat immer diese großartige Männlichkeit gefallen. Mir hat außerdem diese geduldige und im Grunde kraftvolle Bemühung um die Einsicht der anderen, die Kunst Konrad Adenauers, andere zu gewinnen, im Gespräch, in der Sitzung, sie doch auf seine Position zu bringen, imponiert. Mir hat diese großartige Geduld imponiert, die mir von Hause aus nicht gegeben ist, die ich für kraftvoll halte, und auch die Geschicklichkeit, mit der er das gemacht hat. Das hat mir gefallen, auch dann, wenn ich anderer Meinung war und als sachlicher Gegner gegen ihn stand. Alles in allem habe ich den Respekt vor ihm, der ihm nach meiner Überzeugung zukommt, und ich kann sagen: Was ich in jener Adenauer-Rede im Bundestag zu seiner Verabschiedung gesagt habe, ist von mir aus gesehen – ich kann nicht in Anspruch nehmen, daß auch die Geschichtswissenschaft der Zukunft das alles objektiv bestätigt –, aber subjektiv nach meiner Erkenntnis kann ich nur sagen: Diese Rede ist aus dem Stoff der Wahrheit gemacht.

GAUS: Es ist eine Rede tiefsten Respekts.

GERSTENMAIER: Es ist eine Rede tiefsten Respekts, und sie ist aus dem Stoff der Wahrheit gemacht. Ich bin stolz darauf, daß ich es mir versagt habe, irgendeine Metapher, irgendeinen Zusatz, irgendeine Formel zu nehmen, von der ich, wenn ich sie vor mir selber probe, sagen müßte: Eigentlich kannst du das doch nicht ganz vertreten. Nein, ich habe mir das versagt. Ich habe nur gesagt, was ich völlig ehrlich, nach meinem eigenen Verständnis, vertreten kann.

GAUS: Sie sind auf Wunsch Ihrer Fraktion Bundestagspräsident geworden, Herr Dr. Gerstenmaier. Es heißt, daß Sie Ihre politische Erfüllung eher – mindestens damals – im Amt des Außenministers und unter bestimmten Konstellationen auch in dem des Bundeskanzlers gesehen hätten. Denken Sie manchmal, daß Sie mehr hätten bewirken können auf einem dieser Posten?

GERSTENMAIER: Um es offen zu sagen: Ich bin nicht gern Bundestagspräsident geworden, ach nein. Aber es gibt eine Loyalität gegenüber der Fraktion, die muß gerade der respektieren, der auch bereit ist, seinen eigenen Kopf und seine eigenen Gedanken durchzufechten.

Auf die Frage, ob ich gern Außenminister geworden wäre, kann ich nur sagen: Ich war Vorsitzender des Auswärtigen Ausschusses. Ich war es sehr gern, ich hätte gar nichts dagegen gehabt, Außenminister zu werden, aber: Ich war doch in wichtigen methodischen Fragen so oft anderer Meinung als der Bundeskanzler, daß ich eigentlich damals keine Möglichkeit für mich gesehen hätte, als Außenminister zu wirken. Ich habe es deshalb dem Bundeskanzler niemals übelgenommen, daß er das gar nicht in Erwägung zog. Denn der Bundeskanzler bestimmt die Richtlinien der Politik, nicht der Außenminister. Und schließlich bedeutet dieser Artikel 65 des Grundgesetzes – der Bundeskanzler bestimmt die Richtlinien der Politik –, daß er eben auch so etwas wie die Kompetenzkompetenz hat. Er kann also auch im Zweifelsfall sagen: Das ziehe ich an mich. Ich will nicht sagen, daß das ein Ausdruck unseres kritischen Verhältnisses gewesen ist, gar nicht, aber man muß doch fair sein. Und ich will nur sagen: Ich hätte nicht von Konrad Adenauer erwartet, daß er mich zum Außenminister gemacht hätte in den Jahren, in denen er der Meinung war, daß ich doch in wichtigen Punkten, oft jedenfalls, methodisch, taktisch anderer Meinung war als er.

GAUS: Fühlen Sie sich gedrängt aus politischem Ehrgeiz oder auch aus politischer Pflichterfüllung, nach einem anderen Amt als dem des Bundestagspräsidenten – jetzt in die Zukunft gesehen – zu streben, etwa Bundeskanzler zu werden? Halten Sie es eventuell für nötig?

GERSTENMAIER: Nein. Das sage ich Ihnen ganz offen. Manche Leute werden das vielleicht als ein Prunken mit Bescheidenheit ansehen; das ist es gar nicht. Es gibt Freunde von mir – fragen Sie einmal einige auch Ihrer Kollegen –, die werfen mir vor, daß ich nicht genügend Ehrgeiz habe. Ich habe einen gewissen sachlichen Ehrgeiz, aber ich muß sagen: So wichtig ist mir nun die Welt wirklich nicht. Warum sollte ich Bundeskanzler werden, wenn Ludwig Erhard es wirklich gut oder möglicherweise besser macht? Wenn es Herr Schröder gut macht, warum sollte ich dann Außenminister werden? Das ist doch töricht. Solche Sachen sind nur wichtig, und eine solche Fragestellung ist nur wichtig vielleicht für Leute, die gar keine andere Möglichkeit haben, als sich im Bereich der Politik zu bewegen. Für mich gibt es andere Möglichkeiten des Daseins, des erfüllten Daseins, als die Politik.

GAUS: Welche Möglichkeiten sind das, die Ihr Dasein erfüllen können?

GERSTENMAIER: Ich liebe nach wie vor heiß die Wissenschaften, hänge nach wie vor am gesprochenen und geschriebenen Wort, an einer guten Formulierung, an einer geglückten, klar dargestellten Gedankenführung. Ich liebe es, zu dozieren und zu lehren. Ich bin ein verhinderter Professor. Ich habe es Hitler immer persönlich übelgenommen, daß er mir die Hoffnung meines Lebens zerstört hat, daß er es mir verweigert hat, Hochschullehrer zu werden.

GAUS: Aber könnten Sie wegen des Dienstes an der Wissenschaft die Politik lassen?

GERSTENMAIER: Ach wissen Sie, ich darf Ihnen eine kleine Geschichte erzählen. Es war, glaube ich, im Jahre – ich war schon Bundestagspräsident – 1957, da sagte ich Konrad Adenauer einmal: Mir gefällt es eigentlich gar nicht, diese Wahlkämpferei mit dem Verzicht auf Nuancen und Differenzierungen und diese Platitüden und das ganze Hin und Her und all dieses viele unwichtige Getue; das gefällt mir eigentlich gar nicht; nein, mir gefällt die ganze Politik nicht. Ich bin dabei nicht glücklich, sagte ich. Wissen Sie, was Adenauer sagte? Und da sehen Sie die Weisheit dieses Mannes. Sie war für mich selber erleuchtend. Er sagte: Wissen Sie, jetzt sind Sie nicht glücklich, aber wenn Sie aus der Politik ausscheiden, dann werden Sie unglücklich.

GAUS: Sie halten dies für zutreffend?

GERSTENMAIER: Ich fürchte, daß vieles daran wahr ist.

GAUS: Erlauben Sie mir eine letzte Frage, Herr Präsident, nach so vielen Fragen: Die Jagdleidenschaft, von der man so oft hört, daß Sie ihr fleißig huldigen, gehört sie auch zu den Dingen, die Ihnen manchmal wichtiger sind als Ämter, als politische Fragen?

GERSTENMAIER: Nein, nein! Ich habe neulich mit George Kennan in Tokio, den ich im Unterschied zu vielen seiner Kritiker schätze, obwohl ich mit vielem nicht ganz einig bin, was er so in der Politik gesagt hat, ein Gespräch gehabt. Er hielt eine ähnliche Vorlesungsreihe, wie ich sie in Kyoto gehalten hatte, in Tokio. Ich sah ihn und lud ihn zum Essen ein und fragte ihn: Wie ist es denn nun, wenn Sie nicht mehr Diplomat, sondern nur Professor sind? Da müssen Sie doch eigentlich ganz glücklich sein. Da sagte er, nein, es gehe ihm wie einem Mann, der eine Frau habe, mit der er ganz gut lebe, der aber daneben auch noch eine andere Figur kenne, die er auch gern sähe, und nun müßte er sich eigentlich entscheiden, aber er könne und könne sich nicht entscheiden. Er meinte folgendes: Er kennt die Politik, wie sie in Wirklichkeit ist, er kennt den Betrieb der Diplomatie, und er ist ein großer Gelehrter und kennt die Gesetze der Wissenschaft, und er schwankt zwischen beiden. Ich habe ihm gesagt: Wissen Sie, so geht es mir auch. Nur frage ich Sie nicht: Wer ist denn die Frau, und wer ist die andere? Wenn Sie aber mich fragen würden: Wer ist denn die Frau, und wer ist die andere?, dann könnte ich Ihnen ganz genau sagen, wer bei mir die Frau ist, nämlich mein Amt. Solange ich ein Mandat dieses Volkes trage, muß das in diesem Sinn die Frau sein, die legitime, und die Wissenschaft, auch das Schreiben, das muß das andere sein.

Und die Jagd? Ich will Ihnen etwas sagen. Ich bin in diesem Jahr zwei Tage, ganze zwei Tage auf der Jagd gewesen. Ich liebe sie, weil es nun einmal ein Sichverhalten in der Natur ist, das für mich unvergleichlich viel interessanter ist als das des Spaziergängers. Zweitens aber ist für mich die Jagd einfach eine Art der Betätigung, der Bewegung in der Natur und – Sie werden lachen – des Naturschutzes. Es gibt keine andere Möglichkeit, in der Kulturlandschaft das edle Wild und auch das niedere Wild zu schützen als durch eine sorgsam ausgeübte Waidgerechtigkeit. Anders ist es nicht zu machen. Mein Herz hängt an der Natur. Mein Herz hängt auch am Wild. Je älter ich werde, desto weniger gern schieße ich. Aber Jagd muß sein; denn sonst werden die deutschen Wälder zu Holzplantagen. Das wollen wir doch alle nicht.

Helmut Schmidt

»...Bittere Gefühle hat man zuweilen in der Politik, aber das Gefühl, in die falsche Partei eingetreten zu sein, hat mich niemals beschlichen. Vielleicht soll ich in dem Zusammenhang sagen, wie es überhaupt kam, daß ich zur Sozialdemokratie gekommen bin. Ich bin lange Soldat gewesen wie alle Leute meines Jahrgangs, von 1937 bis 1939 aktive Wehrpflicht, dann anschließend kam der Krieg und dann noch eine kurze Gefangenschaft. Ich bin in der Gefangenschaft Sozialdemokrat geworden, unter dem Einfluß älterer Offiziere...«

HELMUT SCHMIDT, geboren am 23. Dezember 1918 in Hamburg-Barmbek. Absolvierte die Oberschule und wurde 1937 zum Arbeitsdienst, später zum Militär eingezogen. War bei Kriegsende Oberleutnant. Anschließend Studium der Staatswissenschaften und der Volkswirtschaft. 1949 Diplom-Volkswirt. 1946 Beitritt zur SPD, 1947–48 Vorsitzender des Sozialistischen Deutschen Studentenbundes. 1953 Wahl in den Bundestag, ab 1957 Vorstandsmitglied der SPD Bundestagsfraktion, ab 1958 Vorstandsmitglied der SPD. Von 1961 bis 1965 Innensenator in Hamburg. Ab 1965 wieder Mitglied des Bundestages und stellvertretender Fraktionsvorsitzender, ab 1967 Fraktionsvorsitzender und Mitglied des SPD-Präsidiums, ab 1968 Stellvertretender Parteivorsitzender. 1969 wurde er Verteidigungsminister im ersten Kabinett Brandt und 1972 nach dem Rücktritt von Schiller Wirtschafts- und Finanzminister. Nach der Bundestagswahl 1972 übernahm er das Finanzministerium mit erweiterten Kompetenzen. Im Mai 1974 nach dem Rücktritt von Brandt wurde er zum Bundeskanzler gewählt und in diesem Amte 1976 und 1980 bestätigt. Im Februar 1982 stellte er im Bundestag angesichts zunehmender Auseinandersetzungen in der Koalition die Vertrauensfrage, die er gewann; im September 1982 kam es dann zum Bruch der Koalition mit der FDP und zum erfolgreichen Mißtrauensvotum gegen ihn; er wurde durch Helmut Kohl als Bundeskanzler abgelöst. Für 1987 verzichtete er auf eine weitere Kandidatur zum Bundestag.

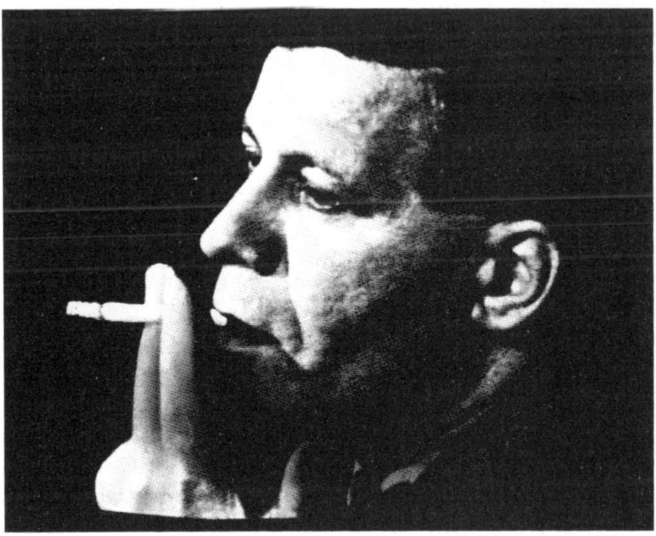

Gespräch mit Helmut Schmidt, dem stellvertretenden Vorsitzenden der SPD-Bundestagsfraktion und Mitglied des SPD-Vorstands, gesendet am 8. Februar 1966.

Ein Mindestmaß an Ehrgeiz ist notwendig

GAUS: Herr Schmidt, Sie haben nach der Bundestagswahl im Herbst 1965 Ihr Amt als Hamburger Innensenator aufgegeben und sind als Abgeordneter in die sozialdemokratische Bundestagsfraktion zurückgekehrt, zurückgekehrt also in die Opposition. Wie groß ist Ihre ganz persönliche Bitterkeit darüber, daß Sie aus der handfesten Arbeit des Regierens – wenn auch nur auf Länderebene – in die relative Ohnmacht der parlamentarischen Opposition in Bonn zurückkehren mußten?

SCHMIDT: Ja, Sie sagten »mußten«, Herr Gaus; ich mußte ja nicht, ich habe ja gewollt. Aber der Ausdruck Bitterkeit ist vielleicht gleichwohl gerechtfertigt. Ich würde nicht sagen eine sehr große Bitterkeit, aber immerhin: Mit ein wenig Wehmut bin ich aus Hamburg weggegangen. Zum einen, weil es in Hamburg eine Arbeit war, die mir sehr viel Spaß gemacht hat, eine sehr handfeste Arbeit. Und zum anderen, weil ich, wie ich in Hamburg gerne im Spaß sage, von Geburt und von Gesinnung Hamburger bin und in meiner Vaterstadt besonders gerne gearbeitet habe. Ja, das harte Brot der Opposition... So hart ist es nun auch wieder nicht. Ich hatte es ja schon einmal acht Jahre mitgemacht.

GAUS: Aber ein bißchen Enttäuschung, daß es nicht weitergegangen ist mit dem Regieren?

SCHMIDT: Ja, ich weiß nicht, ob der Ausdruck Enttäuschung

richtig ist. Ich habe mich ja dazu entschlossen, nicht wahr; aber es ist mir nicht ganz leicht gefallen.

GAUS: Sie gelten als ein Mann mit nüchternem Tatsachensinn, als ein Pragmatiker; haben Sie an einen sozialdemokratischen Wahlsieg 1965 geglaubt?

SCHMIDT: Nein, ehrlich gesagt, das habe ich nicht geglaubt. Ich habe damit gerechnet, daß wir – eine relativ zurückhaltende Rechnung hatte ich mir aufgemacht, Wetten abgeschlossen –, daß wir ungefähr 42 Prozent der Mandate bekommen würden.

GAUS: Warum haben Sie sich bereit gefunden, in das Schattenkabinett Willy Brandts einzutreten, wenn Sie an den Wahlsieg nicht glaubten?

SCHMIDT: Weil das notwendig war. Es müssen sich immer, auch wenn eine Sache nicht außerordentlich aussichtsreich steht und außerordentlich hoffnungsreich ist, Leute finden, die das machen.

GAUS: Was sind nach Ihrer Meinung die wichtigsten Gründe gewesen, die zu dem neuerlichen Mißerfolg der SPD geführt haben?

SCHMIDT: Da gibt es tiefliegende Gründe und welche, die mehr an der Oberfläche sind. Zu den tiefliegenden Gründen würde ich zählen, daß große Teile der deutschen Wählerschaft nach wie vor zwar zwischen den Wahlen durchaus mit der Sozialdemokratie liebäugeln – zum Teil aus Verärgerung über etwas, was die Regierung tut oder was sie läßt, zum Teil deswegen, weil die Sozialdemokratie manches sagt oder tut, was ihnen besonders gefällt –, die aber dann gleichwohl in dem Augenblick, wo sie an die Wahlurne gehen, letzte Hemmungen nicht überwinden können. Das sitzt wahrscheinlich tief im gefühlsmäßigen Bereich, und das kann man deshalb auch durch einen besonders guten Wahlkampf und durch besonders gute Kandidaten, durch eine besonders gute Mannschaft, durch einen besonders guten Kanzlerkandidaten keineswegs überwinden. Das ist eine Sache, die im Laufe der Zeit erst überwunden werden muß. Da stecken auch sehr alte Vorurteile drin, die den Leuten vielleicht nicht klar bewußt sind. Zum anderen gibt es Gründe, die mehr an der Oberfläche liegen, die man ohne besonderen psychologischen Scharfblick erkennen kann.

GAUS: Ist der Wahlkampf so geführt worden, wie Helmut Schmidt ihn geführt sehen wollte?

SCHMIDT: Nein, ich hätte mir den Wahlkampf etwas anders gewünscht. Ich würde die Substanz der sozialdemokratischen Politik, die dargeboten worden ist, nicht wesentlich verändert haben, wenn ich die Richtlinien der Politik dieser Mannschaft hätte bestimmen können. Aber ich hätte wahrscheinlich die Verpackung wesentlich geändert. Ich hätte auch sehr viel deutlicher gemacht die Punkte, an denen nun wirklich bedeutsame Unterschiede zur CDU/CSU, zur bisherigen Regierung gegeben waren; die hätte ich versucht, sehr viel deutlicher in Erscheinung treten zu lassen.

GAUS: Herr Schmidt, die Politiker Ihrer Generation – Sie wurden im Dezember 1918 in Hamburg geboren –, die Politiker Ihrer Generation, die erst nach dem Zweiten Weltkrieg in die Politik geraten sind, haben die einst schier unübersteigbaren ideologischen Schranken zwischen den Parteien nicht mehr recht kennengelernt. Die westdeutschen Parteien sind in vielen Grundauffassungen heute eines Sinnes. Unter diesen Umständen könnte sich doch ein Mann Ihrer Generation sehr wohl einmal sagen, so ganz für sich selber sagen: Wärst du nach 1945 nicht in die bisherige Verliererpartei, sondern in die Gewinnerpartei gegangen, nicht in die SPD, sondern in die CDU, dann wärst du heute vielleicht Mitregierender in Bonn, du könntest deine politischen Vorstellungen in die Wirklichkeit umsetzen. Direkt gefragt, Herr Schmidt: Haben Sie gelegentlich das bittere Gefühl: Ich habe falsch optiert, als ich 1946 in die SPD eingetreten bin?

SCHMIDT: Bittere Gefühle hat man zuweilen in der Politik, aber das Gefühl, in die falsche Partei eingetreten zu sein, hat mich niemals beschlichen. Vielleicht soll ich in dem Zusammenhang sagen, wie es überhaupt kam, daß ich zur Sozialdemokratie gekommen bin. Ich bin lange Soldat gewesen wie alle Leute meines Jahrgangs, von 1937 bis 1939 aktive Wehrpflicht, dann anschließend kam der Krieg und dann noch eine kurze Gefangenschaft. Ich bin in der Gefangenschaft Sozialdemokrat geworden, unter dem Einfluß älterer Offiziere. Und da spielt das Kriegserlebnis eine große Rolle. Manches von dem, was wir als junge Soldaten, vorher in der Hitlerjugend, später als junge Soldaten während des Krieges, an Idealen vorgesetzt bekommen hatten, haben viele meines Alters, so auch ich, sehr schnell als nicht ernstzunehmend, als vorgetäuscht, als Mache empfunden. Aber manches haben wir doch auch sehr ernst genommen. Fünfundzwanzig Jahre später, also heute, klingt es für manche Ohren gar nicht sehr angenehm, wenn ich sage, daß für mich das Erlebnis der Kameradschaft im Kriege einer der Werte ist – bei vielen schlimmen Dingen, die man auch mitgebracht hat aus dem Krieg –, die ich glaubte, mitgebracht zu haben. Und ich habe dann im Gefangenenlager eigentlich entdeckt, daß letztlich ähnliche Grundprinzipien diesem Erlebnis der Kameradschaft – das ja gleichzeitig eine Maxime war – zugrunde lagen wie den Prinzipien des Sozialismus. Deswegen kam für mich eine andere Wahl überhaupt nicht in Betracht, als ich schließlich wieder zu Hause war.

GAUS: Was sind für Sie die stärksten Vorbehalte gegenüber der anderen großen Partei, der CDU, nach dem Kriege gewesen?

SCHMIDT: Nach dem Kriege? Ja, ich stand also gar nicht vor der Wahl, für mich gab es gar keine Wahl. Das war eine selbstverständliche Entwicklung. Ich habe nie überlegt, ob eine andere Partei in Frage kam. Und ich habe also damals auch keine allzu starken Vorbehalte gehabt gegen die CDU. Die FDP war mir nicht so geläufig und deutlich, die hat ja auch lange Jahre gebraucht, bis sie ein einigermaßen einheitliches, deutliches Profil bekam. Aber ich habe gegen die CDU keine allzu großen Vorbehalte gehabt, die haben sich dann erst später herausgestellt...

GAUS: Und welche späteren sind das?

SCHMIDT: Lassen Sie mich darüber einen Augenblick nachdenken. Ich glaube, daß die CDU eine Partei ist, die über einen großen Fundus ausgezeichneter Leute verfügt, verschiedenen Charakters, verschiedener menschlicher Entwicklung, verschiedener Auffassung. Ich sehe sehr viel Positives bei dieser Partei. Aber was mich letztlich häufig wieder sehr stört, das ist das Beiseiteschieben von Überzeugungen, von Grundsätzen, die man eigentlich nicht beiseite schieben darf. Die schwersten Vorwürfe, die ich in all den Jahren unter Adenauer, in den vierzehn Jahren, der CDU machen würde, das sind der bisweilen allzu legere Umgang mit der Wahrhaftigkeit, der bisweilen nicht bis ins äußerste penible Umgang mit dem Prinzip der Gerechtigkeit. Sie werden sagen, das hat mit Politik gar nichts zu tun.

GAUS: Ich sage es nicht.

SCHMIDT: Aber das sind eigentlich die Dinge, die mich am meisten stören bei der CDU.

GAUS: Nun sind ein Teil der Vorbehalte, die Sie jetzt als Sozialdemokrat gegen die CDU vorgetragen haben, auch genau jene Vorbehalte, die Christliche Demokraten gegenüber der SPD vorbringen. Wie ist es mit dem Opportunismus heutzutage in der Politik überhaupt, und wie steht Helmut Schmidt dazu?

SCHMIDT: Opportunismus ist ein sehr schwierig zu behandelndes Wort, weil jeder, der das Wort hört, sofort sehr negative Einstellungen damit verbindet. Auf die Gefahr hin, daß das jetzt auch geschieht, wenn Sie diese Frage so stellen und ich also antworten soll, was ich vom Opportunismus hielte, will ich zunächst einmal als eine Teilantwort sagen, daß ein gehöriges Gefühl für das, was opportun ist, notwendigerweise jedem Politiker eigen sein muß, sonst ist er nicht zu gebrauchen für seine Berufung.

GAUS: Diese Portion haben Sie?

SCHMIDT: Ich bin nicht immer ganz sicher, ob ich sie habe. Ich habe mich auch schon bisweilen in die Nesseln gesetzt. Die zweite Hälfte der Antwort lautet aber: Das, was landläufigerweise Opportunismus genannt wird, nämlich das allzu wendige Einstellen auf jeweilige Verhältnisse, um nicht aufzufallen, um nicht anzuecken, um sich durchzulavieren, davon halte ich nicht viel.

GAUS: Hat sich die SPD nach diesem Gesetz, wie Sie es jetzt aufgestellt haben, verhalten in den letzten Jahren?

SCHMIDT: Die Partei als Ganzes – sie ist ja eine Summe aus dem Wirken vieler einzelner Menschen, bedeutender und weniger bedeutender –, die Partei als Ganzes ist sicherlich frei von Opportunismus. Und das, was ihr als Opportunismus angekreidet wird, was ihr als Opportunismus unterstellt wird, würde ich anders sehen wollen und würde ich anders nennen. Es ist zum großen Teil Anpassung an die tatsächlichen Verhältnisse und das Abgehen von Vorstellungen, die in der Realität nicht mehr vorgefunden werden. Das würde ich nicht Opportunismus nennen. Aber sicherlich hat es, wie bei Politikern aller Richtungen, auch opportunistische Handlungen einzelner gegeben. Aber ich würde gerne in dem Zusammenhang auf einen mir sehr wichtigen Akt kommen, nämlich auf das Godesberger Programm von 1959.

GAUS: Ich wäre darauf gekommen, aber bitte...

SCHMIDT: Ja, das Godesberger Programm steht ja bei vielen, die den Sozialdemokraten Opportunismus vorwerfen, oder stand bei vielen im Vordergrund. Viele haben das zunächst mißverstanden als eine opportunistische Anpassung an die neue psychologische oder massenpsychologische Situation. Das war völlig abwegig. Ich habe ja selber, als zunächst ganz junger Mann, fünfzehn Jahre daran teilgehabt, wie all diese Gedanken sich entwickelten und wie sie dann schließlich im Godesberger Programm, das eine Art Summe war, die gezogen wurde, sich niedergeschlagen haben. Das war keine opportunistische Anpassung, sondern das war der schließliche und endliche Vollzug, das Sichtbarmachen einer Entwicklung, die wahrscheinlich in manchen einzelnen schon in der Weimarer Zeit angefangen hat; die während des Dritten Reiches, in den Konzentrationslagern, in der Emigration, auf manche Weise während des Krieges, auch von manchen Leuten, die gar nicht zur Sozialdemokratie gehört hatten vordem, fortgesetzt worden war und die dann schließlich und endlich zwangsläufig eines Tages in ein solches Programm einmünden mußte.

GAUS: Herr Schmidt, was hat Sie denn nun überhaupt bewogen, 1946 in eine Partei einzutreten? Wieso hatten Sie nicht, gerade aus der Kriegsgefangenschaft, aus langer Militärzeit zurück, sozusagen die Nase voll?

SCHMIDT: Ja, da haben Sie recht, ich hatte durchaus die Nase voll.

GAUS: Warum dann in eine Partei?

SCHMIDT: Meine Frau und ich und einige Freunde, die dazugehörten, haben während des Krieges und insbesondere in den letzten Kriegsjahren eigentlich gar keinen Zweifel mehr daran gehabt, daß das alles in einem schrecklichen, äußeren und inneren und moralischen Zusammenbruch enden würde. Ich muß gestehen, wir haben uns den Zusammenbruch sogar noch schlimmer vorgestellt, als er gekommen ist. Und bei dieser Vorstellung von der Sinnlosigkeit, in die all unser damaliges Tun und Lassen einmünden würde, haben wir wohl manchmal gesagt, nie im Leben wollten wir etwas mit Politik zu tun haben. Unsere Idealvorstellung war – damals gab es ein

Buch von Ernst Wiechert »Das einfache Leben«; ich weiß, daß viele Leute damals ähnlich empfunden haben wie wir auch; dies wäre unser Ideal gewesen, ganz zurückgezogen zu leben von dem Getriebe der Welt. Und als man dann aus der Gefangenschaft nach Hause kam und sah, was alles an entsetzlichen Dingen da war und was ja änderbar war, man konnte ja etwas dagegen tun, da fand ich mich wie viele meiner Altersgenossen herausgefordert, daran mitzuwirken. Wir haben schon 1945 in Hamburg eine Gruppe sozialistischer Studenten gegründet.
GAUS: Sie waren an der Universität und studierten Volkswirtschaft?
SCHMIDT: Ja, an der Hamburger Universität. Und das waren fast alles Soldaten, die heimgekehrt waren, die alle dasselbe Gefühl hatten, hier muß man irgend etwas tun, das kann man nicht einfach so sich selber überlassen, das Chaos.
GAUS: Nun gut. Nun waren Sie also in der SPD. Und die Sozialdemokratie hatte zwar immer gute Soldaten gestellt, aber nach der damals vorherrschenden Parteimeinung galten mindestens Offiziere theoretisch doch als suspekt. Ich würde gerne wissen, wie reagierte denn der traditionell gebundene Genosse auf den Offiziersledermantel-Genossen Schmidt, der da nun plötzlich auftauchte?
SCHMIDT: Zunächst gar nicht so ganz freundlich. Aber nachdem er dann merkte, daß der andere es ernst meinte und auch trotz Hänseleien und gelegentlicher Flachserei und gelegentlicher böser Bemerkungen gleichwohl dabeiblieb, hat sich das dann im Laufe der Jahre abgerieben. Das ist ja nicht nur mir so gegangen, das ist manchem anderen auch so gegangen.
GAUS: Was waren das für böse Bemerkungen?
SCHMIDT: Nun, es gab Leute, die allen Ernstes zunächst uns, die wir als ehemalige Offiziere aus dem Krieg nach Hause kamen, nicht ganz abnehmen wollten, daß wir uns innerlich für die Sozialdemokratie und in der Sozialdemokratie enga-

gierten. Sie hielten das für irgendeine Art von Mache oder Opportunismus oder sonst was. Das gab es schon. Das wurde dann bisweilen auch in bösen Bemerkungen gesagt.

GAUS: Wie haben Sie das durchgestanden? Sie gelten als ein harter Debatter. Das muß nicht dasselbe sein wie ein unempfindlicher Politiker. Ich würde gern wissen, wie reagieren Sie auf Widerstand gegen Ihre Person und Ihre Absichten: Gleichgültig, sofern es nicht ein Widerstand wird, der die Position gefährdet, oder wachsen Sie am Widerstand, oder deprimiert Sie Widerstand, wenn er persönlich gefärbt ist, weil Sie sich dann verkannt fühlen?

SCHMIDT: Nein, das letzte wollen wir erst mal ausschalten. Deprimiert habe ich mich nie gefühlt, wenn ich mich mit jemand streiten mußte oder wenn andere sich mit mir streiten wollten. Das Wort, daß man am Widerstand wächst, dem man gegenübersteht, das kommt mir ein bißchen hochgestochen vor, das würde ich nicht gerne gebrauchen.

GAUS: Sie würden es aber sachlich nicht ausschließen?

SCHMIDT: Nein, ich würde das nicht ausschließen, im Gegenteil...

GAUS: Sie würden es eigentlich doch für sich in Anspruch nehmen wollen?

SCHMIDT: Ja, ich würde es anders ausdrücken: Manche Fähigkeiten entfalten sich erst in der Auseinandersetzung. Das ist sicherlich bei vielen Menschen so, nicht nur bei mir.

GAUS: Haben Sie eine Scheu vor bestimmten Formulierungen, die Ihnen hochgestochen erscheinen, obwohl Sie den Tatbestand, der damit bezeichnet wird, für sich in Anspruch nehmen?

SCHMIDT: O ja. Ich glaube, das ist für meine ganze Generation ziemlich weitgehend kennzeichnend, daß wir uns in der Ausdrucksweise gerne herunterspielen oder, wie man in Hamburg sagt, aus dem Englischen importiert, wir lieben eigentlich das Understatement mehr als die Übertreibung, und nichts ist meiner Generation verhaßter als die Phrase.

GAUS: Ich möchte das mit dem Widerstand gegen Helmut Schmidt, und wie er darauf reagiert, gerne noch genauer wissen. Lassen Sie mich einen Vergleich ziehen: Der Vorsitzende der SPD, Willy Brandt, ist in seinen Wahlkämpfen als Kanzlerkandidat häufig persönlich verunglimpft worden, und Brandt wurde offensichtlich dadurch tief verletzt. Wie weit sind Sie nun, Herr Schmidt, im Gegensatz zu Brandt bei politischen Auseinandersetzungen von Gefühlen frei?

SCHMIDT: Von Gefühlen frei bin ich sicher nicht. Aber daß ich verletzt würde, das kann ich auch nicht sagen. Das gehört ja gewissermaßen zu dem Beruf des Politikers dazu, daß er im Laufe der Zeit, wenn es ihm nicht von Natur aus mitgegeben ist, sich selber dazu erzieht, eben nicht allzuleicht verletzt zu sein. Willy Brandt hatte übrigens allen Grund, verletzt zu sein.

GAUS: Das ist nicht in Zweifel gezogen. Mich interessiert hier die Frage: Wie wäre Helmut Schmidt zu verletzen? Gibt es etwas, was Helmut Schmidt verwunden würde?

SCHMIDT: Wenn ich an Brandts Stelle gewesen wäre, mit demselben Lebensweg wie er, möchte ich glauben, es hätte mich auch verletzt. Ich hätte mich allerdings resolut zur Wehr gesetzt. Willy Brandt hat gemeint, darüber mit einer gewissen Großzügigkeit hinweggehen zu sollen. Ich hätte wahrscheinlich anders reagiert.

GAUS: Wie hätten Sie reagiert?

SCHMIDT: Scharf.

GAUS: Sie hätten geklagt?

SCHMIDT: Nein, in offener Feldschlacht hätte ich mich auseinandergesetzt mit diesen Leuten.

GAUS: Kommen Sie sich niemals zu fein vor, um irgendeine Auseinandersetzung zu führen?

SCHMIDT: Das ist wieder so ein hochgestochener Ausdruck, Herr Gaus, nicht? Nein, ich möchte nicht gerne sagen, ich käme mir zu fein vor, aber es gibt Leute, mit denen ich mich nicht einlassen würde, einfach weil ich das Gefühl habe, es steht nicht dafür, weil sie zu kleinkariert sind oder weil sie zu gehässig sind. Die gibt es nicht unbedingt im Parlament, aber man begegnet im Leben Leuten, die einen ärgern wollen, und man sagt sich dann, da schieben wir was ein, da kümmern wir uns nicht drum.

GAUS: Und das können Sie auch wirklich, da müssen Sie sich nicht zwingen? Sie haben sich immer unter Kontrolle?

SCHMIDT: Ich glaube, das kann man nicht sagen, daß man sich immer unter Kontrolle hat, aber ziemlich, das glaube ich schon, ja.

GAUS: Kommen wir einmal auf den Debattenredner Schmidt zu sprechen. Sie haben sich im Parlament, im Bundestag, dem Sie zunächst von 1953 bis 1961 angehörten, den Beinamen »Schmidt-Schnauze« zugezogen oder verdient, wie immer Sie wollen. Würden Sie mir sagen: mehr zugezogen oder mehr verdient?

SCHMIDT: Beides.

GAUS: Sie haben sich den Beinamen »Schmidt-Schnauze« verdient, und es hat Debatten gegeben, bei denen Sie offensichtlich Ihren Gegner in Rage bringen wollten. Ich erinnere mich an eine, in der Sie dem Baron Guttenberg, dem CSU-Abgeordneten, dem Sinne nach vorgehalten haben, daß Großgrundbesitzer wie er allzuoft übriggeblieben seien und dazu beigetragen hätten, daß manche Verhältnisse in Deutschland nicht so geordnet seien, wie Sie sie sich wünschten. Meine Frage: Sind Sie dann auch in Rage, oder behalten Sie dabei einen ganz kühlen Kopf?

SCHMIDT: Zwar gereizt, aber ganz kühlen Sinnes. Ich erinnere mich sehr gut an diese Auseinandersetzung. Wenn Sie gerade diese Gelegenheit jetzt in Erinnerung rufen, dann muß ich wohl sagen dürfen, daß eine sehr scharfe, bewußt provozierende Rede Guttenbergs unmittelbar vorhergegangen war.

Er griff die innere Glaubwürdigkeit der Sozialdemokraten an; und das nach meinem Empfinden arrogant und überheblich. Wir sind inzwischen ganz gute Kollegen geworden, das ist ja nun auch acht Jahre her, wir können sehr freundlich und nett miteinander umgehen, obwohl wir sehr verschiedener Meinung sind. Aber meine ganze Fraktion hat damals als eine Ungeheuerlichkeit empfunden, mit ganz kaltem Blut dargestellt zu werden als Leute, die bewußt etwas anderes sagen, als sie denken. Und ich hatte das Gefühl, daß darauf eine deutliche, scharfe, kämpferische Erwiderung notwendig war. Übrigens war meine Erwiderung nur fünf Minuten lang, und ich habe dann in den nächsten fünfzig Minuten ganz sachlich ein schwieriges Problem auseinandergesetzt. Sie können das auch nachschlagen.

GAUS: Sie sehen, es sind mir in Erinnerung geblieben die fünf Minuten, als ich nach einem Beispiel suchte.

SCHMIDT: Ich habe sie nur improvisiert aus der Situation heraus.

GAUS: Ich stelle meine Frage noch einmal: Kühlen Bluts, so sagen Sie, hatte Guttenberg die SPD attackiert. Helmut Schmidt ging hinauf und schlug zurück. Kühlen Bluts oder doch in Rage?

SCHMIDT: Gereizt, wie ich schon sagte, aber...

GAUS: Kontrolliert?

SCHMIDT: Das passiert mir niemals im Parlament, daß ich etwas anderes sage, als ich sagen will.

GAUS: Sie wissen, wenn Sie hinaufgehen, was Sie sagen wollen, und wenn Sie herunterkommen, wissen Sie, was Sie gesagt haben?

SCHMIDT: Nein, das wäre falsch. Manche Gedanken fliegen ja eigentlich dem Redner zu, während er spricht, und manches bildet sich an Gedanken, indem er in den Gesichtern, die vor ihm sitzen, die Reaktion der Zuhörer sieht; dies ist ganz wesentlich für das, was man sagt. Man muß manchmal eine Sache noch vertiefen, noch nachstoßen, weil man sieht, daß sie nicht ganz verstanden wurde oder noch nicht ganz verstanden wurde, oder daß man sich nicht deutlich genug ausgedrückt hat; oder man sieht, daß eine Pointe vielleicht gar keine war, von der man dachte, sie sei eine gewesen, und muß das dann noch einmal verschärfen. Man weiß nicht unbedingt vorher, was man sagen will. Man weiß im großen und ganzen, was man sagen will.

GAUS: Man kennt den Inhalt, aber nicht die Formulierung.

SCHMIDT: So ist es. Man kennt den Inhalt, aber keineswegs die Formulierung – mit Ausnahmen allerdings. Es gibt manchmal natürlich auch in Debatten Sätze, die man im Kopf oder vielleicht sogar auch auf dem Papier vorformuliert hat. Das gibt es auch.

GAUS: Gehören Sie zu den Debattenrednern, die lieber vorformulieren, oder zu jenen, die es darauf ankommen lassen, daß ihnen die richtige Formulierung einfällt?

SCHMIDT: Das letztere. Ich bin gehandikapt und kann in große Verlegenheit geraten, wenn ich, wie ich es schon einmal gemacht habe – es ist schon viele Jahre her –, eine Rede vorformulieren würde. Dann verliere ich den Faden zum Papier, weil ich mich inzwischen davon löse und mir alle möglichen Dinge einfallen, die ich auszudrücken versuche. Und wenn ich mit diesem Gedanken, der mir eingefallen ist, zu Ende bin, dann muß ich ja eigentlich wieder auf das Papier zurückkommen, aber ich finde den Faden nicht mehr. Also, ich hasse diese vorformulierten Reden. Auf der anderen Seite ist es vielleicht notwendig, in dem Zusammenhang zu sagen, daß ja bei großen Debatten ein technischer Zwang auf den Redner ausgeübt wird, vorzuformulieren; und zwar einfach durch die Technik der Presse, die einen gewissen Druck ausübt, damit sie rechtzeitig noch ihre Nachrichten durchgeben kann, vorher von ihm zu wissen, was der Mann nun eben sagen wird. Und wenn er diesem Zwang nachgibt und das vorher aufschreibt und formuliert, dann darf er nicht oben nachher etwas völlig anderes sagen als das, was vorher an die Presse gegangen ist. Das ist eine gewisse Kalamität.

GAUS: Kommen wir noch einmal zurück auf die ersten Vorstellungen, die Sie bewogen haben, 1946 in die SPD zu gehen. Hatten Sie eine Art Frontsozialismus mit nach Hause gebracht? Wollten Sie eine gänzlich erneuerte Gesellschaft?

SCHMIDT: Nein, das möchte ich nicht sagen. Sehen Sie, mir ist es so gegangen, daß ich während des Krieges immer deutlicher spürte und mir immer klarer wurde, bewußter und klarer wurde, daß das ein schlechtes Regiment war, unter dem wir lebten, eine schlechte Regierung, ein schlechter Staat. Mir ist sogar auch, was vielen Frontsoldaten verborgen bleiben mußte, klargeworden, daß es eine verbrecherische Regierung war und...

GAUS: Warum ist Ihnen das klargeworden?

SCHMIDT: Weil ich während einer Zeit des Krieges in Berlin im Luftfahrtministerium tätig sein konnte und dadurch mehr Einblick gekriegt habe in manche Dinge, als man an der Front hat kriegen können, und auch mehr gehört habe. Ich wußte ganz genau, daß ich dagegen war. Ich wußte aber nicht, wofür ich hätte sein sollen. Das hat in meiner Erziehung nicht dringelegen. Ich war im Jahre 1933, als die Nazis kamen, vierzehn Jahre alt gewesen. Mir hatte niemand gesagt, wie ein Staat eigentlich beschaffen hätte sein sollen. Ich hatte gar keine positive Vorstellung von der Demokratie. Mir war nur klar, daß die höhnische Herabsetzung der westlichen Demokratien durch das Dritte Reich nicht ganz stimmen konnte; daß das wohl falsch war. Aber wie es denn nun wirklich war in einer Demokratie, wie ein Rechtsstaat wirklich geordnet sein sollte, davon hatte ich keine positive Vorstellung. Und aus diesem Gefühl heraus, einerseits genau zu wissen, so darf es hier nicht sein in Deutschland, andererseits aber nicht genau zu wissen, wie es denn statt dessen sein sollte, ergab sich diese

Wißbegierde, wie übrigens in vielen anderen Gefangenenlagern ja auch, die unter uns Kriegsgefangenen zu endlosen Vorträgen und nächtlichen Gesprächen geführt hat. Eigentlich habe ich meine positive Vorstellung, wie ein Staat wohl sein sollte, ich sagte es schon, in der Gefangenschaft gebildet. Und jene Parallelität zwischen dem sozialistischen Prinzip der Solidarität – übrigens nicht nur ein sozialistisches Prinzip, genausogut kommt es im katholischen Naturrecht vor –, zwischen diesem sozialistischen Prinzip der Solidarität und dem im Kriege erlebten Prinzip der Kameradschaft hat dann ein übriges getan.

GAUS: Ihr Vater war Studienrat in Hamburg gewesen. Haben Sie von ihm in irgendeiner Weise eine politische Vorbildung genossen?

SCHMIDT: Mein Vater war alles andere als ein Nationalsozialist; er war kein Widerstandskämpfer, aber alles andere als ein Nationalsozialist.

GAUS: Er war auch kein Sozialdemokrat?

SCHMIDT: Nein, er war auch kein Sozialdemokrat. Ich nehme an, er hat zeit seines Lebens gependelt zwischen Deutscher Volkspartei und der Deutschen Demokratischen Partei der Weimarer Zeit. Aber er war vorsichtig, und er hatte vielleicht auch Grund, vorsichtig zu sein. Jedenfalls hat er vor 1933, als wir beiden Jungs in der Schule und später in der Hitlerjugend waren, sehr sorgfältig vermieden, uns gegenüber dem, was wir dort lernten, nun zu Hause in Konflikte zu bringen, so daß ich also von meinem Vater her zwar atmosphärisch gegen das Dritte Reich beeinflußt worden bin, aber nicht für irgendwelche Dinge.

GAUS: Sie haben vorhin von den nächtelangen Diskussionen gesprochen, die bald nach dem Kriege in den Gefangenenlagern und in Westdeutschland geführt wurden. Teilen Sie die ein wenig sentimentale Sehnsucht vieler Westdeutschen Ihrer Generation nach den ersten Nachkriegsjahren, nach der unermüdlichen Debattierlust jener Zeit, als alles noch ungeordnet war und die Chance zu bergen schien, neu geordnet zu werden?

SCHMIDT: Nein, Sehnsucht würde ich nicht sagen. Wohl aber empfinde ich sehr deutlich aus der Erinnerung heraus, daß manche der Debatten, die man damals geführt hat, zu den schönsten und fruchtbarsten Debatten und Gesprächen gehört haben, die ich überhaupt erlebt habe – einschließlich der ganzen späteren zwanzig Jahre als Politiker.

GAUS: Sie haben vorhin schon vom Godesberger Programm gesprochen, das sich die SPD 1959 gegeben hat und das nach Vorstellung der SPD ausdrücken soll, daß die Sozialdemokratie heute eine weithin entideologisierte Volkspartei ist. Haben Ideologien jemals etwas für Sie bedeutet, oder haben Sie sie immer als Ballast für die praktische Politik verstanden?

SCHMIDT: Das sind zwei Fragen. Lassen Sie mich zunächst einmal versuchen, die erste zu beantworten, ob Ideologien je für mich etwas bedeutet hätten. Ich glaube nein. Zweitens würde ich aber nicht sagen, daß die Ideologien, die andere vortrugen oder die andere aus früheren Zeiten mitgebracht hatten, daß mir die als Ballast erschienen wären. Das will ich nicht sagen, sondern doch als etwas historisch Gewachsenes, was als solches zu respektieren war, was man nicht...

GAUS: Auch etwas Respektables kann Ballast sein.

SCHMIDT: Man mußte versuchen, den Menschen zu zeigen, daß diese Ideen, diese Ideologien nicht recht in Übereinstimmung standen mit der Wirklichkeit und mit den wirklichen Problemen, die es zu lösen galt.

GAUS: In welchen grundsätzlichen Auffassungen haben Sie seit Beginn Ihrer politischen Laufbahn am gründlichsten umlernen müssen?

SCHMIDT: Innerhalb meiner politischen Tätigkeit?

GAUS: Ja, also nach 1945.

SCHMIDT: Ja, da muß ich einmal einen Augenblick nachdenken. Ihre Formulierung »am meisten umlernen« klingt so, als ob man in vielen Punkten habe umlernen müssen. Umlernen ist für mich nicht ein sehr zutreffender Ausdruck, lernen ja, eine ganze Menge, aber umlernen, das weiß ich nicht. Eines will ich sagen, Herr Gaus: In den ersten Jahren nach dem Kriege war in meinen politischen Vorstellungen die sozialistische Komponente viel gewichtiger, heute ist die demokratische viel gewichtiger. Das würde ich aber nicht als einen Umlern-Prozeß bezeichnen.

GAUS: Einen Lernprozeß.

SCHMIDT: Ja, einen Entwicklungsprozeß.

GAUS: Ein Lernprozeß, der wodurch ausgelöst wurde? Durch die pragmatische Erkenntnis, daß die sozialistische Komponente die Sozialdemokratie noch weiter von der Macht fernhalten würde, als sie es noch immer ist, oder durch objektive Einsichten, die zur Relativierung des Sozialismus führten?

SCHMIDT: Beides, und vor allem drittens, daß ich im Laufe der Zeit erfahren habe, daß das Funktionieren der Demokratie und das Funktionieren des Rechtsstaates unendlich viel wichtiger ist nach meiner Vorstellung, als manches an zu weit getriebener sozialistischer Akribie, was wir uns damals vorgestellt hatten. Ich bin auch heute der Meinung, daß zum Beispiel Sozialpolitik, daß soziale Gerechtigkeit schlechthin ein Prinzip ist, ohne das eine moderne Demokratie nicht existenzfähig wird: Ich halte es für grundlegend. Gleichwohl meine ich, noch wichtiger ist, daß Demokratie und Rechtsstaat funktionieren.

GAUS: Sie glauben nicht, daß das eine vom anderen abhängt?

SCHMIDT: O ja, das ist ineinander verwoben, eine Demokratie könnte nicht funktionieren, wenn es in dem Lande keine soziale Gerechtigkeit gäbe. Dann bliebe auch die Demokratie nicht funktionsfähig.

GAUS: Nennen Sie mir die Ideale, die Sie in der Politik, oder auch das Ideal, das Sie in der Politik am höchsten anstreben.
SCHMIDT: Ich will auf Ihre Frage mit beispielhaften Personen antworten. Als ein Vorbild für einen Politiker ist mir zum Beispiel immer Thomas Jefferson erschienen, einer der frühen amerikanischen Präsidenten.
GAUS: Können Sie begründen warum?
SCHMIDT: Aus mancherlei Gründen. Einmal hat mich immer angezogen die umfassende Bildung an dem Manne, der eben nicht nur auf sein politisches Geschäft starrte und von allem übrigen nichts wußte, sondern der von einem ganz weiten Horizont her sich den politischen Problemen seines Landes zu widmen wußte. Zum zweiten haben mich an ihm angezogen die feststehenden moralischen Grundsätze. Und damit komme ich vielleicht zur nächsten Person, die ich nennen will – aus unserer Zeit, ich habe das auch in Versammlungen vor jungen Leuten schon gerne einmal gesagt. Aus unserer Zeit finde ich, daß Johannes XXIII. ein Vorbild ist und auch für Politiker sein sollte, übrigens nicht nur für Politiker, sondern auch für andere Menschen, insbesondere für junge Menschen, weil er in so überaus überzeugender Weise, weit über den Bereich seiner katholischen Kirche hinaus, allen Menschen auf der Welt die Notwendigkeit der Toleranz vor Augen führte, die sittliche Notwendigkeit der Toleranz, wenn Menschen im Lande überhaupt sollen miteinander leben können. Und als Dritten möchte ich jemanden nennen, der gerade für Deutschland etwas geleistet hat, was notwendig war, aber nicht nur für Deutschland: Das ist Kennedy, der den Menschen in der ganzen Welt den Mut zum Ideal zurückgegeben hat. Es war eine Zeitlang und ist auch heute noch unter manchen Menschen in Deutschland etwas Suspektes, Ideale zu haben. Ich finde das gar nicht suspekt. Und ich finde, der Kennedy hat hier zum Beispiel darin etwas geleistet, daß er vielen, vielen jungen Menschen auf der Welt den Mut wieder-

gegeben hat zum Ideal – ohne dabei auf der anderen Seite die Füße vom Boden zu verlieren. Wenn ich also in diesen drei Beispielen Ihre Frage beantworten darf, dann würde ich sagen, solche Eigenschaften, wie ich sie hier eben hervorgehoben habe an diesen drei Personen, solche Eigenschaften würde ich schon vorbildlich und ideal auch für einen Politiker halten.

GAUS: Sie haben im Blick auf Jefferson von dem tiefen Eindruck gesprochen, den Ihnen seine umfassende Bildung macht. Beklagen Sie manchmal, daß Sie eingespannt sind in politische Verpflichtungen, die Ihnen...

SCHMIDT: Ja, ja, ganz zweifellos, man hat so furchtbar viel zu tun und um die Ohren, und manches davon ist einem selber gar nicht so wichtig, aber es ist unvermeidlich, so daß man nicht soviel lesen kann und nicht sich mit so vielen Dingen beschäftigen kann, wie man eigentlich möchte.

GAUS: Sie wollten einmal vor dem Kriege – Sie haben in Hamburg die Lichtwark-Schule, eine Versuchsoberschule mit stark musischem Charakter, besucht –, Sie wollten Architekt und Städtebauer werden, eine Absicht, die der Krieg vereitelt hat. Gibt es Bemühungen, Anstrengungen, trotz allem das Musische im Leben des Politikers Schmidt nicht ganz verkümmern zu lassen?

SCHMIDT: Ich würde nicht sagen Bemühungen und Anstrengungen – das wäre ein falscher Ausdruck, aber verkümmert ist es keineswegs.

GAUS: Sie malen zum Spaßvergnügen?

SCHMIDT: Ja, nur ein ganz klein bißchen.

GAUS: Sie spielen im Urlaub manchmal Orgel.

SCHMIDT: Ja, das ist richtig, wenngleich ich nicht so viel Orgel spiele, wie in den Zeitungen darüber zu lesen steht. Ganz gelegentlich ja. Gelegentlich spiele ich Klavier.

GAUS: Ihre Frau ist Lehrerin, Ihre Tochter hat gerade das Abitur gemacht; was will sie werden?

SCHMIDT: Ja, wenn man das bei einer achtzehn- oder knapp neunzehnjährigen Tochter so genau wüßte. Einstweilen will sie Psychologin werden. Ob sie dabei bleibt, wird man sehen.
GAUS: Das ist Ihnen recht?
SCHMIDT: Ich muß gestehen, es ist mir nicht ganz recht.
GAUS: Warum nicht?
SCHMIDT: Ich meine, daß, so wie unsere Gesellschaft, wie alle Gesellschaften sich in der westlichen Welt nun einmal entwickelt haben, es für eine Frau nötig ist im Leben, jederzeit auch sich selber erhalten zu können. Ich bin nicht ganz sicher, ob Psychologie der richtige Beruf für eine Frau ist. Aber das muß sie selber herausfinden.
GAUS: Sind Sie nach Ihrer Selbsteinschätzung, Herr Schmidt, ein kontinuierlicher und konsequenter Arbeiter, oder fühlen Sie sich von einer Aufgabe bald gelangweilt, und suchen Sie dann nach einer neuen?
SCHMIDT: Nein, ich würde mich eher für die erste Kategorie halten.
GAUS: Sie glauben, Sie sind fleißig und konsequent im Arbeiten.
SCHMIDT: Das würde ich glauben, ja.
GAUS: Als Sie 1953 zum erstenmal in den Bundestag kamen, haben Sie sich anfangs mit verkehrspolitischen Fragen beschäftigt, so wie Sie vorher in Hamburg zuletzt Leiter der wirtschaftspolitischen Abteilung der Behörde für Wirtschaft und Verkehr gewesen waren. Sie sind dann aber sehr schnell als Verteidigungsexperte der sozialdemokratischen Opposition neben Fritz Erler getreten. Zu dieser Parlamentskarriere habe ich mehrere Fragen. Zunächst: Wieweit haben Sie in der Beschäftigung mit verteidigungspolitischen Fragen die ganz persönliche Chance gesehen, voranzukommen, weil das ein Gebiet war, um das viele Sozialdemokraten aus traditionellen Gründen einen Bogen machten?

SCHMIDT: Nicht als eine Chance voranzukommen, aber als eine Chance überhaupt, sich zu betätigen. Jemand, der neu in den Bundestag kommt, das dürfte heute nicht anders sein als damals vor zwölf Jahren, der findet in seiner jeweiligen Fraktion so ziemlich alle Arbeitsgebiete bereits mit alten Hasen besetzt vor, die das schon alles kennen, die sich um ihr Arbeitsgebiet schon lange gekümmert haben und die das auch viel besser können als er; denn er ist ja ganz neu, bringt zwar einige Kenntnisse mit, aber andere fehlen ihm auch. Es ist also für jeden jungen Abgeordneten relativ schwierig, sich innerhalb seiner Fraktion im Bundestag ein eigenes Arbeitsgebiet zu schaffen. Ich habe damals sicherlich – Fritz Erler kümmerte sich schon mehr und mehr um Außenpolitik und konnte sich nicht auf die Verteidigungspolitik allein beschränken, konzentrieren –, ich habe damals sicherlich auch empfunden, daß hier ein offenes Feld war, eine Lücke sozusagen, die mir die Möglichkeit geben würde, zu arbeiten und selbst etwas zu tun und nicht nur zuzuhören, wenn andere sprachen. Auf der anderen Seite habe ich die Lücke aber auch noch in einem ganz anderen Sinne empfunden. Das fing etwa 1955 an, nein, 1954 im Zusammenhang mit der großen, ganz Europa damals beschäftigenden EVG-Debatte. Ich habe damals die Notwendigkeit empfunden, gemeinsam mit anderen die Partei aus einer zu stark emotionalen Betrachtung der damit aufgeworfenen Probleme zu einer mehr rationalen, das heißt politischen Betrachtung der Probleme hinzuführen. Ich habe das für eine politische Aufgabe angesehen. Das war es auch. Es war keine sehr angenehme und keine sehr leichte Aufgabe.

GAUS: Ich würde darauf gerne noch kommen. Zwischendurch aber: Warum haben Sie die Formulierung »voranzukommen« im Zusammenhang mit Ihrer Betätigung als Wehrexperte zurückgewiesen? Scheuen Sie das Eingeständnis, daß ein junger Politiker, der Sie damals waren, auch den Wunsch haben kann – wie ich finde, haben muß –, voranzukommen, oder…

SCHMIDT: Nein, das kann er gerne eingestehen. Ein erhebliches Mindestmaß an Ehrgeiz ist notwendig, wenn der Mann überhaupt etwas leisten soll.

GAUS: Sie würden also die Formulierung »voranzukommen« auch für Helmut Schmidt als eine Überlegung gelten lassen, die er in sein Kalkül mit einbezieht?

SCHMIDT: Grundsätzlich ja. Für die damalige Zeit, nach der Sie gefragt hatten, aber war es noch kein Kalkül.

GAUS: Jetzt also zu dem, was Sie eben sinngemäß Befreiung von Gefühlsballast genannt haben. Ich habe in Ihrem Buch »Verteidigung und Vergeltung« ein, wenn Sie so wollen, Schuldbekenntnis Helmut Schmidts gefunden. Sie haben eingeräumt, daß Sie mitbeteiligt und mitschuldig gewesen seien an der Belastung der Wiederbewaffnungsdebatte durch Gefühlsmomente und durch Vorurteile; so haben Sie geschrieben. In welcher Weise haben Sie daran Schuld getragen, was waren die Gründe, die Sie zu diesen Fehlern veranlaßt haben?

SCHMIDT: Lassen Sie mich zunächst einmal sagen, daß das, was Sie da aus diesem Buch zitieren, ja nicht eine Art von Selbstkritik ist. Es ist eine Fußnote in dem Buch an einer Stelle, wo allgemein beklagt wird, daß im Bundestag zwar gegenüber militärischen, gegenüber rüstungspolitischen Problemen sehr viel guter Wille, aber relativ sehr wenig Sachverstand vorhanden war.

GAUS: Man muß auch die Fußnoten lesen.

SCHMIDT: Das ist geschrieben 1960 im Sommer, und darunter steht dann eine Fußnote, die sagt: Übrigens, ich bin auch daran mit schuld, daß die Emotionen bei manchen Bundestagsdebatten den Sachverstand überwogen haben. Nun, mir schien das einfach aus Gründen der intellektuellen Redlichkeit notwendig, diese Fußnote anzubringen.

GAUS: Worin lag Ihre Schuld?

SCHMIDT: Ja, ob der Ausdruck Schuld ganz richtig ist? Wir haben eben alle nicht genug gewußt. Der einzige, der damals wirklich schon sehr viel wußte zu jener Zeit 1958, war Strauß. Alle übrigen Politiker waren relativ schlecht informiert über die militärischen Probleme, tasteten sich hinein, hatten bis dahin gar keinen richtigen Zugang zu dem Fundus an Literatur, den es darüber bereits gab. Und ob man das nun Schuld nennen will oder wie immer, das bleibe dahingestellt, würde ich sagen. Tatsache ist, daß auf allen Bänken des Bundestages in jenen Atomdebatten zum Beispiel des Jahres 1958 mehr guter Wille und ehrliche Überzeugung als Sachverstand gewaltet hat.

GAUS: Haben Sie bei den seinerzeitigen Debatten auch Rücksicht genommen auf die Gefühle, die die sozialdemokratische Mehrheit in diesen Fragen noch hatte?

SCHMIDT: Nein, nein. Ich stand bei dieser viertägigen Atomdebatte des Jahres 1958 – Strauß und ich haben uns später noch häufig deswegen gehakt und miteinander gestritten und auch freundschaftlich unterhalten –, ich stand damals unter dem Eindruck, daß die Regierung tatsächlich darauf aus war, Verfügungsgewalt über atomare Waffen zu erlangen, wenngleich sie es nicht sagte. Das hielt ich damals und halte ich übrigens auch heute noch, in der damaligen wie auch in der gegenwärtigen Situation, für eine höchst gefährliche und auf jeden Fall abzulehnende Politik. Nur daß es damals in der Regierung Leute gab, die das wirklich wollten, das würde ich heute nicht mehr beweisen wollen. Strauß hat es seither immer wieder konstant abgestritten. Und die übrigen haben wahrscheinlich viel weniger gewußt, wovon sie sprachen, als er.

GAUS: Sie haben eben schon gesagt, Strauß sei vielleicht der einzige im Parlament überhaupt gewesen, der genau begriffen habe, worum es geht. Das ist ein respektables Kompliment, das Sie dem ehemaligen Bundesverteidigungsminister machen. Strauß ist ein Politiker Ihrer Generation wie etwa auch Erich Mende und Barzel. Sagen Sie bitte, was ist das Gemeinsame – Sie haben vorhin schon die Scheu vor den großen pathetischen Ausdrücken erwähnt – dieser Generation? Wie unterscheidet sie sich von Älteren und von Jüngeren? Denn so ganz jung ist diese Generation ja auch nicht mehr.

SCHMIDT: Jung kann man, wenn man auf die Fünfzig oder auf die Silberne Hochzeit zugeht, ja nun nicht gerade sagen.

GAUS: Eben.

SCHMIDT: Ich bin nicht ganz sicher, daß man zwischen Männern, wie Sie sie eben genannt haben – Strauß, Mende, Barzel, ich selber –, ich bin nicht ganz sicher, ob man da Gemeinsamkeit der Generation ohne weiteres auffinden kann. Ich empfinde das Generationenproblem innerhalb der Sozialdemokratie viel deutlicher. Und lassen Sie mich zum Beispiel sagen, daß zwei Freunde von mir, die ich sehr schätze und in ihrer Leistung auch sehr respektiere – Willy Brandt nämlich und Fritz Erler –, nur wenige Jahre älter sind als ich, vier oder fünf Jahre. Gleichwohl empfinde ich sie als einer anderen Generation zugehörig, weil sie nämlich noch geprägt sind von dem bewußten Miterleben der ersten Demokratie in Deutschland, der Weimarer Demokratie. Sie waren damals zwar noch nicht volljährig, aber immerhin doch in einem Alter, in dem man bewußt miterlebte, auch Partei nahm, sich engagierte für diese Demokratie, während ich einfach zu jung war. Um vier Jahre, fünf Jahre war ich einfach zu jung. Ich war etwa vierzehn. Daraus resultiert ein Generationsunterschied. Den zweiten Unterschied empfinde ich bei denjenigen, die so viel jünger sind als beispielsweise ich, daß sie jenen Konflikt nicht mehr selber miterlebt haben, unter dem wir im Kriege gestanden hatten: den Konflikt, einerseits zu wissen, daß man sein Land verteidigen muß, was wir ja auch taten und willig taten, und andererseits zu wissen, daß jeder Tag und jede Woche, um die auf diese Weise die endgültige Niederlage hinausgezogen wurde, doch nur der Verlängerung eines letztlich eindeutig zu verurteilenden Regimes galt. Dieser Konflikt ist manchen Leuten in meiner Generation sehr, sehr bewußt gewesen. Wir haben darunter auch gelitten. Dagegen jemand, der zehn Jahre jünger ist, sagen wir, 1928 geboren, der war 1945 gerade noch Flakhelfer oder für ein Vierteljahr Soldat, der kann das eigentlich gar nicht empfunden haben, es sei denn im Ausnahmefall; denn normalerweise hatte der damals – geprägt durch die Hitlerjugend oder wo immer er erzogen war – gar nicht das Gefühl, daß dies eine verbrecherische Clique war, die uns da führte. Insofern empfinde ich da einen zweiten Generationsbruch, obwohl es gar keine dreißig Jahre Abstand sind, wie man normalerweise im Leben zu denken pflegt, daß von Generation zu Generation dreißig Jahre Unterschied wären. Um auf Strauß zurückzukommen und auf Mende: Ich weiß nicht, ob ich da typische Gemeinsamkeiten der Generation finden würde.

GAUS: Wie beurteilt der Politiker Helmut Schmidt den Politiker Franz Josef Strauß?

SCHMIDT: Strauß ist ein ungeheuer begabter Mann, ein Mann mit großen Fähigkeiten, ein Mann mit einer großen Palette von Fähigkeiten: eine ganz gute Bildung, ein gutes Gedächtnis, eine glänzende Beredsamkeit – er kann ein Gremium von Professoren genauso hinreißen wie eine riesenhafte Volksversammlung –, Entschlußkraft, Energie, auch wohl Mut. Auf der anderen Seite steht dieser großen Zahl von Fähigkeiten, die an und für sich alle schon wünschenswert sind für einen Politiker und die den Strauß eben auch zu diesem Energiebündel machen, das er ist, ein Mangel an Selbstkontrolle gegenüber. Da bin ich eben nicht ganz sicher, ob der Strauß vorher weiß, was er sagt. Aber Sie haben mich nicht gefragt, wie ich ihn beurteile, sondern was ich von ihm halte. Da will ich Ihnen sagen, manchmal bin ich auf den Mann sehr zornig gewesen, und manchmal habe ich ihn für eine ganz gefährliche Kraft gehalten, und ich glaube, daß er auch in Zukunft, wenn er Fehler macht, gefährlich sein kann. Andererseits sehe ich, daß er sich Mühe gibt, sich in den Griff zu kriegen. Und ich muß gestehen, daß mir in all diesen vielen Jahren doch eine gewisse Antenne für den Charme geblieben ist, den er bisweilen hat.

GAUS: Was sind nach Ihrer Selbsteinschätzung Ihre vorherrschenden Eigenschaften, Herr Schmidt? Gelegentlich sind Ihre Talente mit militärischen Talenten gleichgesetzt worden; etwa durch die Art, wie Sie manche Probleme als Hamburger Senator für Inneres anpackten.

SCHMIDT: Also das, finde ich, ist eine etwas zudringliche Frage, Herr Gaus. Ich denke nicht, daß ich ein guter Militär wäre. Ich glaube schon, daß manches von dem, was ein Militär braucht, bei mir vorhanden ist: rasches Urteil über eine Lage, rasches Erkennen der Lage und Beurteilung dessen, was aus ihr entstehen kann, Entschluß, dieser Lage oder ihrer Entwicklung abzuhelfen, und dann auch das Vermögen, den Entschluß durchzusetzen. Auf der anderen Seite glaube ich – das ist jedenfalls meine Erfahrung aus den acht Jahren, in denen ich tatsächlich Soldat war –, daß ich mich vielleicht nicht sehr gut anpassen würde an den militärischen Organismus.

GAUS: Sind Sie nicht diszipliniert?

SCHMIDT: Das will ich nicht sagen. Ich selber würde mir keinen Mangel an Disziplin attestieren wollen, aber ich muß mir leider attestieren, daß ich, wenn ich anderer Meinung bin als andere, das ganz gerne sage. Und das würde im Militär nicht unbedingt gerne gesehen – weder in der Bundeswehr noch sonstwo auf der Welt.

GAUS: Sie haben als einer der ersten oder als der erste bekannte Sozialdemokrat überhaupt, 1958 – glaube ich – an einer Reserveoffiziersübung der Bundeswehr teilgenommen. Das hat Ihnen in der Fraktion zwar damals ein wenig geschadet, aber andererseits hat es Ihnen auch in der Öffentlichkeit genutzt. Denken Sie bei dem, was Sie tun, auch immer ein wenig an den Eindruck Ihres Tuns in der Öffentlichkeit?

SCHMIDT: Wenn das damals, bei meiner Reserveübung, so gewesen wäre, müßte ich aber schon eine sehr feine Nase gehabt haben. Nein, das ist in dem Zusammenhang sicherlich falsch. Eher würde ich zugeben wollen, daß es mich gereizt hat, meiner Überzeugung gemäß eine Übung zu absolvieren, obwohl die meisten meiner politischen Freunde in diesen Fragen damals anderer Meinung waren.

GAUS: Bei der Vorbereitung auf dieses Interview, Herr Schmidt, habe ich verschiedentlich von Leuten, die Sie sehr gut kennen, gehört, daß es manchmal Spuren von Resignation bei Helmut Schmidt gibt. Sie sind im vergangenen Dezember siebenundvierzig Jahre alt geworden. Sie sind ein führender Sozialdemokrat, Sie gehören zur engsten Führungsspitze; aber Sie sitzen, nachdem Sie aus dem Hamburger Senatorenamt ausgeschieden sind, wieder auf der Oppositionsbank. Ist es richtig, daß Sie gelegentlich zur Resignation neigen, denken Sie manchmal an andere Karrieren, die man hätte machen können oder noch machen könnte in der Wirtschaft?

SCHMIDT: Der Ausdruck Resignation ist falsch, aber sonst ist etwas Richtiges dran an dem, was Sie fragen. Nein, ich denke nicht an andere Karrieren, das ist es nicht. Aber was mich bisweilen beschäftigt und worüber ich wohl auch einmal gerne mit Freunden rede, was offenbar bis zu Ihnen gedrungen ist, das ist die Frage, ob es eigentlich gesund ist, wenn ein Politiker, der bis zum normalen Pensionsalter von fünfundsechzig Jahren eben keine vollen zwei Jahrzehnte mehr vor sich hat, sondern etwas weniger, ob es eigentlich gesund ist, wenn er auf die Dauer, um mit Max Weber zu reden, nicht nur für die Politik, sondern auch von der Politik lebt. Zur Zeit, so bilde ich mir ein, kann ich das Risiko, das darin liegt, noch leicht auf mich nehmen. Ich bilde mir ein, daß, wenn aus irgendwelchen politischen Umständen heraus ich in Auseinandersetzungen geraten sollte und Konsequenzen ziehen wollte – Politiker müssen immer damit rechnen, daß sie irgendwann Konsequenzen zu ziehen haben, Minister zum Beispiel können ohne eigenes Verschulden gezwungen werden, Konsequenzen zu ziehen –, ich bilde mir also ein, wenn ich in irgendeine solche Lage käme, dann würde ich mit meinem jetzigen Alter und mit den Erfahrungen und Fähigkeiten, die man im Laufe seines Lebens erworben hat, sicherlich ganz gut eine Arbeit in der Wirtschaft übernehmen können, die mir Spaß machen würde und die nicht nur den Mann, sondern auch die ganze Familie, die dazugehört, ernähren würde. Aber ich muß Ihnen bekennen, daß ich manche Beispiele von Kollegen im Bundestag erlebt habe, die sechzig, fünfundsechzig, siebzig Jahre alt geworden waren und eben kein Vermögen hatten, auch keinerlei Pensionsansprüche, die dann in eine Abhängigkeit gerieten; sie mußten wieder aufgestellt werden, damit sie weiterhin ihren Lebensstandard behielten. Das finde ich eine ganz, ganz schreckliche Sache. Ich möchte mein ganzes Leben lang, solange ich politisch tätig bin, unabhängig sein. Und diese Unabhängigkeit, glaube ich, verliert man, wenn man an die Sechzig rankommt und immer noch kein Vermögen oder keine Pension oder, was weiß ich, keinen anderen Rückhalt hat. Früher in Preußen konnten sich die Herren dann auf ihre Klitsche zurückziehen, das waren die guten alten Zeiten. Wir haben keine Klitschen mehr, nur die wenigsten von uns. Das alles, meine ich, ist eine ganz legitime Erwägung, und die hat mit Resignation nicht unbedingt etwas zu tun.

GAUS: Erlauben Sie mir eine letzte Frage, Herr Schmidt: Würden Überlegungen, wie Sie sie jetzt angestellt haben, hinfällig werden, wenn Sie sozialdemokratischer Kanzlerkandidat würden?

SCHMIDT: Lassen Sie mich zu dieser in der Öffentlichkeit bisweilen beredeten Frage eines vorweg sagen: Ich glaube nicht, daß die Zeit heute reif ist – weder für die Sozialdemokratische Partei noch für mich –, eine solche Entscheidung schon zu treffen. Aber auf den eigentlichen Kern Ihrer Frage will ich antworten: Es gibt durchaus nach meiner Vorstellung Aufgaben in vieler Menschen Leben, auch in meinem, die so bedeutsam sind, daß man dafür vieles opfern oder aufs Risiko stellen muß. Das schon. Das gilt für jeden, der zum Beispiel ein Ministeramt annimmt. Etwas anderes ist es, wenn man vor Aufgaben steht, von denen man glaubt, viele andere könnten sie auch erfüllen; dann muß man nicht unbedingt ein Risiko auf sich nehmen.

Franz Josef Strauß

»... Widersprüche sind in der nachträglichen Darstellung eines komplizierten Vorganges, bei dessen Wiedergabe auch bestimmte Tendenzen zugrunde liegen mögen, selbstverständlich. Ich darf Sie an ein ganz einfaches Beispiel erinnern. Lassen Sie von vier Zeugen einen verhältnismäßig einfachen Verkehrsunfall vor Gericht rekonstruieren, und Sie werden erleben, daß alle subjektiv die Wahrheit sagen und trotzdem gewisse Widersprüche aufweisen. Und das führt mich zu der Feststellung, daß man zwischen Unrichtigkeit und Lüge endlich einmal den richtigen Unterschied ziehen muß ...«

Franz Josef Strauss, geboren am 6. September 1915 in München. Studium der Philologie und Geschichte. Militärdienst bis 1945 als Artillerist, zuletzt als Lehroffizier einer Flakschule. 1945 Mitbegründer der CSU in Bayern, ab 1946 Mitglied im Landesvorstand, 1948 bis 1952 Generalsekretär, ab 1961 bis heute Vorsitzender der Partei. Ab 1949 CSU-Abgeordneter im Bundestag, 1950 stellvertretender Fraktionsvorsitzender. 1953 Bundesminister für Sonderaufgaben, 1955 Minister für Atomfragen und 1956 Bundesverteidigungsminister. 1962 trat er wegen der sogenannten »Spiegel«-Affäre zurück. 1966 übernahm er im Kabinett Kiesinger das Finanzministerium (bis 1969). Seither verleiht ihm seine starke persönliche Führungsposition in Bayern großen Einfluß auch in der Bundespolitik. Seit 1978 Ministerpräsident in Bayern. 1979 wählte die CDU/CSU-Bundestagsfraktion ihn zum Kanzlerkandidaten; nach verlorener Wahl verzichtete er auf sein Bundestagsmandat. 1983 bei den vorgezogenen Bundestagswahlen kandidierte er erneut für die CSU, verzichtete aber nach dem Wahlsieg auf ein Ministeramt und blieb als Ministerpräsident in München.

Gespräch mit Franz Josef Strauß, dem Vorsitzenden der CSU und Bundesverteidigungsminister a. D., gesendet am 29. April 1964.

Ich bin ein eigenwilliger Mann

GAUS: Es gibt wohl keinen zweiten Politiker in der Bundesrepublik, über den so viele festgefügte Urteile und auch Vorurteile, im guten wie im bösen, existieren wie über Sie, Herr Dr. Strauß. Sie gelten einerseits als der Mann, als der verdiente Mann, der die Bundeswehr in ihrer schwierigsten Aufbauphase geführt hat, andererseits sind mit Ihrem Namen die parlamentarische Untersuchung eines geplatzten Riesen-Bauunternehmens und die bisher schwerste Bonner Regierungskrise verbunden. Lassen Sie mich meinen Versuch, ein Strauß-Porträt zu zeichnen, mit der Frage beginnen: Wie erklären Sie sich selbst die Hitzigkeit, die Erregung, die die öffentliche Meinung annimmt, sobald Ihr Name fällt?

STRAUSS: Vielleicht ist es eine Erklärung, wenn ich Ihnen sage, daß nach meiner Meinung meine angeblich vorhandenen Vorteile und Fähigkeiten genauso übertrieben werden wie meine ohne Zweifel vorhandenen Nachteile und Schwächen.

GAUS: Sie glauben, daß die öffentliche Meinung im ganzen, im guten wie im bösen, Sie überzeichnet, Ihre Talente ebenso wie die Gefährdungen?

STRAUSS: Das wollte ich damit ausdrücken. Im übrigen ist es wohl so, daß sich die Phantasie an eigenwilligen Persönlichkeiten stärker entzündet als an Persönlichkeiten, denen man weder nach dieser noch nach jener Richtung hin eine besondere Farbe anmerkt. Ich darf Sie vielleicht nur mit einer Bemerkung berichtigen: Es ist keine Bauunternehmung geplatzt, sondern es ist eine Fiktion geplatzt.

GAUS: Richtig. Sie würden also von sich selbst sagen, daß Eigenwilligkeit zu einem beherrschenden Charakterzug bei Ihnen geworden ist. Sind Sie ein eigenwilliger Mann?

STRAUSS: Das bin ich sicher. Aber auch hier sollte man nicht übertreiben.

GAUS: Herr Strauß, Ihre Karriere als Politiker ist sehr zügig verlaufen. Sie sind nach dem Kriege als Landrat in Schongau eingesetzt und gewählt worden; 1948 Generalsekretär der bayerischen CSU geworden; 1949 in den ersten Bundestag gewählt, dem Sie seither stets angehört haben, sind 1953 zum erstenmal Minister, erst Sonderminister, dann Atomminister und von Oktober 1956 bis Herbst 1962 Verteidigungsminister gewesen. Heute sind Sie Parteivorsitzender der CSU.

Für einen Mann, der bei Kriegsende erst dreißig Jahre alt war – Sie sind am 6. September 1915 in München geboren –, ist das eine wahrhaft bemerkenswerte Karriere. Ich würde gern von Ihnen wissen, wie Sie sich selbst diesen schnellen Aufstieg erklären.

STRAUSS: Darüber habe ich nie nachgedacht. Denn wenn Politiker anfangen, über ihre Karriere nachzudenken, dann ist sie meistens ohnehin schon vorbei. Sie wissen ja, daß Marx bei der Abfassung des »Kapitals« gesagt hat, das Ende des Kapitalismus müsse schon deshalb gekommen sein, weil er beginne, darüber zu schreiben.

GAUS: Ohne damit Prophezeiungen über Ihre Karriere abgeben zu wollen, wäre ich Ihnen doch dankbar, wenn Sie jetzt ein bißchen nachdenken würden, was denn wohl diese Karriere bewirkt haben kann.

STRAUSS: Das ist eigentlich alles mehr von selbst gekommen als auf Grund von Überlegungen oder Beschlüssen. Ich habe mich nie entschlossen, Politiker zu werden. Mein eigentliches Berufsziel – ich wage es vor den gestrengen Vertretern dieser Disziplin zu sagen – wäre es gewesen, Professor für Geschichte zu werden. So war auch mein Studium angelegt. Ich bin dann sechs Jahre beim Militär gewesen, im Westen, im Osten, Heimatkriegsschauplatz; ich habe diesen grandiosen Zusammenbruch, ich darf es ohne Übertreibung sagen, wie viele andere vorher geahnt und gewußt und in diesem Zusammenbruch die Frage gestellt wie Millionen andere: Was jetzt? Und daraus kam meine allgemeine Überlegung: Das darf sich nie mehr wiederholen.

GAUS: Aus Ihrem Elternhaus – Ihr Vater war Metzgermeister in München – hatten Sie keine politische Ausrichtung mitbekommen?

STRAUSS: O doch, es wäre ganz falsch, das anzunehmen. Mein Vater war, ich glaube, sogar Gründungsmitglied der Bayerischen Volkspartei im Jahre 1919 und ist einfaches Mitglied und Helfer dieser Partei als Handwerksmeister in München bis zur Auflösung der Partei im Frühjahr 1933 geblieben.

GAUS: Herr Strauß, Sie waren ein junger Mann, als Hitler zur Macht kam, und haben dann an der Universität München studiert. Was war denn Ihre Einstellung zum Nationalsozialismus?

STRAUSS: Wenn ich von meiner Einstellung zum Nationalsozialismus rede, dann würde es sehr selbstgefällig klingen, wenn ich hier nicht meine Eltern erwähnen würde, die meine politische Haltung schon vor Beginn des Dritten Reiches, obwohl ich damals noch ziemlich jung war – 17 Jahre – entscheidend beeinflußt haben. Mein Vater war das, was man einen geschworenen Gegner Hitlers, Gegner der nationalsozialistischen Weltanschauung und des ganzen Systems nennt, und diese Einstellung hat sich schon so früh auf mich übertragen, daß wir bereits in den Oberklassen der Schule die heftigsten

Auseinandersetzungen hatten zwischen denen, die dem Stern der neuen Zeit gefolgt sind, und denen, die die größten Vorbehalte dagegen hatten. Aber ich möchte ausdrücklich sagen, ich weiß nicht, was meine politische Einstellung gewesen wäre, wenn ich in einem anderen Milieu aufgewachsen wäre. Ich nehme als sicher an, daß ich einmal auf dieselbe Einstellung gekommen wäre, aber es ist nicht mein Verdienst, daß ich von vornherein diese Einstellung hatte, wie ich sie eben umrissen habe.

GAUS: Ich muß dazu etwas fragen. Der letzte Landtagswahlkampf in Bayern im Herbst 1962 ist von der CSU, die von Ihnen geführt wird, mit Parolen bestritten worden, die, nach meiner Meinung, mit ihrem nationalistischen Zungenschlag doch bis zu einem gewissen Grad auf die Mentalität ehemaliger Nationalisten und Nationalsozialisten zielten. Besteht nicht ein Widerspruch zwischen der negativen Einstellung zum Nationalsozialismus, die Sie eben bekannt haben, und diesem Appell an Ressentiments von damals, die man doch in der Propaganda der CSU erkennen konnte?

STRAUSS: Seit geraumer Zeit bin ich im Handwerk der Politik daran gewöhnt, daß Motive gesucht und gefunden, Kombinationen erspäht werden, die gegenüber der wesentlich simpleren Wirklichkeit nicht bestehen können.

GAUS: Ich frage nur nach dem Widerspruch, der da vielleicht besteht.

STRAUSS: Ich sage ja, ich bin seit langer Zeit gewöhnt, Spekulationen anzutreffen und Kombinationen zu hören, die einfach gegenüber der viel einfacheren Wirklichkeit jede Daseinsberechtigung verlieren. Die Zeit in der CSU, wie zum Beispiel im Bundestagswahlkampf 1949, wo ich als Generalsekretär morgens die Plakate entworfen, nachmittags die Broschüren geschrieben und abends die Versammlungen bestritten habe, gehört der Vergangenheit an. Auch unsere Parteileitung ist heute ein arbeitsteiliger Betrieb. Ich habe vom

Inhalt dieser Inserate, deren Verfasser ich kenne, keine Ahnung gehabt, bis ich nach den Wahlen darauf angesprochen worden bin. Aber Sie übertreiben hier auch etwas, Herr Gaus. Denn wenn Sie den letzten englischen Wahlkampf verfolgen, dann haben dort beide Parteien im Zusammenhang mit Deutschland Argumente gebraucht, die sicherlich auch nicht ohne Bedenken hingenommen werden können. Soweit ich hernach erfahren habe, sind in diesen Inseraten einige Bemerkungen über gewisse Aspekte britischer Politik und über bestimmte Entwicklungstendenzen italienischer Politik geprägt worden. Ich glaube, daß dem schon eine gewisse Überlegung von seiten der Urheber dieser Inserate zugrunde gelegen hat. Aber damit eine Verbindung zum Nationalsozialismus zu schaffen, ist schlechthin abwegig.

GAUS: Herr Strauß, ich will mit Ihnen nicht diskutieren. Ich will nicht die Verbindung zwischen diesen Wahlanzeigen und dem Nationalsozialismus herstellen. Mich interessiert nur, ob Sie selbst vielleicht einen Widerspruch zwischen Ihrer eindeutig negativen Einstellung zum Nationalsozialismus und bestimmten rechtsgerichteten, stark rechtsgerichteten Tendenzen in der von Ihnen geführten Partei sehen.

STRAUSS: Ich halte nicht allzuviel von politisch-psychologischer Tiefenforschung. Dabei kommt häufig viel Unsinn heraus. Außerdem darf ich in aller Offenheit sagen, daß mir ein großer Unterschied zwischen den Wesenselementen des Nationalsozialismus und einer nüchternen nationalen, auf die deutschen Lebensinteressen bedachten Einstellung zu bestehen scheint. Schließlich möchte ich auch erwidern, daß es in der CSU rechtsextremistische Elemente oder Tendenzen, die sich zu einer rechtsradikalen Einstellung hin entwickeln, schlechthin nicht gibt. Wir würden uns ja in Widerspruch zur überwältigenden Mehrheit unserer Wähler und in Widerspruch zu unserer eigenen politischen Überzeugung setzen. Aber Sie wissen ja, daß nach dieser maßlosen Übertreibung des Nationalismus und des Militärischen, wie es im militärischen System des Nationalsozialismus der Fall war, heute schon manche Worte bei uns einen Klang bekommen und eine Interpretation erhalten, die in anderen Völkern, die wieder zu sich gefunden haben und die mit sich versöhnt sind, nicht so gefunden werden können.

GAUS: Halten Sie es für Ihre Aufgabe, diese mißbrauchten Worte und Begriffe wieder mit einem neuen Sinn zu erfüllen?

STRAUSS: Man kann bestimmte Worte nicht ersetzen. Das hat sich schon bei der Nationalhymne gezeigt, wo nach einem erfolglosen Versuch vom ehemaligen Bundespräsidenten die dritte Strophe des Deutschlandliedes wieder eingeführt worden ist. Man muß aber bestimmte Worte wie Vaterland, Nation, Opfergeist oder das sehr ambivalente Wort Patriotismus mit großer Vorsicht gebrauchen, wenn man nicht entweder die Gefahr laufen will, es zu einem völlig inhaltsleeren Wortgebilde zu machen oder es mit gefährlichen Erinnerungen zu füllen.

GAUS: Herr Strauß, Sie haben den Krieg als Oberleutnant der Flak beendet. Sie waren zunächst bei der Artillerie, später bei der Heeres-Flak und sind in Rußland verwundet worden und dann nach Deutschland zurückgekommen. Wie haben Sie über den 20. Juli 1944 gedacht?

STRAUSS: Wenn man heute darüber spricht, kommt man leicht in die Gefahr, als Freund einer Betrachtungsweise post festum zu gelten. Es gibt aber darüber wohl so viele noch lebende Kameraden und Freunde und Zeugen, daß ich es wagen kann, meine Meinung von damals zu sagen, ohne mich als Opportunist damit auszuweisen. Ich war von Anfang des Krieges an der Meinung, daß dieser Krieg so schnell wie möglich, und zwar durch den Sturz Hitlers, beendet werden müßte. Es war die tragische Situation, auch für uns kleine Soldaten – wir waren ja keine großen Leute –, daß man einerseits nicht den totalen Zusammenbruch des Vaterlandes mit Besetzung durch die anderen Armeen wünschen konnte, anderseits aber auch den Sieg Hitlers mit den sich abzeichnenden Konsequenzen auf keinen Fall und um keinen Preis wünschen durfte. Darum war ich im Herzen, von Anfang an, auf seiten derer, die solche Ansätze unternommen haben. Ich gehöre nicht zum Kreis des 20. Juli, weil ich nicht gefragt worden bin, weil ich keinen Zutritt hatte dazu. Ich hätte »ja« gesagt, wenn ich einen Zutritt gehabt hätte. Es haben aber Angehörige dieses Kreises in den Jahren 1943, 1944 verschiedene Kasernen aufgesucht, darunter auch meine Kaserne, und haben sich, ohne ihre Absichten genau anzudeuten, nach Leuten umgesehen, nach Offizieren umgesehen, die an Ort und Stelle im Fall des Falles bereit wären, mitzuwirken. Einen solchen Kreis hat es auch bei uns gegeben. Ich glaube, ich begehe keine grobe Indiskretion, wenn ich sage, daß der heutige Wirtschaftsredakteur und Leitartikler der »Welt«, Herr Ferdinand Fried, der sonst Zimmermann heißt, einer dieser Besucher war, die in den Kasernen sondiert haben, wo sie Sympathiegänger finden. Ich hätte gewünscht, daß der 20. Juli erstens eher gekommen wäre, trotz des Kalenders, aber Sie wissen, was ich damit meine, und ich hätte gewünscht, daß er ein voller Erfolg geworden wäre. Das Bedenken, das man dagegen erheben kann, ob es dann nicht wieder eine Dolchstoß-Legende gäbe, wenn nicht die letzte, bitterste Konsequenz gezogen worden wäre – diese Gefahr hätte ich trotzdem für geringer erachtet als die Schrecken und die unsäglichen Opfer und Verluste, die noch nach dem 20. Juli 1944 über unser Volk hereingebrochen sind.

GAUS: Herr Strauß, Sie haben schon von den Begriffen gesprochen, die mit dem neuen Inhalt erfüllt werden müßten: Vaterland und Nation. Haben Sie seit 1945 in irgendeiner politischen Prinzipienfrage Ihre Meinung entscheidend geändert, sei es etwa in der Bewertung des Nationalstaates, sei es in der Bewertung des Verhältnisses zwischen rechts und links in der Politik; gibt es einen solchen entscheidenden Sinneswandel in irgendeiner Grundsatzfrage der Politik?

STRAUSS: Von erfahrenen, älteren Politikern habe ich frühzeitig gehört, daß man nur wenige Dinge zu Grundsätzen erheben soll, um nicht durch den Wandel der Zeiten gezwungen zu sein, dann Grundsätze aufzugeben, die einfach durch den Fortgang der Dinge überholt sind. Wenn ich das vorausschicken darf, möchte ich sagen, daß ich keinen Anlaß hatte, in Grundfragen der Politik, am allerwenigsten in der Frage des deutschen Nationalstaates und seines Zusammenhangs mit der europäischen Entwicklung, meine Meinung zu ändern; oder im Zusammenhang mit dem Nationalsozialismus; oder im Zusammenhang mit den Wesenselementen der Demokratie; oder im Zusammenhang mit der Frage eines weltanschaulichen Fundaments einer Politik, ohne daß man damit gleich alles zum weltanschaulichen Grundsatz erhebt.

GAUS: Aus einer Wahlrede, die Sie 1949 gehalten haben, wird gelegentlich der Satz zitiert: »Wer noch einmal ein Gewehr in die Hand nimmt, dem soll die Hand abfallen.« Sie sagen, daß dieser Satz aus dem Zusammenhang gerissen sei. Nun wäre es ja gar nicht so erstaunlich, wenn man unmittelbar nach Kriegsende oder bald nach Kriegsende unter dem frischen Eindruck der Schrecken des Kriegs eine distanziertere Haltung zur Wehrfrage einnähme als etwas später. Ist das bei Ihnen so gewesen?

STRAUSS: Das kann ich nur durch eine ganz kurze Schilderung des Zusammenhanges überhaupt verständlich machen. Als einigermaßen historisch gebildeter Mensch – ich bitte das Wort zu verzeihen –, aber einigermaßen historisch gebildeter Mensch, ich habe in dieser Disziplin mein Staatsexamen gemacht, war ich von Natur aus der Auffassung, daß jeder Staat ein Instrument der Verteidigung haben muß, sei es ein eigenes, sei es durch Beteiligung an einem kollektiven Verteidigungsinstrument. Aber was ich, glaube ich, kaum oder nur selten gesagt habe: Ich hätte gewünscht, daß diese Notwendigkeit erst wesentlich später an uns herangetreten wäre, als sie effektiv aufgetreten ist.

GAUS: Aus welchen Gründen hätten Sie sich das gewünscht?

STRAUSS: Aus diesen Gründen, die Sie genannt haben: Weil die Übertreibung des Militärischen, die Perversion der Gewaltanwendung als Mittel der Politik, diese völlige Entsittlichung unserer Politik durch Anbetung der nackten, brutalen Gewalt einen Erschütterungsprozeß in unserem Volk ausgelöst hat, der eine bestimmte Gesundungsphase eigentlich erfordert hätte. Ich bin ja bis zu einem gewissen Grad dann später das Opfer geworden als Minister für diese Aufgabe, weil ich an mir selbst ja, gemäß Ihren einleitenden Worten, den Zusammenstoß der verschiedenen Fronten, gerade in dieser Frage, persönlich zu spüren bekommen habe. Aber ich war nie ein Gesinnungspazifist, also einer, der Gewaltanwendung – gleichgültig, für welchen Zweck – ablehnt. Ich möchte mich eher als Verantwortungspazifist bezeichnen, der auch durch das Ja zum militärischen Element einen Beitrag und auch durch den eigenen Anteil daran einen Beitrag zur Erhaltung des Friedens leisten will.

GAUS: Was ist Ihre Meinung über Gesinnungspazifisten?

STRAUSS: Ich darf es an einem geschichtlichen Beispiel sagen. Ich möchte mit diesem Wort nichts von der moralischen und politischen Schuld Hitlers abschreiben, mit dem, was ich jetzt sage, aber ich bin fest überzeugt: Wenn England und Frankreich in den dreißiger Jahren vor der Sudeten-Krise und vor allen Dingen vor dem Überfall auf Polen energischer gegen die Vertragsbrüche Hitlers reagiert hätten, wenn dort nicht starke pazifistische, in sich liebenswerte Tendenzen, nach den Schrecken des Ersten Weltkriegs den Anschein verbreitet hätten, daß diese Staaten nicht mehr bereit wären, sich gegen weitere Rechtsbrüche zu verteidigen – das heißt einfacher ausgedrückt: Wenn Hitler gewußt hätte, daß Frankreich und vor allen Dingen England am 3. September in den Krieg eintreten, was er nicht geglaubt hat –, dann wäre uns der Zweite Weltkrieg wohl trotz des kriminellen Ansatzes dieser Politik erspart geblieben.

GAUS: Halten Sie diese Gesinnungspazifisten bis zu einem gewissen Grad für ehrenwerte, idealistische Dummköpfe?

STRAUSS: Ich möchte mit dem Wort Dummköpfe vorsichtig sein. Das wollen wir der Endrechnung des lieben Gottes überlassen; im politischen Kampf kommt das Wort hier und da vor, aber da ist es nicht so böse gemeint. Ich halte sie, wenn sie wirklich an das glauben, was sie sagen, für ehrenwerte und ethisch hochstehende Menschen. Damit möchte ich nicht ausschließen, Herr Gaus, daß sie sich gerade deshalb, ohne es zu wissen und zu wollen, in den Dienst einer falschen Politik stellen können oder von einer solchen Politik für sehr gefährliche und gegenteilige Ziele mißbraucht werden können. Es besteht doch kein Zweifel daran, daß sich die ganze kommunistische Aggressions- und Zersetzungspolitik in allen Ländern der Pazifisten bedient in der Absicht, nach kommunistischer Machtübernahme sicherlich die Pazifisten gleich am Anfang zu liquidieren, weil sie mit dem Kommunismus nichts gemeinsam haben und eine Gefahr für ihn sind. Siehe zum Beispiel das Vorgehen in der Zone gegen die Bibelforscher.

GAUS: Herr Strauß, manchmal wird Ihnen nachgesagt, Sie seien sich selbst der böseste Feind. Vielleicht ist das nicht unrichtig. Könnte es sein, daß Sie die vertrackte Neigung haben, immer recht zu behalten, und daß es Ihnen schwerfällt, auch einmal nachzugeben?

STRAUSS: Ich habe vor einigen Wochen in Graciáns »Handorakel der Weltklugheit«, ich glaube, es wurde im 17. Jahrhundert geschrieben, ein Wort gelesen, das heißt, man soll das Intensive höher schätzen als das Extensive. Ich habe vielleicht dieses Wort etwas übertrieben, weil ich bei manchen Diskussionen versucht habe, wie ich es allerdings auch mir selber gegenüber tue, in der analytischen Behandlung einem Problem auf den Grund zu gehen und, lassen Sie mich einfach sagen, den anderen festzunageln, so oder so. Das wird vielleicht von einem Gesprächspartner anderer Struktur und anderer mentalischer Haltung leicht mißverstanden oder als aggressive persönliche Haltung ausgelegt, die natürlich dann keine Sympathien erweckt.

GAUS: Selbst Parteifreunde von Ihnen sagen manchmal, daß Sie auch in Diskussionen im kleinen Kreis von Vertrauten so beharrlich und radikal diskutieren – wie Sie es eben gesagt haben, festnageln wollen –, daß man meinen könnte, es fehle Ihnen eine Portion Gelassenheit und Souveränität. Halten Sie diese Charakterisierung im Kern für berechtigt?

STRAUSS: Es wäre falsch von mir, den richtigen Kern einer solchen Kritik, da andere ja immer schärfer sehen, als unberechtigt zu erklären. Ich möchte auch mit dem folgenden Satz gar nicht rechtfertigen, was ich mit dieser Haltung gesagt habe oder aus dieser Haltung heraus in Diskussionen verfolgt habe, aber ich bin schon ein überzeugter Gegner der Oberflächlichkeit der politischen Argumente. Ich halte gar nichts davon, wenn man sich auf dem niedrigsten Nenner der oberflächlichsten Phrase in Form einer gemeinsamen Terminologie dann findet, wenn man lauter Übereinstimmungs-Erklärungen abgibt und beide Seiten dann weggehen und jeder aus der Unterhaltung das mitnimmt, was er gerne gehört hat, ohne daß die Frage intellektuell geklärt ist. Allerdings kann man das auch übertreiben, und vielleicht habe ich die Neigung, zu übertreiben, und habe deshalb auch mehrmals übertrieben.

GAUS: Ja, ich verstehe, was Sie meinen mit der Abneigung gegen die Phrase, auf die man sich schnell einigen kann. Aber gehört es nicht zur Notwendigkeit der Politik, eine solche schnelle Einigung auch um den Preis des Nicht-ganz-zu-Ende-diskutiert-Habens einmal herbeizuführen?

STRAUSS: Das kann dazu gehören, wenn man glaubt, ein ausreichendes Maß an Wahrscheinlichkeit oder Gewißheit zu haben, daß sich die nicht ausdiskutierten Elemente nicht zu Sprengkörpern entwickeln und dann die erreichte Einigung sehr schnell belasten und zerstören.

GAUS: Bei Ihrem Standpunkt –

STRAUSS: Das läßt sich nicht mit letzter Sicherheit –

GAUS: Ich verstehe, was Sie meinen, aber bei Ihrem Standpunkt ist doch wohl immer die Gefahr einer mangelnden Distanz gegeben. Sie identifizieren sich dann doch wahrscheinlich mit allen Dingen, die Sie überhaupt anpacken, und beschäftigen sich mit ihnen mit einer Ausschließlichkeit, die wiederum diesen Mangel an Distanz noch vergrößert.

STRAUSS: Ob die beiden Dinge damit zusammenhängen, kann man wohl nicht mit einem Wort oder mit einem Satz ausdrücken. Vielleicht ist dieser Vorwurf oder diese Feststellung in erster Linie bei mir im Zusammenhang mit meiner Tätigkeit als Verteidigungsminister entstanden.

GAUS: Auch als Atomminister hat man bereits – damals allerdings noch sehr lobend – gesagt: »Schau an, der Strauß, wie er sich eingearbeitet hat in diese Materie, ist bemerkenswert.«

STRAUSS: Ich glaube, daß das Lob erhalten geblieben wäre, wenn ich weiterhin Atomminister geblieben wäre. Aber ich habe ja vorher schon gesagt, daß gerade die verschiedenen Strömungen, geistigen und politischen Strömungen, in der Frage »Bundeswehr – ja oder nein?« sozusagen ihren höchsten Wellenschlag erhalten haben. Und wenn man die damaligen Zusagen der Bundesregierung, die vor meinem Amtsantritt als Verteidigungsminister gegenüber der Nato gemacht worden sind und von denen ich von vornherein gesagt habe, daß sie nicht eingehalten werden können, wenigstens in dem reduzierten Sinn erfüllen wollte, dann mußte man allerdings eine starke Ausschließlichkeitshaltung einnehmen, um die ungeheuren, manchmal kaum überwindlich erscheinenden Widerstände Schritt für Schritt zu beseitigen.

GAUS: Ich möchte noch einmal auf diese Neigung kommen, alles bis zum Ende und sehr absolut zu diskutieren, um festzunageln. Sie stammen aus einem höchst ehrenwerten Elternhaus, Herr Strauß, aber es war dennoch wohl nicht so selbstverständlich von Anfang an, daß Sie studieren würden, und es war wohl gar nicht vorherzusehen, daß Sie zu einem öffentlichen Rang erster Ordnung aufsteigen könnten. Fühlen Sie sich gelegentlich, etwa im Kreis von Parteifreunden, die von Hause aus besser gestellt sind – sagen wir Baron Guttenberg –, fühlen Sie sich in solchem Kreis gelegentlich versucht, auch deswegen so mit Entschiedenheit und Erbitterung zu diskutieren, weil Sie zeigen wollen: Hier bin ich, der bin ich, wie weit habe ich es gebracht?

STRAUSS: Ich glaube nicht, daß dieses Motiv zugrunde liegt, verhehle aber nicht, daß für mich der Weg durch das Studium, schon die neun Jahre Gymnasium und vier Jahre Universität, materiell außerordentlich schwierig war und daß ich lange Zeit hindurch mit den Daseinsfragen des Lebens ernsthaft zu kämpfen hatte. Vielleicht hat das eine Haltung oder Reaktion hervorgerufen, die so ausgelegt werden kann, wie Sie es jetzt tun. Ich habe bestimmt nicht gegenüber Freiherrn von Guttenberg einen sozialen Minderwertigkeitskomplex oder eine Befangenheit.

GAUS: Herr Strauß, Sie haben schon gesprochen von der Notwendigkeit, die es für Sie gab, sich sehr intensiv mit der Verteidigungspolitik zu beschäftigen, als Sie das Ministerium übernommen haben. Diese intensive Beschäftigung – was ist nach Ihrer Meinung darüber hinaus die wichtigste Qualifikation, oder was sind die wichtigsten Qualifikationen für einen heutigen Politiker?

STRAUSS: Das ist ein ungeheures Feld. Sicherlich gilt noch

eine alte Definition, die ich einmal vor vielen Jahren bei Max Weber gelesen und gelegentlich in Reden wiederholt habe, daß ein Politiker haben müßte: Leidenschaft, das heißt nicht sterile Aufgeregtheit, daß er haben müßte echtes Verantwortungsbewußtsein und ein gewisses Augenmaß. Aber das ist mir noch etwas zu wertneutral ausgedrückt.
GAUS: Wäre es mir auch gewesen.
STRAUSS: Politik ist ja Ziel, Funktion und Mittel und meistens in der echten Politik eine Kombination von beiden. Wenn ich sage echte Politik, dann zur Unterscheidung von anderen Anwendungen des Wortes Politik, weil das Wort Politik ja heute für alles angewendet wird. Es gibt eine Verkaufspolitik einer Firma, eine Devisenpolitik der Bundesbank und so weiter. Aber Politik in diesem Sinne, wie ich es sage, ist eine Verbindung von Funktion, Mittel und Zweck. Und zwar muß meines Erachtens vorhanden sein ein weltanschauliches Fundament, ohne daß man alles zum Grundsatz erhebt und von Grundsätzen trieft. Es muß zweitens nach meiner Auffassung vorhanden sein ein Weltbild, zu unterscheiden von Weltanschauung, ein Weltbild und ein Geschichtsbild. Es muß eine Fähigkeit vorhanden sein, die politischen, sozialen und technischen Strömungen unserer Zeit zu erfassen und ihre Auswirkungen in die Zukunft und die damit verbundenen Probleme zu ahnen. Ich drücke es jetzt in meinen Reden immer so aus, daß es heute nicht mehr genügt, im Gegensatz zu früher, auf einem reichen Erfahrungsschatz und auf einem Erfolg der Vergangenheit aufzubauen. Das ist zwar eine gute Legitimation, aber nicht ausreichend. Es gehört dazu auch eine gewisse Intuition, ein gewisser Instinkt für auf uns zukommende Probleme und Aufgaben und auch ein gewisser Mut zum Wagnis. Ein Politiker soll zwar kein Abenteurer sein, das meine ich nicht damit, aber die Biographien vieler Staatsmänner haben einen Untertitel »Das große Wagnis« oder »Das große Abenteuer«. Das gilt für alle, mit denen ich

mich in keiner Weise an Bedeutung vergleichen möchte, so wie Oliver in seinem Werk geschrieben hat »The endless adventure«.

Ich glaube, mir hat sehr gut gefallen eine Definition, auf die ich noch abschließend eingehen will, die nach meiner Erinnerung von Clausewitz stammen dürfte: daß ein Politiker einen Verstand haben muß, mit dem er auch in einer düsteren Zeit noch die schwachen Spuren des Lichtes der Wahrheit entdeckt, und den Mut, diesen schwachen Spuren zu folgen. Er kann sich dabei natürlich auch täuschen. Und wenn Sie jetzt die Summe aus dem nehmen, was ich gesagt habe, dann glaube ich, daß eine bestimmte Grundlage da ist. Lassen Sie mich aber noch ein Wort dazu sagen. Ich halte gar nichts von akademisch gelernten Politikern im Sinne eines Politik-Studiums. Ich bin der Meinung, daß sich in der Politik nur jemand betätigen sollte, der den festen Boden eines erlernten Berufs hat, der es ihm auch ermöglicht, ohne diese Tätigkeit in der Politik für sich und für seine Familie den Lebensunterhalt zu bestreiten. Das heißt, er muß auch ein wirtschaftlich-soziales Fundament haben, sonst bekommen wir einen Typ des Berufspolitikers – heute ist der Berufspolitiker unvermeidlich –, aber einen Typ des Berufspolitikers, der dann zu sehr zum Funktionär und Manager wird.

GAUS: Aber Sie selbst halten sich doch auch für einen Berufspolitiker? Sie sind Berufspolitiker?

STRAUSS: Meine Tätigkeit ist fast ausschließlich, infolge der Funktionen, die ich habe, mit politischen Aufgaben erfüllt. Aber ich versuche auch dann und wann, vor allen Dingen in den Ferien, mich zurückzuziehen und geistiges Rüstzeug zu schaffen, mit dem man auch anderswo als in der Politik tätig sein könnte.

GAUS: Und dieses wäre dann, wenn es nach Ihrem Wunsch ginge, nach wie vor der Lehrstuhl für Geschichte?

STRAUSS: Nicht mehr ausschließlich.

GAUS: Lehrstuhl für Volkswirtschaft?
STRAUSS: Interessante Sache.
GAUS: Bevor wir auf die weltanschauliche Plattform kommen, die Sie eben erwähnt haben, hätte ich noch eine Frage vorher. Sie haben in diesem bisherigen Gespräch schon eine ganze Reihe von Zitaten, klassischen Zitaten gebracht – Gracián, Clausewitz. Macht es Ihnen Spaß, so etwas parat zu haben?
STRAUSS: Die Zitate, die ich heute gebraucht habe, sind nicht exakt und können es nicht sein, weil ich über wenig Präsenz-Wissen im Sinne genauer Zitierung verfüge, ob das nun ein Gedicht ist oder ein Kapitel aus Leopold von Rankes »Weltgeschichte«; aber ich bemühe mich, aus meiner Lektüre essentielle Dinge und vielleicht manche wesentliche Formulierung herauszuholen, weil ich mir bewußt bin, daß andere – schon in der Vergangenheit – besser formulieren konnten als ich, und das wende ich ganz gerne an.
GAUS: Glauben Sie auch, daß – was ja durchaus legitim wäre zu überlegen – die Bildung, die damit verraten wird, bei dem heutigen Wählerpublikum gut ankommt?
STRAUSS: Das kann man nicht so einfach beantworten, aber lassen Sie mich einen pragmatischen Vergleich gebrauchen. Mein Schatz an präsentablen Zitaten oder Sentenzen beträgt nur einen Bruchteil des Thesaurus, aus dem zum Beispiel der verehrte Kollege und Vizepräsident Carlo Schmid schöpft. Und ich habe nicht den Eindruck, daß er mit seinen sehr reichhaltigen Redensarten beim Volk etwa auf Ablehnung stößt.
GAUS: Jetzt zu dieser weltanschaulichen Plattform, die Sie als eine Notwendigkeit für die Ausbildung des politischen Talents angesehen haben. Sie gehörten 1945 zu den jugendlichen Mitbegründern der CSU. Was hat Sie so sicher gemacht außer dem Einfluß des Elternhauses, daß dies die richtige Partei für Sie sein wird?

STRAUSS: Ich kann hierfür kein durchschlagendes rationales Argument gebrauchen. Die Frage hat sich eigentlich für mich nie gestellt.

GAUS: Es gab für Sie gar keinen Zweifel, erstens in eine Partei zu gehen –

STRAUSS: Das habe ich mir am Ende des Krieges vorgenommen aus den Motiven, die ich vorher genannt habe.

GAUS: – und zweitens dann in die CSU zu gehen? Oder jedenfalls in eine christliche Partei, die sich gründete und die dann CSU hieß?

STRAUSS: Ich habe zum Beispiel am Ende der Weimarer Republik und auch in den Jahren der Hitlerzeit großen Respekt vor der Sozialdemokratie gehabt, weil sie nach meiner Meinung am Ende der Weimarer Republik trotz ihrer politischen Erfolglosigkeit und politischen Impotenz den richtigen Instinkt für die Gefährlichkeit Hitlers hatte, mehr als manche bürgerlich-konservativen Kreise, die unter dem Schatten des angeblich drohenden Bolschewismus – und manche haben ja auch diese Gefahr, vielleicht nicht ganz mit Unrecht, für sehr ernsthaft gehalten – in die Arme Hitlers geflüchtet sind; nicht weil sie Nazis waren, sondern weil sie dort noch die letzte Rettung vor dem Unheil gesehen haben, um dann festzustellen, daß sie sich für das Unheil schlechthin entschieden hatten. Aber eine ernsthafte Überlegung, mich einer anderen Partei anzuschließen, habe ich nie getroffen. Es ist bezeichnend, daß man an mich herangetreten ist in dem Landkreis, in dem ich Landrat war, heute mein Wahlkreis oder Teil meines Wahlkreises, mit der Aufforderung, in die Bayernpartei einzutreten.

GAUS: Warum haben Sie gezögert?

STRAUSS: Weil mir diese Partei zu eng horizontiert erschien, und weil ich überzeugt war, daß angesichts der großen Umwälzungen der Zeit eine Partei, die das Bayern des 19. Jahrhunderts restaurieren will – liebenswertes Ziel –, einfach keine Daseinsberechtigung mehr hat und sich auf die Dauer auch nicht mehr halten kann. Aber ich habe keinen langen Denkprozeß gebraucht, um mich für die CSU zu entscheiden.

GAUS: Wie denken Sie heute über diese Zeit?

STRAUSS: Vielleicht hängt das auch damit zusammen, Herr Gaus, daß wir ja bereits im Sommer 1945 ernsthafte Auseinandersetzungen – lassen Sie mich einmal sagen: im christlich-bürgerlichen Lager hatten; das Wort bürgerlich gebrauche ich nicht gerne, weil es so an Plüschsofa und Nippes erinnert, aber Sie wissen, was ich damit meine – daß wir ernsthafte Auseinandersetzungen hatten: Soll die Bayerische Volkspartei wieder gegründet werden, oder soll etwas Neues kommen? Und irgendwie haben wir auch instinktiv – ich darf das schon sagen – vor Ausbruch des Krieges und während des Krieges gespürt, daß etwas ganz Neues geschaffen werden muß auf der politischen Plattform, wenn nicht eine neue Schöpfung der deutschen Demokratie wieder einen sehr negativen Verlauf nehmen soll. Und so möchte ich nicht sagen, daß es – abgesehen von der Erziehung und vom Elternhaus – eine rationale Überlegung war, sondern es war eine instinktive Entscheidung, mich für die Union zu erklären. Ich habe ja in der Partei etwas dazu beigetragen, daß sich die Richtung Adam Stegerwald – Joseph Müller später durchgesetzt hat gegenüber einer anderen Richtung, die mehr bayerisch gefärbt war,

GAUS: unter –

STRAUSS: unter Schäffer, die nicht bayernparteifreundlich war, aber die damals aus ihrer politischen Vergangenheit heraus, auch im Bewußtsein ihrer untadeligen Gesinnung, die Bayerische Volkspartei vielleicht ursprünglich lieber gesehen hätte als die Union.

GAUS: Was halten Sie eigentlich, Herr Strauß, von den Bemühungen, die sowohl von sozialdemokratischer Seite aus als auch von einigen katholischen Kreisen vorgenommen werden, ein neues Verhältnis zwischen SPD und katholischer Kirche herbeizuführen?

STRAUSS: Ich habe volles Verständnis dafür, daß die Kirche nicht einer politischen Partei verhaftet sein will. Ich habe auch in meiner Partei – manchmal deswegen Angriffen ausgesetzt – gesagt, daß wir nicht die Kirche oder die Kirchen etwa zu einem verlängerten Arm der Parteipropaganda und der Wahlwerbung benutzen dürften. Ich betrachte zwar nicht die Kirchen als Partner, wie es in der Terminologie der SPD heißt. Wir haben wohl gemeinsame Aufgaben, wir sind ja als Christen in vollem Bewußtsein unserer menschlichen Schwächen, Fehler und Sündhaftigkeit beiden Bereichen angehörig, dem Bereich der Kirche als Mitglieder einer Konfession und dem Bereich der Partei. Aber diese beiden Bereiche stehen nicht auf einer Ebene. Ich habe auch volles Verständnis dafür, daß die Kirche, die ein Quell der Zuflucht, ein Hort des Glaubens, eine moralische Stärkung ist, uns den Zugang zu den religiösen Werten darstellen will, ohne Rücksicht auf das politische Bekenntnis oder die soziale Zugehörigkeit.

GAUS: Es läßt sich doch wohl nicht leugnen, daß ein Zurückdrängen des bisherigen Anspruchs der CDU / CSU, als einzige Partei die rechte Verbindung zu den Kirchen zu besitzen, daß dies für die CDU / CSU wahltaktisch von Nachteil sein würde.

STRAUSS: Dann muß eben die CDU / CSU an politischer Substanz gewinnen, wenn sie damit rechnen muß, an wahltaktischen Opportunitäten zu verlieren. Ich habe nie etwas dagegen gehabt. Vor allen Dingen: Wir erleben ja heute, daß die Sozialdemokraten uns vorhalten, die Kirche sei in Schulfragen moderner als die Partei. Ich glaube, ich habe eben in unserer Partei zu denen gehört, die gesagt haben, man sollte nicht Positionen verteidigen, die auf die Dauer nicht verteidigt werden können.

GAUS: Halten Sie diesen sozialdemokratischen Vorwurf, die CSU sei in Schulfragen weniger fortschrittlich als die Kirche, für ganz unberechtigt?

STRAUSS: Das kann man nur in einer genauen Darlegung der Zusammenhänge erörtern, aber nicht mit ein paar Stichworten. Generell ist der Vorwurf unberechtigt, aber es gibt einige Punkte, die immerhin diesem Vorwurf eine gewisse optische Berechtigung verleihen. Ich habe mich seit Jahren bemüht, und nicht ohne Erfolg, diese Punkte auszuräumen. Nur soll sich die Kirche natürlich auch nicht Täuschungen hingeben. Es muß noch ein gewaltiger Weg von der Sozialdemokratie zurückgelegt werden, bis etwa die beiden großen Parteien CDU/CSU und SPD dasselbe Verhältnis zu den Kirchen haben wie, sagen wir, die Mehrheit der Labour Party in England und die Konservativen, wo diese Frage ja kaum jemals eine solche Rolle gespielt hat in der innenpolitischen Auseinandersetzung. Ich würde gerne auch von seiten der Sozialdemokratie hier echte Schritte sehen, zum Beispiel beim Religionsunterricht in Berlin, beim Religionsunterricht in Bremen oder die Zurücknahme der Klage in Karlsruhe gegen das Sozialhilfegesetz und Jugendwohlfahrtsgesetz.

GAUS: Allgemein hat die Sozialdemokratie eine neue Haltung in der Frage der Bekenntnisschule eingenommen.

STRAUSS: Das kann man noch nicht sagen. Die Sozialdemokratie steht ohne Zweifel auf dem Boden der verabschiedeten Länderverfassung. Die Sozialdemokratie toleriert die Konfessionsschule, aber fördert sie nicht. Wir halten demgegenüber am Prinzip der Konfessionsschule fest, aber, wie ich neulich vor einem großen Kreis ausgeführt habe, mit der Einschränkung, daß es dort, wo die Durchführung des Prinzips der Konfessionsschule die Qualität der Ausbildung, die Qualität der schulischen Möglichkeiten verschlechtert oder persönliche Härten schafft durch lange Verkehrswege oder aus anderen sachlichen, auch zum Teil materiellen Gründen, nicht angewendet werden kann, auch nicht als Prinzip, als Grundsatz durchgehalten werden kann. Siehe Baden, wo die Kirche der christlichen Gemeinschaftsschule von Anfang an zugestimmt hat.

GAUS: Herr Strauß, gelegentlich machen Sie in Reden scharf Front gegen die Intellektuellen. Sie haben Kritikern, denen bestimmte Verhältnisse in der Bundesrepublik nicht gefallen, empfohlen, sie möchten doch in die Sowjetzone gehen, wenn es ihnen hier nicht paßt. Lassen Sie mich fragen: Solche Formulierungen, entstehen die bei Ihren Reden in der Rage des Augenblicks, oder haben Sie sich, wenn Sie reden – ganz gleich, vor welchem Publikum, ganz gleich, an welchem Ort –, immer in der Hand?

STRAUSS: Sie fragen mich, ob ich über die Kunst verfüge, in Zorn geraten zu können. Das trifft zum Teil zu, zum Teil nicht. Aber Sie haben mich jetzt eben – was ich Ihnen, Herr Gaus, nicht übelnehme – etwas Unrichtiges gefragt, weil der Hauptberichterstatter, wie seine Zeitung nicht leugnete, mich falsch zitiert hat. Ich habe gerade bei der Rede, die Sie meinen, vor einigen Monaten, gesagt: Wir sind kein Staat mit einer Mauer um unsere Grenzen herum. Und bei uns ist jeder willkommen, auch wenn er Kritik übt. Wenn er aber meint, daß die Lebensverhältnisse unhaltbar sind bei uns, hindert ihn nichts, auch zu gehen. Ich habe ausdrücklich hinzugefügt: Ich empfehle es ihm gar nicht, zu gehen. Ich setze mich gerne mit Persönlichkeiten auch der Gruppe 47 auseinander, warum denn nicht? Und in einem tun Sie mir geradezu unrecht, Herr Gaus, ich bin doch selber ein Intellektueller. Oder kennen Sie eine Prädikatisierungsstelle, die den Stempel »Intellektueller« verleiht, der dann erst die Berechtigung gibt, sich als solcher bezeichnen zu dürfen?

GAUS: Ich kenne keine. Aber einige Ihrer Parteifreunde glauben immer, daß die Gruppe 47 eine solche Stelle sei, was ich –

STRAUSS: Das wäre eine gewaltige Übertreibung der Gruppe 47, die man doch nicht als eine homogene Einheit auffassen darf.

GAUS: Ich bin ganz Ihrer Meinung. Ich würde gern von Ihnen wissen, was denn nun Ihre Vorbehalte sind gegenüber den intellektuellen Kritikern, die nicht zu Ihrem Lager gehören, zu Ihrem intellektuellen Lager.

STRAUSS: Damit stellen Sie mir eine Frage, die nicht leicht, vielleicht sogar gefährlich, aus der Tasche heraus – ex pectore – zu beantworten ist. Ich möchte erstens sagen: Einmal bin ich nicht einverstanden mit dem Anspruch, den diese Kreise oder den Angehörige dieses nicht näher definierbaren Kreises erheben, mit ihrer Meinung mehr zu gelten als der einfache Staatsbürger. Also ein gewisses selbst zugesprochenes Intellektuellen-Monopol. Und zum zweiten: Die daraus abzuleitende Weigerung, die häufig bei diesen Kreisen festzustellen ist, sich der legitimen Mittel der Politik – das sind nun einmal auch die Parteien, die nach dem Grundgesetz zur politischen Willensbildung mitberufen sind – zu bedienen, um ihren Sachverstand, ihr Wissen, auch ihre kritisch-skeptische, analytische Fähigkeit der Politik zur Verfügung zu stellen. Ich glaube, daß in diesen Kreisen auch eine erhebliche Quantität an intellektueller Potenz vorhanden ist neben einigen Schwätzern; aber ich möchte das nicht zum Regelfall machen, ganz im Gegenteil: Da ist eine erhebliche intellektuelle, auch intelligenzmäßige Quantität vorhanden, die sich aber auf eine ziemlich sterile und unproduktive Weise auswirkt.

GAUS: Glauben Sie, daß dieses, was Sie steril nennen, auch zurückgeführt werden muß darauf, daß die größte Partei, die CDU/CSU, eine gewisse – instinktive, möchte ich fast sagen – Abneigung gegenüber diesen analytischen Kritikern hat?

STRAUSS: Wir sind eine Volkspartei, deren breite Anhänger,

Wähler und Freunde aus dem einfachen Volke stammen. Wir haben zwar sicherlich alle Schichten in unserer Partei vertreten, und es ist kein Zweifel, daß in diesen Kreisen des Volkes ein gewisses, nicht näher definierbares Element der Abneigung oder zumindest der Verständnislosigkeit vorhanden ist. Das sollte aber die Führung dieser Partei nicht davon abhalten, sich mit allen Kreisen, die sich intellektuell nennen – das sind nicht nur die einen, sondern da gibt es auch andere –, zu unterhalten, vielleicht sogar ihnen das Gefühl zu geben, daß sie gefragt werden, daß sie um Vorschläge gebeten werden, an der politischen Willensbildung und an der Fassung politischer Beschlüsse beteiligt werden. Das halte ich für ein erstrebenswertes Ziel.

GAUS: Ich möchte noch einmal auf Ihre Fähigkeit, künstlich in Zorn geraten zu können, wenn es darauf ankommt, zu sprechen kommen. Warum gebrauchen Sie Formulierungen, wie zum Beispiel jene aus einer Rede im Oktober 1956 in Hollfeld, von der Möglichkeit des Westens, die Sowjetunion auszuradieren, wenn es darauf ankomme? Was ist der Grund, daß Sie zu Formulierungen greifen, die dann zwangsläufig zu einer Kontroverse um Ihre Person führen müssen?

STRAUSS: Ich habe heute schon einmal in einem anderen Zusammenhang, ohne es zu Ende zu führen, gesagt, daß man solche Dinge, Äußerungen – die im übrigen hier nicht genau zitiert sind, aber zum Teil so gebracht worden sind –, daß man nicht auf solche Äußerungen zurückgreifen kann, ohne den Zusammenhang der Dinge herzustellen. Ich habe nie gesagt: Jemandem soll die Hand abfallen, bevor er ein Gewehr wieder ergreift, sondern ich habe darüber gesprochen, daß der Staatsmann nicht zur Gewalt greifen darf nach dem Bibelwort: »Wer das Schwert zieht, wird durch das Schwert umkommen.« Das steht nicht im Widerspruch zur legitimen Verteidigung. Ich habe in Hollfeld nach dem Blutsonntag in Ungarn als frisch ernannter Verteidigungsminister gesprochen, als von der Grenzbevölkerung her große Unruhe gemeldet wurde, als ich Telegramme bekommen hatte: »Geben Sie uns sofort Waffen, wir wollen Milizeinheiten aufstellen.« Man hatte den Eindruck oder die Furcht, daß der Einmarsch der Roten Armee in Ungarn, politisch völlig zu Unrecht befürchtet, auch einen generellen weltweiten oder europaweiten Krieg auslösen könnte. Ich bin dann dorthin gefahren – da waren sogar noch zwei Omnibusse mit Zonenbewohnern da, die über die Grenze rübergekommen sind –, und ich habe dort gesagt, daß die Bevölkerung in Ruhe arbeiten, in Frieden schlafen und nicht die geringste Sorge haben könnte. Denn wir seien Mitglieder eines Bündnisses, dessen technische Mittel stark genug seien, um solche fürchterlichen Wirkungen hervorzurufen im Falle eines Angriffes. Drei Tage später hat der General Gruenther, der damalige Oberbefehlshaber der Nato in Europa, bei seiner Abschiedsparade in Frankfurt, exakt dem Sinne nach das gleiche gesagt. Die Reaktion war mir dann erst später verständlich, weil es einfach das Grauen vor dem Unheimlichen ist, das in den Menschen lebt – das muß man verstehen. Aber an dieser Stelle, an diesem Tag, in diesem politischen Zusammenhang und im übrigen in Übereinstimmung mit der objektiven technischen Wirklichkeit war das Wort sachlich richtig. Ob man das dann aussprechen soll, ist eine andere Frage.

GAUS: Dieses war meine Frage. Sollte nicht gerade ein Verteidigungsminister, selbst oder gerade in einer Situation wie im Oktober 1956, besonders zurückhaltend sein?

STRAUSS: Ich glaube, Sie müssen hier den Zusammenhang doch schärfer verbinden mit dieser Äußerung. Die Gefahr war ja nicht, daß der Westen irgendeine Angriffshandlung begeht, um das kommunistische System anzugreifen, die Frage war: Ist der Westen stark genug, um angesichts des bereits erfolgten Einmarsches der Roten Armee in Ungarn oder des Wiedereinmarsches der Roten Armee in Ungarn die Sowjets von allen militärischen Aktionen entlang der Nato-Front abzuhalten? Da hatten die Leute eine echte, schwere, tiefe Sorge, eine unheimliche Furcht.

GAUS: Herr Strauß, zu Anfang Ihrer Ministerzeit galten Sie in der deutschen Presse als ein förderungswürdiges, höchst bemerkenswertes, erfreuliches Nachwuchstalent der deutschen Politik, fast schon über den Nachwuchs hinaus. Das hat sich ja nun doch teilweise sehr geändert. Warum?

STRAUSS: Ich habe vorhin schon einmal einen Satz gesagt, der dahin führt, wo Sie jetzt Ihre Frage stellen. Ich bin fest überzeugt, daß, wenn ich nicht Verteidigungsminister geworden wäre, das damalige wohlwollend freundliche Bild noch in großen Zügen und im wesentlichen erhalten wäre, jedenfalls nicht so viele Rückschläge oder Einschränkungen erlitten hätte. Darf ich Ihnen mit einem humorvollen Vergleich sagen: Broom beschreibt in seinem Buch »Afrikanische Odyssee« – höchst interessant zu lesen – eine Autofahrt allein durch Afrika; er sei einmal bei einem Stamm gewesen, von dem er freundlich aufgenommen worden sei, und er habe dort Corned beef gegessen. Auf der Büchse des Corned beef war ein schwarzer Negerkopf als Markenzeichen abgebildet. Von da an glaubten der Häuptling und die anderen, daß in diesem Corned beef schwarzes Menschenfleisch verarbeitet sei. Und von da an wurde er mit erheblichem Mißtrauen gesehen und gebeten, das Stammesgebiet zu verlassen. So ist es mir manchmal vorgekommen, wenn ich alles mögliche Zeug über mich gelesen oder gehört habe.

GAUS: Haben Sie selbst, wenn Sie es rückblickend anschauen, Fehler gemacht, die dazu beigetragen haben können?

STRAUSS: Aber sicher.

GAUS: Welche?

STRAUSS: Es fällt mir jetzt schwer, mit genauer Angabe von Ort, Zeit und Faktum oder Diktum das zu sagen. Aber zum Beispiel die Äußerung in Hollfeld hätte in demselben Sinn auch anders formuliert werden können. Aber ich hatte keine konzipierte Rede und habe auf einen Zuruf geantwortet. Sicherlich habe ich mich auch in der Auseinandersetzung um die Durchsetzung des Wehrbeitrages in der Öffentlichkeit so engagiert, wie es ein opportunistisch denkender Politiker nicht tun sollte.

GAUS: Herr Strauß, es ist in der letzten Zeit viel über wirkliche oder angebliche Stammeseigenheiten der Bayern geschrieben worden, über das Spezitum zum Beispiel. Neigen Sie dazu, schnell Duzfreundschaften zu schließen, und ist es nicht vielleicht wahr, daß Minister diese Neigung besser unterdrückten?

STRAUSS: Ich habe aus meiner Militärdienstzeit und aus der Gründungszeit der Partei eine Reihe von solchen – lassen Sie mich sagen Nominalduzfreundschaften. Ich glaube nicht, daß ich nach einer bestimmten Zeit noch sehr leicht dazu geneigt habe. Aber ich war andererseits der Meinung, was vielleicht taktisch falsch war, daß ich nicht, nachdem ich eine bestimmte Position erreicht hatte, meinen Kameraden, Freunden und den Personen meiner Umgebung von damals nunmehr das Du kündigen und ihnen mein Entschwinden in höhere Regionen damit demonstrieren sollte.

GAUS: Viele Leute haben sich gefragt, warum Sie den Passauer Zeitungsverleger Kapfinger nicht verklagt haben, von dem behauptet wurde, er habe im Zusammenhang mit der Fibag-Affäre bedenkliche Äußerungen über eine geschäftliche Zusammenarbeit zwischen Ihnen und ihm gemacht. Warum haben Sie Kapfinger nicht verklagt?

STRAUSS: Ach, ich habe ja vorhin das Wort »Spezi« noch zu erwähnen vergessen. Diese Interpretation des Wortes Spezi ist nämlich glatter Unsinn und ist eine der folkloristischen Darstellungen Bayerns, die das moderne Bayern und auch wir bestimmt nicht verdienen. Man hat ja auch von einer »Kumpanei« gesprochen im Zusammenhang mit gewissen unterirdischen Verbindungen im Norden. Kumpel ist noch der harmlose Ausdruck dafür, Kumpanei ist der stärkere Ausdruck. Den habe nicht ich gebraucht, sondern, wie Sie wissen, der Kollege Rasner. Oder sind Sie der Meinung, daß das, was ja jüngst im selben Nachrichtenmagazin stand, nämlich die etwas dubiosen Zusammenhänge zwischen einem Bundesminister, einem Landesminister, der von ihnen innegehabten Firma und gewissen geschäftlichen Transaktionen, daß man das nicht auch als Spezitum in einem viel unangenehmeren Sinne bezeichnen könnte?

GAUS: Dies wäre alles nur ein Beweis, daß es nicht auf Bayern beschränkt ist.

STRAUSS: Erstens ist das ein Beweis, daß es nicht auf Bayern beschränkt ist, und zweitens ist es in dieser Form sowohl für das, was ich jetzt eben als Beispiel erwähnt habe, wie auch für andere aus Bayern zitierte Vorgänge einfach falsch. Das gehört zu den interessanten, sensationellen, klischeehaften Vorstellungen, die durch regelmäßige Wiederholungen nicht gescheiter werden, sondern eher noch dümmer.

GAUS: Warum haben Sie Kapfinger nicht verklagt?

STRAUSS: Mir ist von allen einschlägigen Seiten gesagt worden – von einem Staatsanwalt, einem Landgerichtsdirektor und den hohen Juristen meiner Fraktion –, daß ich den Nachweis, er habe eine solche Behauptung über mich erhoben, nicht führen kann. Er hat im übrigen in zwei Gerichtsverhandlungen und vor dem Untersuchungsausschuß, also unter Strafandrohung, klipp und klar festgestellt, er habe das nie über mich behauptet.

GAUS: Sie haben jedenfalls die Klage nicht eingereicht, da man Ihnen geraten hat – wenn ich Sie recht verstanden habe –, davon Abstand zu nehmen, weil der Nachweis schwierig sein würde.

STRAUSS: Ich hätte meiner eigenen juristischen Auffassung folgen sollen, die natürlich nicht durch akademisches Stu-

dium fundiert ist, und Anzeige gegen Unbekannt erstatten sollen. Aber wenn Sie das irgendwie beunruhigt: Wer heute noch behauptet, daß ein solcher Zusammenhang zwischen Herrn Kapfinger und mir bestanden hätte, daß mir das angeboten worden sei, daß ich mich dafür interessiert hätte, den bin ich bereit, sofort hier, wenn Sie mir sagen, wer, wo, wann er das gesagt hat, zu verklagen; ich gehe gern vors Gericht. Dann wollen wir mal nach dem Wahrheitsbeweis sehen.
GAUS: Herr Strauß, haben Sie in der »Spiegel«-Affäre irgendeinen Fehler gemacht?
STRAUSS: Auch das ist ein sehr komplexes Thema, über das man nicht in ein paar Worten sprechen kann. Aber das war eine Konstellation so verschiedenartiger Umstände und Faktoren, daß der Eindruck, den Sie eben geschildert haben, leicht entstehen konnte. Ich darf noch einmal sagen, auch wenn es tausendmal einfach durch multiplizierte Verbreitung der Unwahrheit gesagt worden ist: Ich habe mit der Einleitung des Verfahrens überhaupt nichts zu tun. Ich habe auch nie bestritten, daß ich Amtshilfe geleistet habe, aber damit meinen Staatssekretär beauftragt, und daß ich nur in dem einzigen Fall damals, als der Staatssekretär mich verständigte, persönlich eingegriffen habe. Aber das ganze Gerede von einem Racheakt gegen den »Spiegel« oder von einer illegalen Handlungsweise ist absolut unwahr.
GAUS: Würden Sie sich im Wiederholungsfall noch einmal genauso verhalten?
STRAUSS: Ich würde in jedem Falle das tun, was ich für meine Pflicht halte.
GAUS: Herr Strauß, ein Punkt scheint mir doch unklar zu sein. Zwischen Ihren Bekundungen vor dem Parlament und dem amtlichen »Spiegel«-Bericht der Bundesregierung bestehen Widersprüche. Wie erklären Sie sie?
STRAUSS: Widersprüche sind in der nachträglichen Darstellung eines so komplizierten Vorganges, bei dessen Wieder-

gabe auch bestimmte Tendenzen zugrunde liegen mögen, selbstverständlich. Ich darf Sie an ein ganz einfaches Beispiel erinnern. Lassen Sie von vier Zeugen einen verhältnismäßig einfachen Verkehrsunfall vor Gericht rekonstruieren, und Sie werden erleben, daß alle subjektiv die Wahrheit sagen und trotzdem gewisse Widersprüche aufweisen. Und das führt mich zu der Feststellung, daß man zwischen Unrichtigkeit und Lüge endlich einmal den richtigen Unterschied ziehen muß. Lüge heißt, in Kenntnis der Wahrheit – also bewußt – die Unwahrheit sagen. Etwas Unrichtiges kann jeder sagen, der nach dem jeweiligen Stand seiner Erkenntnis das wiedergibt, was er weiß, aber später in Einzelheiten etwas korrigieren muß. Ich habe auch im Parlament das gesagt, was mir in diesem Augenblick – bei der nur kurzen Frist, die wir hatten – an Angaben zuverlässig erschien, und habe das nicht gesagt, was noch in Prüfung war. Im übrigen mache ich kein Hehl aus meiner Meinung. Ich habe damals dem Herrn Bundeskanzler gesagt, und auch andere haben es getan, man solle so lange keine Fragen beantworten, bis das Verfahren so oder so abgeschlossen ist. Denn jede dieser Fragen – und auch die ganze damit verbundene Propaganda, das ganze daraus kommende Echo – ist doch, auch wenn man es leugnet, ein Eingriff in ein schwebendes Verfahren gewesen, um eine bestimmte Optik zu erzeugen, bestimmte Wahrheiten zu verwischen und damit bestimmte Wirkungen zu erzielen.

GAUS: Warten wir es ab. Ich wiederhole noch einmal, ich will nicht mit Ihnen diskutieren. Könnte es sein, Herr Strauß, daß die Meinungsverschiedenheit in der Außenpolitik zwischen Ihnen und Außenminister Schröder bis zu einem gewissen Grad auch persönlich gefärbt ist wegen der Erfahrungen, die Sie meinen, mit Ihrem Kollegen Schröder während der »Spiegel«-Affäre gemacht zu haben?

STRAUSS: In der Frage drücken Sie ja schon ein bestimmtes Motiv oder eine bestimmte Vermutung aus –

GAUS: Ich unterstelle dieses Motiv –
STRAUSS: Das gibt mir Anlaß, einmal die Hauptvermutung hier aus Anlaß unseres Interviews zu eliminieren. Noch nie haben Herr Schröder und ich irgendwo in Rivalität gelegen um ein bestimmtes Amt. Als er Innenminister wurde, war ich bestimmt nicht dafür vorgesehen, dieses Amt zu übernehmen. Als mir im Herbst 1961 das Außenministerium angeboten wurde, neben anderen, habe ich es von vornherein und auch ohne den leisesten Zweifel und ohne das leiseste Schwanken abgelehnt. Über das andere möchte ich aus verständlichen Gründen jetzt noch nicht sprechen.
GAUS: Nach der Affäre ist Ihnen in einem offenen Brief des Prälaten Freiberger geraten worden, vorübergehend Abschied von der Politik zu nehmen. Sie haben eine Frau, zwei Buben, eine Tochter – es hätte ganz verlockend sein können, ein bißchen mehr Zeit für die Familie zu haben. Warum haben Sie diesen Abschied, diesen vorübergehenden Abschied von der Politik nicht genommen?
STRAUSS: Ich empfinde diesen Mangel an Zeit für die Familie und für andere private Dinge im Laufe der Jahre immer drükkender. Aber ich glaube, daß der Rat nur dann richtig angekommen wäre, wenn er mir von einem echten Freund in Gestalt eines privaten Briefes oder einer persönlichen Unterredung nahegelegt worden wäre. Ich halte einen offenen Brief, von dem man nicht einmal eine private Kopie bekommt, nicht für das geeignete Mittel – und obendrein von geistlicher Seite –, um einem Mitbruder, dem man Hilfe und Rat zuteil werden lassen will, den richtigen Weg zu weisen.
GAUS: Dies ist eine Art –
STRAUSS: Außerdem muß ich noch einen Satz dazu sagen. Wäre ich diesem Rat im Zusammenhang mit diesem Brief gefolgt, dann wäre sicherlich auch der Eindruck entstanden, daß die Politiker das zu tun haben, was die Prälaten wünschen.
GAUS: Dies ist eine Antwort über die Form, in der die Anre-

gung gegeben wurde, nicht, was die Anregung selbst angeht. Warum haben Sie nicht für sich ganz allein, ohne den freundschaftlichen Rat im privaten Kreis, warum haben Sie nicht für sich ganz allein den Rückzug aus der Politik erwogen?

STRAUSS: Der freundschaftliche Rat ist so früh erfolgt, daß ich vorher gar nicht in der Lage gewesen wäre, eigene Gedanken darüber anzustellen. Aber ich darf schon in aller Deutlichkeit sagen, daß die Vorgänge von damals, so explosiv sie waren, diesen zwingenden Rückschluß nicht rechtfertigen. Da werden wir uns vielleicht einmal bei anderer Gelegenheit noch darüber unterhalten können.

GAUS: Erlauben Sie mir noch eine letzte Frage, Herr Strauß. Es wird viel von Ihrem politischen Comeback gesprochen, und die Antwort auf die Frage nach einer Ruhepause in der Politik, die Sie gegeben haben, spricht davon, daß die Politik Sie ja doch sehr gepackt hat und Sie nicht davon lassen können. Halten Sie es für denkbar, daß Sie nach der Bundestagswahl 1965 wieder in die Bundesregierung eintreten?

STRAUSS: Ob Sie es mir glauben oder nicht: Die Frage interessiert mich zur Zeit am allerwenigsten. Ich bin neun Jahre Bundesminister gewesen. Ich habe sechs Jahre das undankbarste Amt gehabt – dessen einzelne Phasen zu schildern, wird leider hier keine Möglichkeit mehr sein –, ich kenne Höhen und Tiefen, Glanz und Elend einer solchen Würde besser als die, die es leichter hatten, und besser als die, die es noch nicht erlebt haben und deshalb sehr danach streben.

GAUS: Welches wäre denn die wichtigste Frage, wenn dieses die Frage war, die Sie am allerwenigsten interessiert?

STRAUSS: Mich interessiert in erster Linie der Gang der deutschen Politik, soweit wir von Politik sprechen; darunter auch die Entscheidung des Jahres 1965, die ja wohl unter ganz anderen Parolen erfolgen wird als frühere Entscheidungen von 49, 53, 57, 61. Und ich für mich bin der Meinung, daß ich meinem privaten Bereich nunmehr, nachdem ich die – wie man sagt – schönsten Jahre des Lebens einer sehr undankbaren Aufgabe gewidmet habe, etwas pfleglicher gegenüberstehen muß und damit auch meiner Familie, als es in der Vergangenheit der Fall war.

Herbert Wehner

»... Das blöde Gerede in Deutschland über Marxismus, das einem, der ein paar Jahrzehnte miterlebt hat, zum Hals heraushängt, hat doch sogar einen Mann wie Schumacher, der einen ganz anders denkfähigen Kopf als ich hatte, dazu gebracht, in dem letzten Stück Papier, das er geschrieben hat, bevor er die Augen schloß, mit Bitterkeit zu sagen, das Schlimmste, was diesem deutschen Volk in der Spaltung geschehen sei, hätten ihm nicht die Alliierten angetan, sondern hätte es sich selbst angetan, indem es unterscheidet zwischen Marxisten und Christen ...«

HERBERT WEHNER, geboren am 11. Juli 1906 in Dresden.
Nach früher Mitgliedschaft in der Sozialistischen Arbeiterjugend schloß er sich linkeren Gruppierungen an und trat 1927 der KPD bei, wo er Anfang der dreißiger Jahre enger Mitarbeiter des Parteivorsitzenden Thälmann war. Nach 1933 illegale Tätigkeit in verschiedenen europäischen Ländern, zeitweise in Moskau. 1942 in Schweden aus politischen Gründen zu einer Zuchthausstrafe verurteilt. 1946 Rückkehr nach Deutschland und zunächst Mitglied des SPD-Landesvorstands in Hamburg. Ab 1949 Mitglied des Bundestages für die SPD; von 1958 bis 1973 stellvertretender Vorsitzender der SPD. 1966 trat er als Minister für Gesamtdeutsche Fragen in das Kabinett Kiesinger ein. 1969 übernahm er den Vorsitz der SPD-Bundestagsfraktion, den er bis zu seinem Ausscheiden aus dem Bundestag im März 1983 beibehielt.

Gespräch mit Herbert Wehner, dem stellvertretenden Vorsitzenden der SPD und Vorsitzenden des Bundestagsausschusses für Gesamtdeutsche und Berliner Fragen, gesendet am 8. Januar 1964.

Der Traum vom einfachen Leben

GAUS: Herr Wehner, vielen Leuten in Deutschland erscheinen Sie geradezu als der Prototyp des Politikers. Und richtig ist wohl, daß Ihr Lebenslauf, den wir hier im Gespräch auszubreiten versuchen wollen, fast exemplarisch widerspiegelt, was einem politisch engagierten Deutschen in den letzten fünfzig Jahren zustoßen konnte, bevor er seinen politischen Standort endgültig gefunden hatte. Heute sind Sie stellvertretender Bundesvorsitzender der SPD und gelten als entscheidende Antriebskraft der deutschen Sozialdemokraten. Darf ich unser Gespräch mit einer allgemeinen Frage beginnen? Herr Wehner, wenn Sie rückblickend Ihr Leben anschauen, können Sie es sich ohne Politik vorstellen? Hätten Sie von der Politik lassen können, irgendwann einmal?

WEHNER: In den vierzig Jahren, in denen ich von der Politik gepackt war und hin und her geschüttelt worden bin, habe ich mir das zwar manchmal erträumt. Und zwar in besonders schwierigen Situationen – ich gebe das offen zu –, in Situationen, in denen die Politik so schrecklich war, daß ich gedacht habe, man sollte außerhalb von ihr leben können. Ich habe mir allerdings nie dabei gedacht, daß ich – auch wenn ich außerhalb stünde – an ihr uninteressiert sein könnte.

GAUS: Diese Ausschließlichkeit, mit der Sie sich der Politik hingegeben haben, scheint mir in Ihrem Leben sehr früh begonnen zu haben. Führen Sie das auf Einflüsse und Eindrücke aus Ihrem Elternhaus zurück? Sie sind 1906 in Dresden geboren. Ihr Vater war ein Schuhmacher. War er zum Beispiel ein eingeschriebenes Parteimitglied der Sozialdemokratischen Partei und ein eingeschriebener Gewerkschaftler?

WEHNER: Er war beides, aber ich kann mich heute noch an meinen Jungenstolz erinnern, daß ich nicht etwa deswegen selbst Mitglied der Sozialistischen Arbeiterjugend geworden bin. Soviel weiß ich noch aus meiner eigenen Jugend: Man wollte aus eigenem Entschluß geworden sein, was man glaubte zu sein.

GAUS: Sie meinen, es war also kein Einfluß, der – vielleicht sogar nur unbewußt – in Ihrem Elternhaus auf Sie ausgeübt wurde?

WEHNER: O ja, natürlich war es das. Aber ich wollte gleichzeitig sagen, daß es da auch diese natürliche Spannung gibt zwischen dem, was man mitkriegt, und dem, was man selbst gern will.

GAUS: Könnten Sie erzählen, wie das politische Weltbild Ihres Vaters ausgesehen hat?

WEHNER: Das wäre sehr vermessen, obwohl ich meinem Vater gerne ein Denkmal setzen möchte. Er ist gestorben, als ich nicht dort sein konnte, wo er starb, und unter Bedingungen, die ich erst acht Jahre später erfahren habe. Mein Vater war ein Arbeitsmann, der stolz war auf sein Können, und ich kenne ihn als einen Künstler in seinem Beruf. Und mein Vater war ein lustiger Mann und hat uns Kinder auch dazu gebracht, daß wir Lust am Leben hatten, mit ihm zusammen und mit der Mutter zusammen. Meine Mutter hat mich zum erstenmal zu einer Demonstration am 1. Mai mitgenommen, zu einer Zeit, als es noch keine regulierten Demonstrationen waren.

GAUS: Also vor 1918?

WEHNER: O ja, und meine Mutter hat mir im Kriege, im ersten Kriege – ich kann das Bild noch vor meinen Augen se-

hen – gesagt: Jetzt ist der Krieg bald aus. Das war, als im Februar/März 1917 in Rußland das dortige Regime zusammenbrach. Ja, es gibt da Einflüsse, Sie haben recht. Aber ich habe auch recht; ich wollte damit sagen, meine Eltern haben mich zu einem Jungen erzogen, der selbst im Leben stehen sollte.
GAUS: Herr Wehner, Sie haben nach der Volksschule die Realschule besucht und dann ein Stipendium für eine dreijährige Ausbildung zum öffentlichen Verwaltungsdienst erhalten und, bevor Sie sich ganz der Politik verschrieben, einige Jahre als kaufmännischer Angestellter in Dresden, Ihrer Geburtsstadt, gearbeitet. Haben Sie damals manchmal das Gefühl gehabt, daß Ihre Startchance für das Leben zu klein war, daß Sie zu kurz gekommen waren, Sie und Ihresgleichen?
WEHNER: Ja, sicher hatte ich das Gefühl. Aber ich hatte es nicht in dem Sinne, daß ich etwas dazu haben wollte, daß ich auf eine andere Stufe gehoben werden wollte, sondern ich zog daraus die Konsequenz, daß man sich kümmern müsse, damit jedem seine Chance gegeben werden würde. Damit fing ich eben an, politisch zu denken und politisch zu handeln, auch während meiner beruflichen Tätigkeit, schon während meiner Schulzeit. Ich bin in die Schule, von der Sie eben gesprochen haben, als Betroffener eines Experiments gekommen. In meinem Heimatland wurde damals der Versuch gemacht, Kinder, die die Volksschule mit guten Ergebnissen absolviert hatten, auf sogenannte Höhere Schulen zu bringen.
GAUS: Das war 1921?
WEHNER: Es waren sechs, und ich war einer von diesen. Dazu kamen dann weitere sechs aus der Realschule, in der diese Experimentier- und Musterklasse – nicht Musterknabenklasse! – eingerichtet wurde. Das war mein Glück, denn das war natürlich eine intensive Lernmöglichkeit, weil wir eine kleine Zahl waren und die qualifiziertesten Lehrkräfte hatten.
GAUS: Sie haben sich Ihr Leben lang nebenher mit betriebs-

und volkswirtschaftlichen und soziologischen Studien beschäftigt. Wollen wir uns mal vorstellen: Wenn alles ganz anders gelaufen wäre, als es schließlich gelaufen ist, welchen Berufswunsch hätten Sie gehabt?

WEHNER: Sie werden lachen, denn das ist die platte Antwort, die Sie von manchen Leuten meinesgleichen bekommen würden: Ich wollte liebend gern Lehrer werden, und zwar Lehrer in dem großen Sinne. Das war's. Das ging nicht. Ich habe auch angefangen. Meine erste Schule war eine tolle Schule im Erzgebirge. Ich konnte sie leider nur ein knappes Jahr besuchen, denn dann mußten wir wegen der Kriegsereignisse in eine andere Stadt ziehen. Es war eine Seminarvorschule.

GAUS: Warum haben Sie das nicht zu Ende gemacht?

WEHNER: Mein Vater war im Krieg. Ich mußte mitverdienen und mein Bruder auch. Das fing sehr früh an.

GAUS: Sie hatten einen Bruder?

WEHNER: Ja, den ich leider nun nicht mehr habe.

GAUS: Sie haben als Kind Geld für den Unterhalt der Familie mitverdienen müssen?

WEHNER: Ja, meine Mutter bekam eine ganz geringe Unterstützung. Das lag daran, daß die Ortsklasse des Ortes, in dem wir wohnten, als mein Vater ins Feld kam, eine von denen war, in denen man wenig bekam. Wir mußten dann in eine größere Stadt, weil meine Mutter schwer krank wurde, und dann mußten wir – und das war damals eine Ehrensache für uns beide Jungs – arbeiten. Wir fingen damit an, die Kartoffeln für den Winter beim Bauern zu verdienen, beim Tischler zu arbeiten usw. Ich habe viele solche Sachen gemacht. Heute wäre es verboten, Kinderarbeit zu machen. Ich war damals froh, daß man das durfte. Wir haben es nie bedauert.

GAUS: Herr Wehner, als Siebzehnjähriger, 1923, sind Sie aus der Sozialistischen Arbeiterjugend, die der SPD nahestand, ausgeschieden und einer radikaleren Gruppe beigetreten. Warum?

WEHNER: Warum? Ich möchte sagen: wodurch? In meinem Heimatland geschah damals etwas, das uns sehr erschüttert hat in der politischen Auffassung, der idealen Vorstellung, die man als ein so junger Mann haben kann. Die Reichswehr marschierte ein.

GAUS: In Sachsen.

WEHNER: Ja. Ich kann ja nicht leugnen, daß ich von da bin. Ich tue es auch gar nicht. In einer unserer Nachbarstädte gab es dabei eine ganze Anzahl Todesopfer. Damals spalteten wir uns. Die Organisation der Jungen hat sich dort gespalten. Ich gehörte zu der Minderheit, die dann vier Jahre lang als eine selbständige, eine freie sozialistische Jugendgruppe existiert hat mit zeitweiliger starker Anlehnung an syndikalistische Jugendgruppen, die aus alter Tradition herkamen, die es damals noch gab oder wieder gab.

GAUS: Im Jahre 1927 sind Sie dann Mitglied der Kommunistischen Partei geworden. Ich würde gerne wissen, ob dieser Schritt das Ergebnis von theoretischem Schriftstudium war, ob Sie sozusagen ein belesener Marxist waren, als Sie in die KPD eintraten, oder ob es andere Gründe gegeben hat?

WEHNER: Ein Marxist – das ist eine ganz schwierige Gewissensfrage. Sie wissen ja, wie Marx diese Frage selbst beantwortet haben soll: Er sei keiner. Aber ich will mich damit nicht um die Frage herumdrücken. Meine sozialistischen Impulse waren ganz andere. Ich habe zunächst einmal die Gemeinschaft der Jugendgruppe erlebt. Ich habe die Gemeinschaft vieler Jugendgruppen zueinander erlebt. So fing es an, das gestehe ich ehrlich. Und Schriften? Die Schriften, die meine Freunde und ich wirklich verschlungen, studiert, diskutiert und beraten haben, das waren Schriften von Gustav Landauer, dem in der Münchener Räte-Zeit Erschossenen, der uns wiederum Martin Buber erschloß. Das waren Schriften von Proudhon, dem Franzosen. Das waren Schriften von Krapotkin, »Die Ethik« zum Beispiel. Ich könnte sie heute noch alle aufzählen. Ich habe leider nichts mehr, denn in der Zeit der 12 Jahre ist das alles vernichtet worden. Wir sind dann erst allmählich durch einen sehr belesenen Facharbeiter in unserem Kreis, der einige Jahre älter war als wir, der aber auch nicht orthodox war und uns helfen wollte, auf Marx gekommen. Unser Streben war, eine Ordnung zustande bringen zu helfen, in der die Freiheit der Person, des Menschen, der Persönlichkeit das Entscheidende war. Damit fingen wir an. Und das zweite war das Recht frei miteinander lebender Persönlichkeiten. Das dritte war dann: Man muß gewisse ökonomische Schritte möglich machen. Da greife ich weit vor auf ein Wort, das ich viel später entdeckt habe, auf die Definition, die Kurt Schumacher dem Begriff Sozialismus gegeben hat und die ich für mich selbst so akzeptiere, daß der Sozialismus die ökonomische Befreiung der moralischen und politischen Persönlichkeit ist.

GAUS: Das bedeutet, daß für Sie die soziale Komponente nur die dritte war, nicht die wichtigste.

WEHNER: Nein, nein: aber zu den beiden anderen gehörte; aber das fing mit den beiden anderen an.

GAUS: Sie haben in der Kommunistischen Partei einen schnellen Aufstieg genommen. Sie sind schon 1930 sächsischer Landtagsabgeordneter gewesen, und Anfang der dreißiger Jahre kamen Sie nach Berlin, wo Sie in der Nähe Ernst Thälmanns gearbeitet haben. Was ist der Grund für diese schnelle Karriere gewesen? Galten Sie als eine Art Wunderknabe, als das Nachwuchstalent der KPD in Deutschland in dieser Zeit?

WEHNER: Oh, sicher nicht. Das ist ein Irrtum. Ich bin ja in die Kommunistische Partei nach diesen vier Jahren selbständigen Denkens gekommen. Jener Partei schloß ich mich damals 1927 an aus der Überzeugung heraus, daß man dort etwas in der Richtung tun könnte, in die wir wollten, wenn auch mit gewissen kritischen Vorbehalten, die aber – das habe ich dann gelernt – sehr bald überspielt wurden durch den Mechanismus, in den man sich selbst begeben hatte. Ich war aber doch eine ganze Zeit tätig für eine Organisation, die damals eine gewisse Bedeutung hatte. Sie nannte sich »Rote Hilfe« und befaßte sich mit der Hilfe für politische Gefangene, für Amnestierte, die wieder ins Leben kommen mußten, für politische Flüchtlinge aus faschistischen Ländern, die es damals schon gab. Da habe ich sehr aktiv gewirkt. Nachdem ich in meinem Beruf als kaufmännischer Angestellter 1927 zum wiederholten Male gemaßregelt worden war – ich war damals bei einer großen Firma in der Fotooptik beschäftigt –, habe ich in dieser Organisation eine Zeitlang hauptamtlich gearbeitet. Betreuung von Gefangenen: Ich bin in die Gefängnisse gegangen, habe die Gefangenen besucht, habe ihre Frauen, ihre Familien unterstützt. Ich war natürlich für alles das ein viel zu junger Mensch.

GAUS: Sie waren noch keine dreißig.

WEHNER: Lange nicht, entschuldigen Sie, natürlich nicht.

GAUS: Ich würde gerne das Urteil hören, das Sie seinerzeit über die Sozialdemokraten gehabt haben, als Sie Kommunist waren. Haben Sie damals das Gefühl gehabt, die Sozialdemokraten sind eine Gruppe, die sich aus kleinbürgerlichen Vorurteilen abhalten läßt von dem einen entscheidenden Schritt weiter in Richtung auf eine revolutionäre Arbeiterpartei? War das Ihr Urteil?

WEHNER: Ich würde mich selbst irren, wenn ich heute versuchte, für diese ganze Zeit eine Antwort auf diese Frage in einem Urteil zu finden. Das hat es nicht gegeben, das hat sich immer wieder geändert. Ich bin dabei in die größten Konflikte gekommen.

Sie haben ja gesagt, ich sei 1930/31 dann schon in Berlin gewesen. Als ich 1931 nach Berlin kam, kam ich als ein gemaßregelter kommunistischer Funktionär nach Berlin; denn ich mußte mein Landtagsmandat schon nach weniger als einem

Jahr auf Beschluß der Partei niederlegen. Ich paßte da nicht ganz hinein.

GAUS: Aus welchen Gründen?

WEHNER: Ich paßte nicht ganz hinein, weil ich auch damals schon sicher zu selbständig war. Ich hätte nicht nach Berlin gehen sollen. Ich habe mich lange gewehrt dagegen. Als ich nach Berlin kam, war ich nicht mehr ein gewählter Mann. In meinem Heimatland wurde ich immer gewählt, auch in den Parteifunktionen. Die Leute haben mir ihre Stimme gegeben oder eben nicht gegeben. Ich war das, wozu ich gewählt wurde. Aber dort war ich dann ein Angestellter und habe den Weg gehen müssen bis zum bitteren Ende, den man nur verstehen kann, wenn man daran denkt, daß schon im Jahre 1932 jene grausige neue Wirklichkeit über uns hing, die 1933 Gestalt annahm. Es mag seltsam klingen in einer Erklärung: Ich wollte doch nicht feige sein! Wie konnte ich bei allen meinen Skrupeln, was die Lehre der Partei betraf, weggehen, wenn es um Tod und Leben ging?

GAUS: Aus der Partei heraus?

WEHNER: Ja, oder weniger aktiv werden, oder nicht ihre Beschlüsse durchführen. Da hast du zu stehen, so sagte ich mir, und zwar nicht wegen eines Beschlusses, sondern weil ich nicht feige sein wollte und weil ich nicht braun sein wollte. Ich habe mich später auch davon frei gemacht, rot zu sein, aber nicht, um braun zu werden. Das hat mich auch lange im Kriege daran gehindert, den Schritt zu tun. Ich wollte nie etwas tun, das von denen nicht verstanden wurde, die meine Freunde waren – und ich habe da ja Hunderte gehabt. Als ich zum erstenmal aus einem Gefängnis heraus durch verschiedene Länder transportiert worden bin, über verschiedene Grenzen, und kurze Zeit in Moskau war – 1935 –, da habe ich als erstes, weil ich nicht wußte, wie lange ich da sein würde und könnte – aus dem Gedächtnis, denn ich hatte ja kein Blatt Papier mitnehmen können –, die Namen von 500 Menschen aufgeschrieben, die in ganz Deutschland in den verschiedenen Städten – Hauptstädten, Regionalhauptstädten – tätig gewesen waren und deren Schicksale – Tod oder lebenslängliche Gefangenschaft – ich einfach aktenkundig machen wollte. Ich war mit diesen Menschen durch das Leben in der Verfolgung verbunden.

GAUS: Sie hätten es für einen Verrat angesehen, in diesem Augenblick die Front zu wechseln?

WEHNER: Ja, das war für mich unmöglich. Die Front wechseln schon gar nicht! Ich hätte nur aus einer herausgehen können, aber in die andere konnte ich nicht hineingehen. Ich hätte also tot sein müssen, politisch und menschlich, sittlich! Das war es. Das erschwerte im Handeln das, was im Denken vor sich ging.

GAUS: Sie hatten in den ersten Jahren, nachdem Hitler die Macht in Deutschland an sich gerissen hatte, zeitweilig im Untergrund gearbeitet und sind dann in den europäischen Nachbarländern Deutschlands umhergereist und, wie Sie schon erwähnt haben, 1935 von Prag nach Moskau abgeschoben worden. In Moskau sind Sie zur Zeit der großen Säuberung auch einer Untersuchung unterworfen worden, die freilich ohne Verurteilung endete. Wenn Sie diese persönliche Erfahrung mit dem Stalinismus nicht gehabt hätten, wäre es dann auch zu Ihrer Abkehr vom Kommunismus gekommen?

WEHNER: Ja! Ich betrachte den Stalinismus nicht als etwas Besonderes. Ich weiß, daß ich damit im Vergleich mit allen heutigen Kreml-Astrologen und sehr erfahrenen Leuten völlig unmodern bin. Aber für mich geht es um Kommunismus schlechthin. Den habe ich erlebt und durchdacht, und damit mußte ich Schluß machen und nicht etwa nur mit einer Spielart.

GAUS: Ich verstehe. Wie haben Sie sich seinerzeit die Machtübernahme Hitlers erklärt?

WEHNER: Ich darf Ihnen da eine kleine Geschichte erzählen, falls uns die Zeit dazu bleibt. Ich saß zusammen mit einem polnischen Kommunisten im Grunewald. Er war uns geschickt worden, weil er Erfahrung in unterirdischer Arbeit hatte und sollte uns helfen.

GAUS: Das war nach 1933?

WEHNER: Ja, sicher. Ich habe doch einige Jahre die gesamte illegale Arbeit in ganz Deutschland als der Techniker in meinen Händen gehabt. Der Mann war zehn oder fünfzehn Jahre älter als ich. Da haben wir uns auf den Waldboden gesetzt und uns zunächst einmal gegenseitig angeguckt und gefragt, ob wir offen miteinander reden können. Offen heißt: auch anders, als man redet, wenn man als kommunistischer Funktionär redet. Die Frage, die der Probefall sein sollte, stellte er. Sie lautete: Wie lange ich glaube, daß das dauern würde. Darauf habe ich ihm gesagt, mindestens zehn Jahre. Da sagte er: Wir können wirklich offen miteinander reden. Da haben wir begonnen, über das ganze Schauderhafte, das über unser Volk gekommen war und über andere Völker kommen würde und wie es enden könnte, offen zu reden. Ich habe in dieser deutschen Wirklichkeit etwa 49 Prozent des Totalitarismus kennengelernt, und die 51 Prozent habe ich in der kommunistischen Wirklichkeit kennengelernt, in der sowjetischen einschließlich der kommunistischen Wirklichkeit im Untergrund.

GAUS: Ich bitte Sie noch einmal, mir Ihre Erklärung für die großen Wahlerfolge der NSDAP und für Hitlers Erfolg in der deutschen Bevölkerung zu geben. Woran lag es?

WEHNER: Ich bin der Meinung, daß es daran lag: Die Republik konnte sich nicht verteidigen, weil die Arbeiterschaft dem demokratischen Staat gegenüber eine gespaltene Haltung einnahm. Sie werden sich jetzt wundern, daß ich das an den Anfang stelle. Dadurch aber jedenfalls wurde das, was die restaurativen Kräfte taten, die von ganz rechts kamen und immer schlimmer wurden, sozusagen auch noch bei einem Teil der Bevölkerung gerechtfertigt. Das war das Furchtbare. Das habe ich früh so gesehen. An dieser inneren Gespaltenheit der Arbeiterschaft, die 1918 unvorbereitet einer militärischen Niederlage und dem Zusammenbruch eines feudalen Regimes, eines sehr herrschaftlich aufgetretenen Regimes, gegenüberstand und die doch selbst gespalten war in ihrer Stellung zum Staat, weil die deutschen Führer der Kommunisten leider daran festgehalten haben, daß der Staat auch als demokratischer Staat für die Arbeiter nicht akzeptabel sei, sondern erst dann, wenn er unter der Führung der kommunistisch geführten Arbeiterklasse umgestürzt sei: daran lag es. Diese Theorie war das Unglück.

GAUS: Diese Meinung hatten natürlich auch einige sozialdemokratische Führer aus der damaligen Zeit.

WEHNER: Sicher, das hing ja nicht an Parteien. Das war etwas, das in dieser deutschen Arbeiterbewegung noch drin war und das sie überwunden hat. Ich habe es doch bei mir selber auch erlebt, ich will das ganz offen sagen. Dazu gehörten diese schrecklichen Erfahrungen mit der totalitären braunen Diktatur und mit der totalitären roten Diktatur. Dazu gehörte, sich wieder freizumachen und hinzukommen zu dem Ausgangspunkt, von dem aus einmal Lassalle versucht hat, die Arbeiter im Staat mit dem Staat zu versöhnen und nicht außerhalb und nicht gegen den Staat.

GAUS: Sie haben diese bitteren Erfahrungen bis zu einem sehr brutalen Ende machen müssen. Sie sind 1941 von Moskau nach Schweden geschickt worden, um kommunistische Untergrundarbeit zu organisieren, sind dann jedoch verhaftet und zu einem Jahr Zuchthaus verurteilt worden. Das hat nach dem Kriege 1957 in der Bundesrepublik zu heftigen Auseinandersetzungen mit der CDU über Ihre Person geführt. Berichten Sie mir bitte von dieser schwedischen Zeit.

WEHNER: Ich bin doch nicht zu kommunistischer Untergrundarbeit nach Schweden geschickt worden, sondern mir wurde endlich erlaubt, aus Rußland wegzugehen, nachdem ich viereinhalb Jahre nicht weg konnte und weg durfte. Aber es wurde mir erlaubt, wie man es eben einem Mitglied dieser kommunistischen Partei, das illegal ist und keinen Paß hat, erlaubte: mit einem Auftrag. Der Auftrag war – und ich hatte ihn so auch selbst übernommen und akzeptiert –, nach Deutschland zur Widerstandsarbeit gegen Hitler zu gehen, neu anzufangen, neu aufzubauen. Und ich bin bei der Vorbereitung dieser Schritte, die sehr schwierig waren, wo ich vieles einzuleiten hatte, in Schweden selbst verhaftet und wegen Verstoßes gegen die dortigen Gesetze verurteilt worden, nach Paragraphen, wie sie dort im Kriege Geltung hatten, wie sie dann nach dem Kriege geändert worden sind. Ich war ja dort ohne Anmeldung, ich war dort mit einem anderen Paß, als es ein echter Paß wäre, und ich habe nie geleugnet, daß ich da wäre, um illegal nach Deutschland zu kommen und um da wieder gegen die Diktatur zu kämpfen, wobei ich nicht wußte, wie das gehen würde. Aber das wollte ich.

GAUS: Sie haben sich nicht nach dem Kriege um eine Revision dieses Urteils bemüht?

WEHNER: Ich bin seinerzeit auf Lebenszeit aus Schweden ausgewiesen worden. Aber im Jahre 1953 hat mir der schwedische Gesandte in Bonn zu meiner Überraschung – und ich muß sagen: zu meiner freudigen Überraschung – gesagt, dieser Beschluß sei aufgehoben worden, und er beglückwünsche mich dazu. Ich liebe dieses Land Schweden wie meine Heimat.

GAUS: Sie haben jetzt ein Ferienhaus dort.

WEHNER: Ja, Schweden betrachte ich als meine geistige Heimat. Dort habe ich gelernt, was Demokratie sein kann, auch wenn ich die Hälfte der Zeit im Gefängnis gesessen habe. – Sie fragten, ob ich mich um Revision bemüht hätte. Ich habe. Es gab eine königliche Kommission, an die man sich wenden konnte. Ich habe mich an sie gewendet. Sie war in meinem

Fall nicht imstande, etwas zu tun, wie sie auch für andere gerichtliche Fälle nicht imstande war, etwas zu tun. Aber ich habe dann diese andere, wenn ich so sagen darf, Genugtuung bekommen, und ich bin seither sehr oft dort.

GAUS: Sie haben in Schweden auch geheiratet, eine deutsche Emigrantin?

WEHNER: Ja, und ich habe auch gute Freunde dort, den Chef der Regierung und die Minister. Wir sind gute Freunde.

GAUS: Herr Wehner, Sie haben gelegentlich sehr bitter gesagt, Sie hätten zwei Kardinalfehler gemacht: erstens, daß Sie als junger Mensch Kommunist geworden seien, und zweitens, daß Sie dann später glaubten, dieser Irrtum würde in einer Demokratie vergeben, wenn man ihm wirklich abgeschworen habe. Das sei eben Ihr zweiter Kardinalfehler gewesen, dies zu hoffen. Ich habe dazu zwei Fragen: Erstens, glauben Sie immer noch, daß Sie nach wie vor, wie 1957, als heftig um Ihre Person gestritten wurde, von den wichtigen bürgerlichen Politikern in der Bundesrepublik nicht voll als ein wahrhaft geläuterter Mann akzeptiert werden?

WEHNER: Das ist eine ganz schwer zu beantwortende Frage für mich. Ich glaube, daß das Schlimmste auf diesem Wege vorbei ist. Das ist auch eine Zeitfrage, denn das Leben läuft so langsam und allmählich ab. Das ist also wohl vorbei. Es wird allerdings wohl nie ganz aufhören, weil es ja Leute jucken muß, einen Mann wie mich der Partei anzuhängen, für die ich arbeite und der ich helfen will, damit sie eine große, eine wirklich vom Volk akzeptierte Partei wird und als eine der großen, tragenden, gestaltenden, reformierenden Kräfte anerkannt werden kann.

GAUS: Ich habe eine zweite Frage dazu, wie gesagt: Glauben Sie, daß Sie manchmal aus verständlichen Gründen in diesem Zusammenhang zu einer Empfindlichkeit neigen, die Sie dann zu bitterem Kurzschlußdenken und Kurzschlußhandeln verleitet?

WEHNER: Zu einer Empfindlichkeit neige ich von Haus aus. Das ist natürlich ganz schlecht für das, was man einen Politiker nennt, werden Sie sagen. Ich selbst nenne mich keinen Politiker, ich nenne mich einen politischen Praktiker und parlamentarischen Praktiker. Ich bin übrigens mit Leib und Seele Parlamentarier und möchte es gerne viel mehr sein, als ich heute bei meiner Stellung sein darf. Aber Empfindlichkeit und Kurzschlußhandlungen? Ich gestehe Ihnen offen, ich wollte nicht in den Bundestag...

GAUS: Kurt Schumacher hat Sie geholt?

WEHNER: »Geholt« ist gut! Er hat mich sozusagen mit der Faust dazu genötigt, daß ich kandidierte. Ich wollte arbeiten, und ich arbeitete ja für die Sozialdemokratische Partei. In den Bundestag wollte ich nicht. Ich dachte, das braucht Zeit – und warum soll ich? Ich habe Kurt Schumacher gesagt: Sie werden mir doch dort von allen Seiten bei lebendigem Leibe die Haut vom Leibe reißen. Ja, sagte er, das werden sie, aber das wirst du auch aushalten. So ging das. Und das habe ich manchmal so gefühlt, als wenn mir die Haut vom Leibe gezogen würde.

GAUS: Ich habe ein Zitat von Ihnen gefunden, Herr Wehner. Danach haben Sie im Jahr 1941 in Schweden Ernst Wiecherts Buch vom »Einfachen Leben« gelesen und sind von dieser Lektüre sehr tief berührt worden. Sagen Sie mir, was bedeutete dieses Buch eines Mannes aus einem ganz anderen Lager für Sie?

WEHNER: Erstens, weil es ein Buch war, geschrieben in diesem Deutschland, mit dem ich so verbunden war und aus dem ich ausgebürgert war, von dem ich steckbrieflich verfolgt war und, wenn sie mich gehabt hätten, nicht mehr leben würde. Deutschland ist mein Vaterland gewesen in jeder Phase. Und da konnte in dieser Zeit ein solches Buch geschrieben werden! Es war für mich ein Glücksfall, in Stockholm dieses Buch zu finden. Ich ging immer wieder in die Buchhandlung, obwohl es für mich unklug war, mich dort als ein nicht legaler Mann sehr viel zu bewegen, und habe nach Ähnlichem gesucht und das eine oder andere Ähnliche gefunden. Und dann: Der Begriff »Einfaches Leben«. Ich habe ihn so für mich gedeutet: So leben, wie du es wirklich, ohne Umschweife, mit deinem Gewissen vereinbaren kannst. Und nicht so viele Dinge machen müssen, die immer erst besonders erklärt werden müssen. Etwas versimpelt, werden Sie mir vorwerfen, aber so habe ich es gedacht. Das war übrigens auch einer der Gründe, warum ich nicht wieder in eine solche hauptamtliche Parteiarbeit, welche es auch immer sei, gehen wollte.

GAUS: Sie hatten Angst, es würde Sie vom »einfachen Leben«, wie Sie es...

WEHNER: Ja, ja, von dieser Theorie. Ich habe ja jetzt eine Bauerntheorie daraus gemacht.

GAUS: Was war der letzte, entscheidende Anstoß zu Ihrer Trennung vom Kommunismus? Was war der letzte Punkt? Kann man das fixieren?

WEHNER: Da muß ich den vorletzten nennen. Der vorletzte war, daß ich mich befassen sollte mit einer Interpretation der kommunistischen Auffassung von der Lehre vom Staat. Als ich versucht habe, das zu Papier zu bringen, da habe ich bei der Hälfte Schluß gemacht und gewußt: Das kannst du nicht mehr begründen und verantworten. Das war im Jahre 1939, mitten in den schrecklichen Jahren des deutsch-sowjetischen Paktes, und in Moskau ohne Freunde. Der eine, den ich hatte, war gerade gestorben. Er war 15 Jahre älter als ich. Er war ein persönlicher Freund von Rosa Luxemburg gewesen. Das war der vorletzte Punkt. Der letzte Punkt war meine Erinnerung an das, was ich an Leiden miterlebt und mitgesehen und mitzutragen gehabt habe in den Jahren des Terrors in der Sowjetunion. Ich habe darüber kein Buch geschrieben; ich kann es nicht. Ich habe es einfach mitgelitten und selbst erlebt. So gab es also dann die Frage für mich: Du bist jetzt endlich raus, du kannst jetzt, wenn es dir gelingt, wieder nach

Deutschland zu kommen, dich dort auf eine ehrliche Weise ganz ehrlich machen und kannst – und das war natürlich eine halsbrecherische Idee –, wenn du nicht sehr schnell gefaßt wirst, etwas tun, damit, wenn der Krieg sich dem Ende nähern wird, nicht nur Leute da sind, die sagen können, sie hätten für Moskau oder sie hätten für andere dort gearbeitet. Ich war damals noch in der Vorstellung, man könnte das als ein mit dem offiziellen Kommunismus innerlich fertig gewordener, aber doch noch daran hängender Partisan sozusagen – nicht Partisan im Sinne von Heckenkrieger – machen. Darüber bin ich gestolpert. Ich kam nicht mehr ganz dazu.

GAUS: Sie haben Ihre Trennung vom Kommunismus oft genug sehr deutlich gemacht, haben aber gelegentlich gleichzeitig gesagt, daß Sie an den Werten, an den Grundsätzen einer sozialistischen Arbeiterbewegung festhalten wollten. Was sind für Sie die Grundsätze einer sozialistischen Arbeiterbewegung heute, und welchen Wert machen sie für Sie aus?

WEHNER: Ich möchte sagen, daß ich das nie gemeint habe als etwas anderes, als etwas abseitig von der Sozialdemokratie. Die Sozialdemokratie selber betrachte ich aber als etwas Umfassenderes als die sozialistische Arbeiterbewegung, von der Sie eben sprachen. Ich will, daß die Sozialdemokratie das sein kann, was wir versucht haben, ihr mit dem Grundsatzprogramm von Bad Godesberg als Selbstverständnis und Darstellung zu geben: eine Partei des Volkes, mit einer Staatsauffassung der sozialen Demokratie. Und Arbeiterbewegung? Ich habe mich bekannt und bekenne mich heute noch dazu und bin stolz darauf, daß das einmal so war und daß es so angefangen hat. In der Inauguraladresse der Internationalen Arbeiter-Assoziation steht am Schluß als Forderung und als etwas, das die Arbeiter lernen sollten durchzusetzen: daß die gleichen einfachen Gesetze der Moral und des Rechts, die für den Verkehr zwischen Privatpersonen gelten sollten, auch für den Verkehr zwischen den Nationen zur Geltung gebracht werden müssen. Ich habe das immer für eine tolle Sache gehalten, daß eine solche Bewegung, die doch aus Protest gegen Klassenunterschiede, gegen Ungerechtigkeiten, gegen Nichtgleichberechtigung entstanden war, mit so klaren Worten sogar so heikle Dinge, wie es die außenpolitischen Beziehungen sind, ethisch begründet hat. Das hat mich immer innerlich wiederaufgerichtet. Und das ist etwas, von dem ich nicht möchte, daß man es lassen sollte.

GAUS: Glauben Sie, daß die Zeit des Klassenkampfes in der Bundesrepublik vorüber ist?

WEHNER: Die Zeit des Klassenkampfes – eine Doktorfrage war es, ist es auch heute, und es ist heute eine Frage für solche, die nach neuen Doktordissertationsthemen suchen. Es ist eine Definitionsfrage, was vom politischen Kampf, wenn man eine Arbeitshypothese haben will, als Klassenauswirkung bezeichnet werden kann. Ich halte das ganze Schema vom Klassenkampf für ein Prokrustesbett, bei dem man dann das, was nicht hineinpaßt, weil es zu lang ist, dadurch passend macht, daß man es abhackt oder, wenn es zu kurz ist, länger zieht. Diese ganze Theorie ist Vergangenheit. Es geht um die Menschen, wie sie wirklich sind; es geht um das Volk, wie es wirklich ist; es geht um die Nation, als die es sich verstehen soll, und es geht um die Werte, die verschieden begründet und auch verschieden schwergewichtig vertreten, aber doch in vielen Punkten gemeinsam sind.

GAUS: Sie haben von den Werten gesprochen. Sie sind verschiedentlich in den Verdacht geraten, in der Bundesrepublik eine Art Titoist oder nach wie vor dogmatischer Marxist zu sein, obwohl Sie vorhin gesagt haben, daß Sie dieses ganz und gar nicht waren. Und zwar sind Sie in diesen Verdacht geraten, weil Sie von den sozialen Errungenschaften gesprochen haben, die im Falle einer Wiedervereinigung Deutschlands bewahrt werden müßten. Was verstehen Sie unter sozialen Errungenschaften, die Sie nicht aufgeben möchten?

WEHNER: Lassen Sie mich erst noch mal auf diesen »Marxist« zurückkommen. Das blöde Gerede in Deutschland über Marxismus, das einem, der ein paar Jahrzehnte miterlebt hat, zum Hals heraushängt, hat doch sogar einen Mann wie Schumacher, der einen ganz anders denkfähigen Kopf als ich hatte, dazu gebracht, in dem letzten Stück Papier, das er geschrieben hat, bevor er die Augen schloß, mit Bitterkeit zu sagen, das Schlimmste, was diesem deutschen Volk in der Spaltung geschehen sei, hätten ihm nicht die Alliierten angetan, sondern hätte es sich selbst angetan, indem es unterscheidet zwischen Marxisten und Christen und was Marxismus sei usw. Das hat diesen Mann fürchterlich innerlich gepeinigt und hat ihn dazu gebracht, daß er sagte: »Ich bin ein Marxist.« Er wollte damit sagen, das ist doch in Wirklichkeit in dem deutschen Bereich nichts anderes gewesen und kann nichts anderes sein als Methode der soziologischen, der sozialen Untersuchung und Prüfung. Als solche hat sie ihre Bedeutung, auch wenn das »ismus« wegfällt.

Und von den Errungenschaften? Sehen Sie, ich bin kürzlich wieder dafür angepufft worden. Was ich denn damit meinte, was ich aus dem, was man auf der anderen Seite im sowjetisch kontrollierten Teil als soziale Errungenschaften oder sozialistische Errungenschaften bezeichnet, in die Bundesrepublik übernehmen wolle. Gar nichts will ich übernehmen in die Bundesrepublik. Aber ich habe mich gefreut, daß es Leute gibt von ganz anderer Herkunft und ganz anderer Denkweise, die in dieser Beziehung ganz ähnlich denken und vorschlagen. Ich denke an Nell-Breuning. Ich denke an Arnold Brecht, den früheren preußischen Staatssekretär, der mir jetzt wieder einen rührenden Brief geschrieben hat. Heute ist er Universitätslehrer in Amerika. Ich kenne ihn persönlich sonst gar nicht, ich habe einfach nur seine Bücher gern gehabt. Beide sind wieder ganz anders, jeder für sich und voneinander und mir gegenüber. Die sagen doch alle: Wenn es zur Wiedervereinigung kommt, das heißt, wenn die politischen Voraussetzungen, wie internationaler Ausgleich usw., dafür geschaffen sein werden, an denen man arbeiten muß, dann muß es möglich sein, daß man nicht einfach sagt, von diesem Tage an wird es dort so und da so. Da hat Nell-Breuning zum Beispiel in bezug auf sozialpolitische Dinge gesagt: Alles das, was die Menschen in der Zone selbst nicht ablehnen, das muß man ihnen lassen. Ich finde, das ist ein guter Standpunkt, auch ein guter Standpunkt gegenüber denen, die die Mauer gebaut haben. Ein guter Standpunkt gegenüber denen, die behaupten, die Wiedervereinigung sei für uns im freien Teil Deutschlands nichts anderes als der Versuch, wie es Herr Ulbricht gesagt hat, die »Gewalt der imperialistischen Monopole« auch auf seine »DDR« zu erstrecken. Das zieht dem doch den Boden weg! Lassen Sie doch das Volk selber entscheiden! Wir brauchen doch da gar keine Angst zu haben. Über alles kann man reden, wenn die Freiheit der Person und die Gleichheit in der Freiheit der Person und das Recht, diese Freiheit zu gewährleisten und zu bewahren, wenn dies in beiden Teilen Deutschlands erst einmal durchgesetzt wird. Dann kann alles andere sukzessive, und wie es sich ergeben wird, weitergehen. Da gibt es ja auch gewisse natürliche Entwicklungsgesetze.

GAUS: Herr Wehner, noch einmal zurück auf Ihre SPD-Karriere. Sie sind 1946 in die Sozialdemokratische Partei eingetreten, und Kurt Schumacher ist es gewesen, der Sie in den engeren Führungskreis geholt hat. Woher kannten Sie Schumacher?

WEHNER: Schumacher hat mich geholt, als er gehört hat, daß ich mich in Hamburg geregt habe.

GAUS: Hatten Sie ihn vorher jemals getroffen?

WEHNER: Nein. Ich habe ihn nie getroffen. Ich durfte ja aus

Schweden nicht sofort hier einreisen. Ich konnte nicht nach der sowjetisch besetzten Zone, und in den anderen Zonen wollten sie mich nicht. Das war mein Dilemma. Dadurch, daß meine Frau ein gewisses Anrecht geltend machen konnte, in Hamburg zu sein, wo sie früher gelebt hatte, konnten wir sagen, wir möchten dort hin. Und da sind wir auch hingekommen. Dort habe ich zunächst mal in kleinen Kreisen, in Kursen, Wochenendkursen, wie es damals in diesen Hungerjahren, Kältejahren, Ohne-Licht-Jahren war – ich selber hatte viele Monate hindurch keine Wohnung und mußte mit meiner Frau bald da und bald dort wohnen –, da habe ich aus meinen Erfahrungen erzählt und habe Kurse gemacht, wie man Diskussionsreden vorbereitet und wie man aus einem großen Vortrag, den man sich angehört hat, die Punkte herausfindet, auf die es nützlich und gut ist, einzugehen, wenn man diskutieren darf. So fing es an. Dann habe ich auch an einer Zeitung in Hamburg gearbeitet, die von der Sozialdemokratischen Partei unterstützt wurde – mit einer gewissen Beklemmung –, aber ich habe gedacht, man müsse helfen. Ich wollte nicht, daß diese Wahnidee, man könnte und sollte eigentlich auch im Westen Deutschlands eine sogenannte Einheitspartei, wenn auch auf freiwilliger Basis, aufziehen, um sich griff. Ich hielt es für meine Aufgabe, zu zeigen, daß es darauf ankommt, eine Sozialdemokratische Partei zu haben. So kam ich in die absurde Situation, anderen beibringen zu müssen, daß man keine Einheitspartei haben sollte, weil das so enden würde, wie ich es ihnen sagen konnte. Im Jahr nach dem Krieg, als ich noch in Schweden sein mußte, habe ich auch mit alten Kommunisten briefliche Diskussionen gehabt und ihnen geschrieben, daß das SED-Experiment viel schrecklicher enden würde als ein früheres Experiment der deutschen Kommunisten mit der sogenannten revolutionären Gewerkschaftsopposition. Es wird fürchterlich enden, das sage ich heute noch. Es wird fürchterlich enden, mit einem moralischen Katzenjammer und einer sittlichen Vernichtung derer, die einmal aus ehrlichen Absichten kommunistische oder sozialistische Vorstellungen solcher Art zu realisieren versucht haben.

GAUS: Sie sind 1958 auf dem Parteitag in Stuttgart zum stellvertretenden Parteivorsitzenden gewählt worden und haben jahrelang nach dem Tode Schumachers als der entscheidende Kopf einer ganz bestimmten Opposition in der Bundesrepublik gegolten. Diesen Ruf haben Sie vor allem unter den Intellektuellen in Deutschland gehabt. Inzwischen gelten Sie gerade bei diesen Leuten als der Sozialdemokrat, der sich am meisten angepaßt hat und eigentlich gar keine Opposition mehr betreibt. Was halten Sie von dieser Meinung?

WEHNER: Ich würde, wenn ich da nicht Gefahr liefe, sämtliche Fenster einzuwerfen...

GAUS: Werfen Sie mal.

WEHNER: ...sagen, das ist ein Urteil, das mich an »Weltbühne« und ähnliches erinnert. Selbstüberschätzung.

GAUS: Das Urteil dieser Intellektuellen?

WEHNER: Ich spreche nicht generalisierend über Intellektuelle. Das möchte ich nicht. Ich halte das für schrecklich. Intellektuelle für sich selber mögen von sich reden, wie sie wollen, das ist ihr gutes Recht. Aber ich halte es nicht für gut, über Intellektuelle als ein Kollektiv etwas zu sagen und Werturteile abzugeben. Aber ich rede jetzt von denen, die Sie meinen können und die mich so sehen, wie ich ja auch lesen kann, daß sie mich sehen. Ich kann ja einigermaßen lesen. Worauf es ankam, ist: Das Ringen im demokratischen Staat, in dem Teil Deutschlands, in dem man überhaupt noch ringen kann und in dem das Ringen eine Voraussetzung dafür ist, daß auch der andere Teil Deutschlands wieder demokratisch werden wird – und er wird es! –, dieses Ringen muß ein Ringen unter gleichberechtigten innenpolitischen Gegnern sein, die in einer Beziehung aber Partner sind, nämlich in ihrem Verhältnis zum demokratischen Staat. Entsprechend müssen sie sich auch zueinander verhalten. Das war mein Versuch, und ich muß sagen, wenn nicht unvorhergesehene völlige Veränderungen der Großwetterlage kommen, habe ich, bei allem, was ich sonst nicht kann, daran wohl einen guten Teil Verdienst, daß wir in diese Sphäre als Sozialdemokratische Partei gekommen sind. Nicht ich war es allein. Ich habe 1958 diese Wahl angenommen und damals gesagt, was ich kann, das werde ich tun, und dieses Tun wird sich immer darauf konzentrieren, dieser Partei – ich bin deren illegitimes Kind – eine führungsfähige, zusammenarbeitsfähige Mannschaft zu geben und zu erhalten. Das ist mein Job, wenn Sie so wollen. Darum kümmere ich mich, das ist eine schöne Arbeit, aber auch – um Himmels willen – eine nicht ganz einfache Arbeit.

GAUS: Als Stichtag für diese Schwenkung – wenn man sie eine Schwenkung nennen will – der im Godesberger Programm neu ausgerichteten Sozialdemokratischen Partei erscheint vielen Leuten Ihre Bundestagsrede, Herr Wehner, vom 30. Juni 1960, in der Sie ein Bekenntnis zur Nato abgelegt haben und eine gemeinsame Außenpolitik der großen deutschen Parteien gefordert haben. Nicht viel mehr als ein Jahr vorher haben Sie noch einen »Deutschlandplan der SPD« vorgelegt, dessen Wiedervereinigungsvorschläge diametral den Vorstellungen der CDU entgegengesetzt waren. Könnten Sie mir erklären, warum es so bald, nach nicht mehr als einem Jahr, zu dieser Schwenkung, zu diesem Stichtag vom 30. Juni 1960 gekommen ist?

WEHNER: Dieser Plan mußte zu den Akten gelegt werden mit gutem Recht und so undramatisch wie möglich. Der Plan war ein beinahe verzweifelter Versuch – das gestehe ich offen – angesichts einer bevorstehenden Viermächtekonferenz, von der wir, meine Freunde und ich, befürchteten, sie würde sich festfahren auf dem Punkt: Verhandlungen nur über West-

Berlin. Das wollten wir versuchen zu verhindern. Deswegen das, was man etwas ambitiös – hier habe ich auch einen Fehler mit zugelassen – »Deutschlandplan« genannt hat. Es war noch viel mehr, was wir da in der Schublade hatten. Vorschläge über die deutsche Frage, über die Wiedervereinigung, über die Herstellung von Rechten für die Menschen auf der anderen Seite. Dazwischen lag die nicht zustande gekommene Gipfelkonferenz, die Chruschtschow, ehe sie zusammentrat, am Tage des Zusammentritts einfach platzen ließ. Das haben Sie nicht gesagt in Ihrer Frage, aber ich darf daran erinnern. Zu dieser Konferenz, die einen Abschnitt markiert hat, gerade weil sie nicht zustande gebracht werden konnte, mußte man reden. Über die Einschätzung, über das, was nun vor uns steht. Und wenn ich jetzt meine Rede, was ich nicht kann, in kürzesten Zügen wiedergeben könnte: Es ging eben darum, sich und anderen klarzumachen, daß wir es nicht einfach mit einer automatisch sich fortsetzenden Serie von Vierer-Konferenzen und von Verpflichtungen, die die vier Mächte Deutschland gegenüber einhalten werden, zu tun haben. Wir werden eine ganze Zeit lang kämpfen müssen, damit wir den Kopf über Wasser behalten und damit die vier Mächte sich überhaupt mit der deutschen Frage befassen, so daß sie allmählich wieder in ein Verhandlungsfahrwasser kommt. Ich habe da recht konkrete Vorschläge gemacht. Sie haben das jetzt so feierlich in Ihre Frage nach dem Nato-Bekenntnis gekleidet. Wissen Sie, ich bekenne mich zu manchem. Aber hier habe ich ganz nüchtern gesagt, erstens haben wir nie gesagt, wir seien gegen die Nato, ich persönlich auch nie, noch bevor ich im Bundestag war, denn die Nato wurde ja gegründet, ehe es eine Bundesrepublik gab. Zweitens haben wir auch nie gesagt, die Deutschen müßten raus. Nicht das war es. Wir haben gesagt: Wenn eine Situation gekommen und herbeigeführt sein würde, die die Wiedervereinigung Deutschlands ermöglicht, dann muß auch eine Sicherheitsabrede zwischen den großen Kontrahenten getroffen werden. Darum ging es. Das ist inzwischen Gemeingut auch anderer geworden.

GAUS: Herr Wehner, war es schwerer, diese neue Linie der SPD gegenüber den anderen Parteien sichtbar zu machen, oder war es schwerer, sie in der eigenen Partei durchzusetzen?

WEHNER: Es war beides nicht einfach, um es kurz zu sagen.

GAUS: Woran lag es denn, daß es in Ihrer eignen Partei so schwer war? Versuchen Sie mir doch einmal den Unterschied zwischen der SPD und anderen Parteien, sofern es da noch einen grundsätzlichen Unterschied in der Struktur und in der Mentalität der Parteimitglieder gibt, zu erklären.

WEHNER: Sie sagen »noch«. Das Wort noch kann ich in diesem Zusammenhang gar nicht leiden. Wir sind eine große Mitgliederpartei, eine demokratisch gewachsene Partei mit allen Vorteilen und Nachteilen einer solchen großen politischen Gemeinschaft. Dort wird eben diskutiert, dort wird beraten, dort wird beschlossen. Dort wird delegiert. Und dort muß man sich zur Rechenschaft stellen und auch über sich abstimmen lassen. Dort wird nicht kooptiert.

GAUS: Das sagen natürlich die anderen Parteien von sich auch.

WEHNER: Aber ich bitte Sie um Entschuldigung, da brauchen Sie nur einmal miteinander zu vergleichen, wie dort Körperschaften zustande kommen und wie sie bei uns zustande kommen. Das ist völlig anders, aber ich weiß, daß es nutzlos ist, hier zu versuchen, an die Tatsachen zu appellieren. Das können Sie sich aus dem Nebeneinanderlegen der Statuten und dem Zustandekommen von Parteitagen und Parteivorständen und Parteiausschüssen sehr einfach erklären. Ich will da den anderen gar nicht zu nahe treten. Bei uns ist es eben so, in 100 Jahren so geworden.

GAUS: Ist das nicht manchmal für jemanden, der so unbeirrt

offensichtlich das eine große Ziel verfolgt, an den Staat und in den Staat hineinzuführen und das auch durch eine Regierungsverantwortung der Sozialdemokratischen Partei sichtbar zu machen, ist es nicht für einen Mann wie Sie, der dieses Ziel so unbeirrbar verfolgt, sehr lästig, mit dieser in hundert Jahren gewachsenen Mentalität der SPD leben zu müssen?

WEHNER: Da muß ich ein Wort anwenden, das ich einmal von einem anderen in einer anderen Sprache gehört habe und das mir seither nicht mehr aus dem Kopf gegangen ist. Mit Bescheidenheit und einer gewissen Demut hat derjenige, der an eine solche Stelle gewählt worden ist, sich den Aufgaben zu unterziehen, die zum Teil physisch, seelisch und auch geistig allerlei Qualen mit sich bringen.

GAUS: Auch einmal eine Vergewaltigung sein können?

WEHNER: Hier geht es nur darum, daß er ehrlich ist und ehrlich bleibt. Und damit hören Sie wieder von dieser meiner These vom einfachen Leben, die Sie selber entdeckt haben, auch wenn sie jetzt hier übertragen klingen mag.

GAUS: Sie haben in der Bonner Regierungskrise im Herbst 1962 mit den Abgeordneten Guttenberg und Lücke und schließlich auch mit Adenauer über eine Regierungsbeteiligung der SPD verhandelt. Es hat seinerzeit Stimmen in Ihrer Partei gegeben, die gemeint haben, die Regierung solle die Suppe, die sie sich eingebrockt hat, ruhig allein auslöffeln, während Sie doch das schon erwähnte Ziel, die SPD mit an die Regierung heranzubringen, offensichtlich auch ungeachtet aller sachlichen und ideologischen Anpassungsopfer auf jeden Fall anstreben wollten.

WEHNER: Wenn ich Ihnen da schon bei der Frage eine Korrektur anbringen darf, dann die: Die Gespräche, die damals durch den Minister Lücke eingeleitet wurden, begannen mit Feststellungen über das Verhältnis Lückes zu dem damaligen Ministerkollegen Lückes, nämlich zu Herrn Strauß, mit Feststellungen darüber, daß er sich entschlossen habe, keiner Regierung mehr anzugehören, gleichgültig unter welchen Umständen sie sonst zustande kommen würde, der auch Strauß angehören könnte. Es seien weitere vier Mitglieder seiner eigenen Partei, der CDU, die dem Kabinett angehören, die derselben Auffassung seien wie er. Das war für mich damals das politisch Entscheidende, diese Gespräche aufzunehmen über den Versuch eines zeitweiligen Miteinanderregierens von CDU und SPD auch unter der vorübergehenden Kanzlerschaft Adenauers, die ich nicht zeitlich begrenzt, sondern als ein Abwicklungskabinett gesehen hätte. Ich habe damals in der gemeinsamen Sitzung der Vorstände der Partei und der Bundestagsfraktion für diesen Vorschlag nach langer und ganztägiger, harter und schonungsloser Diskussion, wie sie bei uns üblich ist, mit 23 : 13 obsiegt. Nicht ich persönlich, andere haben diesen Vorschlag ja auch unterstützt. Das war die Situation. Ich habe Ihre Frage etwas korrigieren wollen, weil ich nicht möchte, daß das Ganze bloß als ein Ausfluß von ganz subtilen taktischen Überlegungen erscheint. Hier ging es darum, daß sich mir eine bis zu dem Tage nicht gesehene Möglichkeit zu bieten schien, dem damaligen Verteidigungsminister, dem Landesgruppenleiter der CSU in Bayern, der die Okkupation der Staatsmacht auf Dauer mit Mitteln »etwas außerhalb der Legalität« zu betreiben versuchte – wie einer seiner Ministerkollegen gesagt hatte –, eine parlamentarische Bedenk- und Bewährungszeit zu schaffen, in der er nicht exekutieren konnte. Das hielt ich für »eine Messe wert«, um es einmal so zu sagen.

GAUS: Sie sprachen von einer Bewährungsprobe.

WEHNER: Zeit! Nicht Probe.

GAUS: Von einer Bewährungszeit. Jemandem eine Bewährungszeit einräumen heißt doch, daß man auch den Glauben an eine Bewährung hat, die Sie für nötig halten.

WEHNER: Der Meinung bin ich, auch wenn ich wirklich ein scharfer Gegner des Herrn Strauß bin. Das mögen Sie deuten, wie Sie wollen: Ich halte es für ein Lebensgesetz in der Demokratie, den Gegner nicht vernichten, nicht eliminieren, nicht – wie dieses schreckliche Wort, das ich nicht in den Mund nehme, lautet – ausmerzen zu wollen. Ich halte dafür, ihn zu überwinden, ich halte dafür, ihn politisch zu schlagen, ihn geistig zu widerlegen, und ich halte dafür, ihm die Chance zu geben, sich zu ändern.

Im Falle Strauß könnte ein Wiederkommen nach meiner Meinung und der Meinung meiner Partei nur nach einer Änderung in seinem Verhältnis zu den demokratischen Grundregeln möglich sein. So wollte ich Ihnen erklärt haben, weshalb ich damals in diese von manchen als halsbrecherisch angesehenen Verhandlungen hineingegangen bin.

GAUS: Herr Wehner, Willy Brandt hätte schwerlich gegen Ihren Widerstand der Kanzlerkandidat der SPD werden können. Ich würde gern von Ihnen wissen, seit wann Sie Brandt als Kanzlerkandidaten im Auge gehabt haben.

WEHNER: Nachdem die Bundestagswahl von 1957 zu einer tiefgehenden Selbstprüfung in der sozialdemokratischen Parteimitgliedschaft geführt hatte, habe ich versucht, mit Freunden wie Ollenhauer und Mellies diese Diskussion nicht zu einer uferlosen, sondern zu einer die Partei läuternden, ihr helfenden und sie effektiver machenden Diskussion werden zu lassen. Damals habe ich mit solchen Vorschlägen angefangen wie denen, daß wir personalisieren sollen, auch bei Wahlen.

GAUS: Dies war eine Anpassung an die Wünsche der westdeutschen Bevölkerung, die eine personalisierte Wahl bevorzugte?

WEHNER: Was heißt Anpassung? Das war so, das hat sich so entwickelt. Warum sollen wir anonym sein, wenn andere Namen nennen? Wir haben doch viele gute Namen und einige, die gut zu Nr. 1 passen. Brandt war und ist für mich der Mann, der an der schwierigsten Stelle, an der in Deutschland Politik gemacht werden muß und kann, nämlich im geteilten Berlin, Politik macht. Das ist eine große Sache. Ohne jeden anderen Oberbürgermeister oder Landesregierungschef abwerten zu wollen: Das ist ja nicht einfach eine Routinearbeit, das ist doch eine Arbeit, die dem Menschen täglich ans Herz greift mit allem, was er dort vor Augen hat, womit er sich zu befassen und worüber er zu entscheiden hat. Wenn er gut genug ist, an dieser Stelle deutsche Politik zu machen, wie früher Reuter und Luise Schröder und andere gut genug dafür waren, dann muß ich sagen: Das ist eine interessante Entwicklung in der Sozialdemokratischen Partei, daß der Mann zum politisch führenden Mann, dem Vorsitzenden, gemacht wird. Das Wort ist ja bei uns so schrecklich, das skandinavische gefällt mir viel besser. Dort nennen sie ihn den »Wortführer«. Aber so ist die deutsche Sprache. Darüber will ich nicht meckern. So gesehen, habe ich nie gegen Brandt gestanden, weil Sie gesagt haben, ohne oder gegen mich hätte er es nicht werden können. Ich war immer einer von denen, die den Mann mit Interesse in seinem politischen Werdegang begleitet haben, solange ich ihn kenne.

GAUS: Erlauben Sie mir eine letzte Frage, Herr Wehner. Worin sehen Sie Ihre besondere Bedeutung in der Sozialdemokratischen Partei, was ist Ihr stärkstes Talent, das Sie in den Dienst dieser Partei stellen können?

WEHNER: Helfen. Und arbeiten und nicht verzweifeln. Und auch die skeptischen Leute die Erfahrung erleben lassen, daß es mit Ehrlichkeit geht. Mit Ehrlichkeit: Ich meine das Wort jetzt im ganz großen Sinne. Ich habe vorhin in Erinnerung gebracht: Als ich 1958 zum stellvertretenden Vorsitzenden gewählt wurde, habe ich gesagt: Ich kann euch nur eins wirklich versprechen, und das werde ich machen, solange ich arbeiten kann und solange ihr mich dahin wählt: Ich werde eine wirkliche Mannschaft, eine arbeitsfähige, zusammenarbeitsfähige Mannschaft bilden und erhalten helfen. Das ist mein Wert, wenn das ein Wert ist.

Günter Gaus, geboren 1929. Studium der Geschichte und Germanistik. Als Journalist Programmdirektor des Südwestfunks, Fernsehinterviewer (»Zur Person«), Chefredakteur des »Spiegel«. Im Frühjahr 1973 wurde Gaus unter Willy Brandt Staatssekretär im Bundeskanzleramt, führte die von Egon Bahr begonnenen Verhandlungen mit der DDR fort. Von 1974 bis 1981 war er der erste Leiter der Ständigen Vertretung der Bundesrepublik Deutschland bei der DDR. Seit der Beendigung des Staatsdienstes lebt Günter Gaus als Journalist und Schriftsteller in der Nähe Hamburgs.

Veröffentlichungen u. a.: Bonn ohne Regierung? (1965); Gespräche mit Herbert Wehner (1966); Wo Deutschland liegt (1983); Deutschland und die Nato (1985); Die Welt der Westdeutschen (1986 bei k & w).

GÜNTER GAUS
DIE WELT DER WESTDEUTSCHEN

Kritische Betrachtungen

Ein Psychogramm der Bundesrepublikaner. Wohin haben sich die Westdeutschen seit der Nachkriegszeit entwickelt, wie ist ihre Welt heute beschaffen, wie sicher ist das Fundament, auf dem einst das Wirtschaftswunder begründet wurde und jetzt eine neue industrielle Revolution stattfindet: Fragen, auf die der engagierte Verfasser seine Antworten gibt.

Peter Sichrovsky
Schuldig geboren
Kinder aus Nazifamilien
KiWi 133.

In 15 Gesprächen erzählen Frauen und Männer, warum sie ihre Nazi-Eltern hassen oder trotzdem noch verehren, wie sie mit ihnen aufwuchsen und wie sie heute mit diesem Wissen leben.

PETER SICHROVSKY
WIR WISSEN NICHT WAS MORGEN WIRD, WIR WISSEN WOHL WAS GESTERN WAR
Wir – Junge Juden in Deutschland und Österreich
KiWi 72

Peter Sichrovsky, geboren 1947, hat dreizehn Gespräche geführt mit Jüdinnen und Juden, die heute in der Bundesrepublik Deutschland und in Österreich leben. Was hat diese Menschen bewogen, in dem Land zu bleiben, in dem ihre Familien verfolgt und vernichtet wurden? Die Protokolle sind erschütternd, sie offenbaren die Zerrissenheit, Sehnsüchte, Heimatlosigkeit und Ängste der Kinder der Überlebenden.

EGMONT R. KOCH
FRITZ VAHRENHOLT
IM ERNSTFALL HILFLOS

Katastrophenschutz bei Atomunfällen
KiWi 121

Das Standardwerk zum Thema Katastrophenschutz erscheint in einer aktualisierten Ausgabe. Es enthält zusätzliche Kapitel über die Ereignisse nach dem Atomunfall von Tschernobyl und gibt Informationen darüber, mit welchen Folgen wir jetzt und in der Zukunft hier in der Bundesrepublik rechnen müssen.

Günter Verheugen
Apartheid

Südafrika und die deutschen Interessen am Kap
Mit einem Vorwort von Bischof Tutu
KiWi 117

Die offizielle Politik der Bundesrepublik gegenüber Südafrika ist gescheitert. Sie ist teilweise von Illusionen bestimmt, teilweise ist sie zur Komplizenschaft mit dem Regime geraten.
Die deutsche Politik ist so mitverantwortlich für die täglich millionenfachen Menschenrechtsverletzungen des weißen Minderheitsregimes. Daher stellt sich die dringende Frage, wie eine andere, die Apartheid entschlossen bekämpfende Bonner Politik aussehen müßte.

STEFAN WELZK
BOOM OHNE ARBEITSPLÄTZE

Die Krise, wir haben sie angeblich nicht in der Hand – oder doch? Wer ihre Lasten zu tragen hat, ist bekannt. Wer von ihr profitiert, wie Deutschlands Konzern-Elite sich arm schminkt und Milliarden an Steuergeschenken eintreibt, wie der größte Teil vom Exportüberschuß wieder ins Ausland verbracht wird, in die USA oder in karibische Steueroasen, und warum alle Lohnbescheidung nichts nutzt, das enthüllt dieses Buch.

KIEPENHEUER & WITSCH